山西省城乡居民消费问题研究

Shanxisheng Chengxiang Jumin
Xiaofei Wenti Yanjiu

李静 著

西南财经大学出版社
Southwestern University of Finance & Economics Press

图书在版编目(CIP)数据

山西省城乡居民消费问题研究/李静著.—成都:西南财经大学出版社,2012.5

ISBN 978 - 7 - 5504 - 0635 - 3

I.①山… II.①李… III.①居民消费—研究—山西省 IV.①F126.1

中国版本图书馆 CIP 数据核字(2012)第 082812 号

山西省城乡居民消费问题研究

李静 著

责任编辑:李特军
助理编辑:邓克虎
封面设计:杨红鹰
责任印制:封俊川

出版发行	西南财经大学出版社(四川省成都市光华村街55号)
网　址	http://www.bookcj.com
电子邮件	bookcj@foxmail.com
邮政编码	610074
电　话	028 - 87353785　87352368
照　排	四川胜翔数码印务设计有限公司
印　刷	郫县犀浦印刷厂
成品尺寸	148mm × 210mm
印　张	10.25
字　数	255 千字
版　次	2012 年 9 月第 1 版
印　次	2012 年 9 月第 1 次印刷
书　号	ISBN 978 - 7 - 5504 - 0635 - 3
定　价	35.00 元

摘　要

消费既是生产的最终目的和归宿，又是社会再生产的起点和一国经济平稳发展的持久动力。2008年爆发的全球性金融危机重创了世界各国的实体经济，我国长期倚重出口和投资拉动的发展方式受到了严峻挑战。针对我国外需市场的萎缩和发展模式的粗放效应，"十二五"规划将扩大国内消费需求提到了经济发展的战略核心地位。因此，研究城乡居民消费需求，特别是研究制约居民消费需求的相关因素，对于扩大内需和加快经济发展方式转变具有重要的现实意义。

改革开放30多年，中国的经济建设取得了巨大成就。伴随居民收入水平的不断提高，人们的消费内容、消费结构、消费方式也发生了新的变化，消费对经济发展的影响越来越大。然而，自20世纪80年代后期以来，我国消费领域却出现了"反常"现象：在宏观层面表现为社会的收入分配率持续下降，消费率偏低；在微观层面表现为居民的消费倾向大幅度降低，尤其是20世纪90年代之后，居民的消费倾向呈明显的下降趋势，消费动力不足现已成为制约我国经济发展的重要因素。本书以山西省城乡居民消费问题作为研究对象的主要原因是：山西省经济发展模式单一、资源型产业结构特征明显、重型结构特征突出、第三产业落后。在全球经济衰退影响我国经济增长的情势下，山西省经济增长受到严重阻碍，出口大幅下降，虽然采取着积极的投资策略，但并不能改善经济发展结构，因此，如何拉动内需就成为亟待解决的问题。近年来，学术界有关我国居民消费的研究不断增加，研究的角度和方法都较早期有了诸多改进，即采用性质更加优良的数量分析方法。本书主旨是探讨如何扩大山西省城乡居民消费，由于影响消费的因素众多，且重要程度不一，所以本书以消费问题中的突出因素为分析对象，结合经济理论和计量方法，运用统计描述以及 ELES 模型研究如何扩大山西省居民消费。

研究发现，山西省居民的消费水平落后，消费结构有待改善，城镇居民的消费倾向下降，并且呈现结构向不良方向发展的趋势。这主要归因于居民收入水平不高、地区收入及消费的差距问题严重、社会保障体系不完善，以及产业发展失衡等因素。制约农村居民消费水平的最大因素是收入低下，尤其是劳动报酬收入不高，消费预期和消费信心不足，社会制度层面的经济、文化、福利等的欠缺，此外农村不合理的陈规陋习、新农村建设推进不深入等也是导致消费结构和质量难以优化的重要原因。同时，我们还要看到，城乡收入差距扩大，导致山西省城乡居民的消费基础不牢靠、消费信心不足、消费欲望不强，并且这一现象在短期内会持续存在。

根据相关研究背景和主要研究结论，结合山西省城乡居民消费的特点，本书提出了两方面政策建议。对于城镇居民：一是要抑制收入分配差距，提高民众收入水平。二是稳定居民未来预期，减少预防性储蓄动机。三是降低流动性约束，释放居民消费潜力，并针对不同收入阶层的居民，采取相应的调控措施；调整产业结构和产品结构，适应消费结构的变化；进一步拓展消费领域，鼓励和引导居民合理消费；结合山西省的资源优势，发展低消耗、低污染、高利用、高循环的经济运行模式。

对于农村居民：一是构建其合理化的消费模式。二是提高居民收入，拉动农村居民消费。三是培育优良的农村居民消费环境；同时消除谨慎消费心理，倡导健康消费文化；大力推进新农村建设，改善农村基础设施；开发面向农村的商品供给模式；为缩小城乡差距，还要重点扶持贫困地区的经济发展。

目录

1 导论 / 1

1.1 研究背景和意义 / 1

1.1.1 研究背景 / 1

1.1.2 研究意义 / 3

1.2 研究思路和研究框架 / 3

1.2.1 研究思路 / 3

1.2.2 研究框架 / 4

1.3 研究方法和研究资料的说明 / 4

1.3.1 研究方法 / 4

1.3.2 研究假设 / 6

1.3.3 概念和数据的有关说明 / 6

1.4 研究的技术路线 / 13

1.5 研究创新和有待进一步研究的问题 / 13

1.5.1 研究创新 / 13

1.5.2 有待进一步研究的问题 / 14

2 理论回顾及相关研究综述 / 16

2.1 西方古典消费经济理论 / 16

2.1.1 英国古典消费经济理论 / 16

2.1.2 法国古典消费经济理论 / 18

2.2 马克思主义消费经济理论 / 20

2.3 当代西方经济学的消费函数理论 / 24

2.4 消费结构理论与方法 / 34

2.4.1 消费结构的含义 / 35

2.4.2 消费结构数量研究理论与方法 / 37

2.5 中国消费经济理论综述 / 46

2.5.1 中国消费问题研究历史回顾 / 46

2.5.2 改革开放后中国消费经济理论研究综述 / 49

3 山西省城镇居民消费现状分析 / 63

3.1 消费对山西省经济发展的推动作用 / 64

3.1.1 居民消费是支撑山西省经济增长的稳定因素 / 64

3.1.2 山西省三大需求对经济拉动的情况比较 / 66

3.2 城镇居民消费水平变动分析 / 68

3.2.1 总体消费水平分析 / 68

3.2.2 平均消费倾向分析 / 71

3.3 城镇居民消费结构变动分析 / 72

3.3.1 恩格尔系数变动分析 / 72

3.3.2 消费支出构成分析 / 72

3.3.3 消费差异分析 / 74

    3.3.4　消费结构变动对经济增长影响的实证分析 ／ 75

3.4　城镇居民消费现状的总体分析 ／ 79

3.5　城镇居民消费结构的实证分析 ／ 81

    3.5.1　消费结构的 ELES 模型分析 ／ 81

    3.5.2　消费的需求弹性分析 ／ 82

    3.5.3　未来 5 年城镇居民消费结构变化趋势预测 ／ 84

3.6　促进城镇居民消费结构优化的建议 ／ 89

4　城镇居民消费行为的影响因素分析 ／ 92

4.1　消费行为的相关理论 ／ 92

    4.1.1　消费行为的研究内容 ／ 92

    4.1.2　消费行为的影响因素 ／ 92

4.2　收入对城镇居民消费行为的影响 ／ 93

    4.2.1　持久收入和暂时收入与消费的关系 ／ 93

    4.2.2　现期收入对消费影响的分析 ／ 96

    4.2.3　过去收入对消费影响的分析 ／ 97

    4.2.4　收入差距对消费影响的分析 ／ 98

4.3　非收入因素与城镇居民消费行为的关系分析 ／ 100

    4.3.1　利率 ／ 101

    4.3.2　不确定性预期 ／ 102

    4.3.3　价格预期 ／ 104

    4.3.4　消费环境 ／ 105

5　山西省农村居民消费现状分析 ／ 107

5.1　农村居民消费水平的变动分析 ／ 108

5.1.1 消费水平的阶段性变化 / 108

5.1.2 平均消费倾向的变化 / 112

5.1.3 恩格尔系数的变化 / 114

5.1.4 实物消费量和劳务消费量的变化 / 116

5.1.5 居民生活质量和健康状况 / 118

5.1.6 农村居民消费水平的评价 / 120

5.2 农村居民消费结构的变动分析 / 123

5.2.1 消费结构各阶段演变的变动分析 / 125

5.2.2 吃穿用住等消费支出的变化趋势 / 127

5.2.3 自给性消费和货币性消费的变动 / 130

5.2.4 不同收入水平的农村居民的消费结构差异 / 132

5.2.5 农村居民消费水平和消费结构的地区性差异 / 134

5.2.6 农村居民消费的市场地位分析 / 137

5.2.7 农村居民消费结构的评价 / 142

5.3 农村居民消费水平和消费结构的实证分析 / 144

5.3.1 模型的理论分析 / 144

5.3.2 模型的估计及分析 / 147

5.3.3 实证分析的主要结论 / 152

5.4 目前农村居民消费存在的主要问题 / 153

6 农村居民消费行为的影响因素分析 / 156

6.1 农村居民的消费理念分析 / 156

6.1.1 谨慎消费心理在作怪 / 156

6.2.2 出现畸形的储蓄心理 / 159

6.2 消费环境对农村居民消费行为的影响 / 161

6.2.1 商品流通体系和服务体系不完善 / 161

6.3.2 假冒伪劣商品充斥农村市场 / 163

6.2.3 配套基础设施建设滞后 / 164

6.2.4 自然生态环境恶化 / 165

6.3 收入对农村居民消费行为的影响 / 165

6.3.1 持久收入和暂时收入与消费的关系 / 165

6.3.2 相对收入对消费影响的时间序列分析 / 169

6.3.3 过去收入对消费影响的分析 / 171

6.4 非收入因素与农村居民消费行为的关系分析 / 172

6.4.1 利率 / 172

6.4.2 价格 / 174

6.4.3 税费增长率 / 174

6.4.4 劳务输出比率 / 175

6.4.5 城镇化程度 / 176

6.4.6 货币发行量 / 177

6.4.7 农村居民的收入预期 / 178

6.4.8 农村公共产品 / 179

6.4.9 其他因素 / 180

7 城乡居民消费水平和消费结构的比较分析 / 182

7.1 城乡居民消费水平差异的比较 / 182

7.1.1 城乡居民生活消费支出差异的比较 / 182

7.1.2 城乡居民平均消费倾向差异的比较 / 183

7.1.3 恩格尔系数差异的比较 / 184

7.1.4 不同地区消费水平差异的比较分析 / 185

7.2 城乡居民消费结构的比较 / 187

7.2.1 食品消费差异 / 187

7.2.2 衣着支出差异 / 188

7.2.3 居住消费差异 / 189

7.2.4 家庭设备、用品及服务消费差异 / 190

7.2.5 医疗保健支出差异 / 190

7.2.6 交通通信支出差异 / 191

7.2.7 文教娱乐用品及服务消费支出差异 / 192

7.3 城乡居民消费差异影响因素的理论分析及计量模型 验证 / 192

7.3.1 城乡居民收入水平的差异 / 193

7.3.2 城乡市场化程度的差异 / 193

7.3.3 城乡基础设施建设投入的差异 / 194

7.3.4 相关性分析及模型建立 / 196

7.4 城乡居民消费对经济增长影响的实证分析 / 198

7.4.1 居民消费需求对经济增长影响的分析 / 198

7.4.2 居民消费结构对经济增长的实证分析 / 202

7.4.3 增强居民消费拉动经济增长的对策建议 / 206

8 晋东南地区城乡居民的消费问题研究 / 209

8.1 晋城市城乡居民消费研究 / 209

8.1.1 与本课题相关的应用研究 / 210

8.1.2　晋城市居民消费需求的特征 / 213

8.1.3　消费对晋城经济的影响 / 216

8.1.4　"十一五"时期居民消费的新热点 / 219

8.1.5　晋城市城镇居民消费结构的对比分析 / 221

8.1.6　城镇居民消费需求的影响分析 / 226

8.1.7　居民消费对经济增长拉动力分析 / 228

8.1.8　居民消费结构变动预测 / 229

8.1.9　晋城市农村居民消费情况分析 / 231

8.2　晋城市县域农民收入差距问题的实证研究 / 233

8.3　长治市城镇居民消费研究 / 241

8.3.1　"十一五"时期城镇居民消费情况分析 / 241

8.3.2　长治市城镇居民消费结构的实证分析 / 246

8.3.3　长治市城镇居民消费结构优化的具体对策 / 252

8.4　长治市农村居民消费现状分析 / 254

8.4.1　现状分析 / 254

8.4.2　存在的问题和制约因素 / 255

9　拉动居民消费需求的对策研究 / 258

9.1　促进城镇居民消费的对策建议 / 258

9.1.1　抑制收入分配差距,提高民众收入水平 / 258

9.1.2　稳定居民未来预期,减少预防性储蓄动机 / 261

9.1.3　降低流动性约束,释放居民消费潜力 / 265

9.1.4　针对不同收入阶层的居民,采取相应的调控
　　　　措施 / 267

9.1.5 调整产业结构和产品结构，适应消费结构的
变化 / 273

9.1.6 进一步拓展消费领域，鼓励和引导居民合理
消费 / 275

9.1.7 发展低消耗、低污染、高利用、高循环的经济
运行模式 / 277

9.2 促进农村居民消费的政策建议 / 279

9.2.1 构建农村居民合理化的消费模式 / 280

9.2.2 提高居民收入，拉动农村居民消费 / 285

9.2.3 培育优良的农村居民消费环境 / 291

9.2.4 消除谨慎消费心理，倡导健康消费文化 / 297

9.2.5 大力推进新农村建设，改善农村基础设施 / 298

9.2.6 开发面向农村的商品供给模式 / 299

9.2.7 重点扶持贫困地区 / 301

参考文献 / 302

后记 / 314

1 导论

1.1 研究背景和意义

1.1.1 研究背景

在国民经济中，生产、分配、交换、消费是不断运转、不断循环的。消费是国民经济循环的先导因素，生产的目的是为了消费，只有不断扩大消费，才能拉动经济的持续增长。现阶段，由于投资和出口受到影响，消费的地位显得愈加重要。

从国际形式上看，美国次贷危机引发的国际经济危机使得主要发达国家的经济均受到严重影响，虽然各国都采取了一系列的经济刺激政策，但何时能彻底摆脱经济萧条回到正常的经济发展状态仍然不明确。各国均面临严重的经济不景气，政府为了摆脱萧条振兴国内经济，均实行了不同程度的或明或暗的贸易保护主义：提高关税制造贸易壁垒或贸易摩擦，这使得我国作为拉动经济增长的三驾马车之一的出口受到严重影响。再加上我国现在所面临的人民币升值的压力，一旦人民币升值，那么我国的出口将会更加艰难。①

---

① 汪欢欢. 河北省农村居民消费问题研究[D]. 保定:河北大学，2011(5).

从国内形势来看，我们现在正处于后危机时代，近几年国家实施经济刺激计划投放于市场的四万亿元投资的效果开始显现。由投资刺激经济的发展必定会带来一定的问题，如通货膨胀等，所以现阶段不能继续用扩大投资的方式来刺激经济。既然出口和投资都将不适用于现阶段的经济发展，那么消费是现阶段最有效的方法，受到人们的广泛关注。从近年来我国经济发展状况看，消费对经济增长的作用日益凸显，居民消费率过低、消费需求不足是造成经济非良性循环的直接原因。居民作为自主经营、自主行为、自我约束和自我发展的微观消费主体，其消费倾向和消费特点对企业和政府在市场经济中的决策产生了深远影响，消费理论和实证研究在经济研究中也具有越来越重要的作用。①

现实的情况是当前城镇居民消费预期恶化且收入分配差距过大，整体消费倾向偏低，而住房、小轿车、信息、教育等现代消费热点有效供给不足，加之受到一些过时的抑制消费的政策措施的束缚，城镇居民消费在经历了20世纪80年代两次升级变化以后，进入了新的消费升级准备时期，其消费倾向减缓、消费结构升级受阻、消费增长难以持续。②

而我国农村人口有9亿，占全国总人口的大多数。农村居民消费在全国占有重要地位，其消费状况能最真切地反映社会消费总水平。人们开始意识到农村是我国最大和最基础的市场，应充分认识到农村市场的潜力，农村居民对国内商品的需求已经成为推动国民经济持续、健康发展的决定性因素。目前一些结构性产能过剩的产品对于城市来说饱和了，而在农村还有很大的发展空间，所以开拓农村市场、促进农民消费，有利于企

---

① 刘灵芝. 湖北城乡居民消费的比较研究 [D]. 武汉：华中农业大学，2005（8）.

② 王宁. 消费社会学 [M]. 北京：社会科学文献出版社，2001.

业尽快从危机中摆脱出来，对于我们现阶段的经济恢复和发展
将起到重要作用。①

1.1.2　研究意义

　　由于我国经济发展不平衡，东西部经济差距已经很大，启
动消费市场的难点主要集中在中西部的落后地区。山西省位于
我国中部地区，产业结构单一、经济发展不平衡，由于政治、
经济上的城乡二元结构，城乡居民的消费水平和消费结构存在
着明显差异，这种差异一直存在且有进一步扩大的趋势，成为
国民经济发展的瓶颈。因此，选择山西省城乡居民的消费作为
研究对象，运用消费经济理论，采用比较研究和实证研究的方
法对城市和农村居民消费和消费行为方面的差异及形成差异的
原因进行研究，力图全面探寻山西省城乡居民消费行为变化的
特征与规律性，进而为企业和政府在市场经济中的决策提出相
应的政策建议，促进城乡共同发展。这为启动城乡消费市场，
特别是启动农村消费市场和缩小城乡居民消费差距提供了理论
与政策依据，这不仅对于扩大山西省城乡居民消费需求，促进
山西省经济快速增长有着重要的作用，而且对于启动我国中西
部地区城乡居民的消费市场也具有一定的借鉴作用。

1.2　研究思路和研究框架

1.2.1　研究思路

　　本书研究思路遵循的是"分析问题——发现问题——解决

---

　　① 郭亚军. 中国农村居民消费及其影响因素分析 [M]. 北京：中国农业
出版社，2008.

问题"的原则，首先分析当前山西省城乡居民消费存在的主要问题，其次分析造成这些现象和问题的原因以及由此带来的影响，最后提出针对性的对策措施加以解决。

1.2.2　研究框架

本书分为四部分：第一部分是导论，主要介绍本书的研究背景、研究意义和研究内容等，并对书中的有关概念和数据进行说明。第二部分是从马克思关于消费的经济理论、西方经济学关于消费的经济理论进行简单评述，并对中国的消费问题进行了简单回顾，以此作为奠定研究的理论基础。第三部分是本书的主体部分，主要分析山西省城乡居民和农村居民消费的现状、特点和存在的问题；对城乡居民的收入水平、消费水平、消费结构、未来消费趋向做了对比分析；分析影响城乡居民消费的主要因素；对晋东南地区即晋城市、长治市两地的城乡居民消费问题做了专项研究。第四部分是对山西省城乡居民消费做了对比分析，并针对问题提出对策建议。

1.3　研究方法和研究资料的说明

1.3.1　研究方法

笔者把消费经济学、消费心理学、消费结构学和计量经济学等相关学科作为写作本书的基础理论，综合采用各种研究方法进行较为系统的研究。在一般研究方法上，利用结构分析法、比较分析法、理论分析与实际分析相结合法、定性分析与定量分析相结合法、静态分析与动态分析相结合法，结合特定的研究内容，有针对性地对山西省农村居民消费水平和消费结构进行了分析。

1.3.1.1 结构分析法

本书以山西省城乡居民为研究对象,利用实际数据从消费水平和消费结构的不同组成方面对山西省农村居民的消费问题进行研究。

1.3.1.2 静态分析与动态分析相结合法

本书在研究山西省城乡居民消费问题时,是从城乡居民的消费水平、消费结构、消费行为三个方面进行研究,但是,这三个方面不是一成不变的,它随着社会经济条件的变化而不断发生变化。本书既分析了某一年份消费水平、消费结构、消费行为的变化,同时还对其未来趋势进行了动态预测,以便找出其变化的规律性,并从本质上把握城乡居民消费的发展方向,为解决山西省城乡居民的消费问题提供有益的参考。

1.3.1.3 理论分析与实际分析相结合法

为了从理论和实际上对山西省的农村居民消费问题进行更加充分的论证,笔者还运用了理论分析与实际分析相结合的方法,于是,笔者既运用有关消费经济理论对间接材料进行分析和总结,还注重了深入实际调查研究。为此,在研究中,我们对晋东南地区进行了专项调查,丰富了感性认识,从而对山西省城乡居民消费现状有了更直观的了解。

1.3.1.4 定性分析与定量分析相结合法

本书在对山西省农村居民的消费问题进行分析时,采用了马克思主义消费理论和当代西方消费经济理论等定型的方法对一些消费现象进行定性分析;与此同时,又大量采用了统计分析方法和计量分析法,从定量方面来分析山西省城乡居民消费水平和消费结构,并利用组合法对山西省城乡居民的未来消费进行预测。

1.3.1.5　比较分析法

本书还大量地运用了比较法，如在第 4、5、6 章中对山西省城乡居民消费状况进行比较研究。

1.3.2　研究假设

本书在研究过程中主要基于以下几个假设条件：

（1）所研究的城乡居民符合"经济人"的基本假设，是理性主体。现实中有些"非理性"行为只是对农村居民所处环境的复杂性的反映。

（2）消费和储蓄决策反映了居民本身在长期和短期利益之间进行的权衡取舍。也就是说，没有消费的东西即为储蓄。

（3）居民的经济活动以家庭为基本单位，其经济决策追求家庭效用最大化，即追求整个家庭需求的最大满足。

1.3.3　概念和数据的有关说明

1.3.3.1　概念说明

1. 消费总量及其衡量指标

最终消费是指常住住户在一定时期内为满足物质、文化和精神的需要，从本国和国外购买的货物和服务的全部最终消费支出。它既包括居民消费也包括政府消费。它除了直接以货币形式购买的货物和服务的消费支出外，还包括其他方式的消费支出，如自给消费。这里所说的消费总量是指常住住户在一定时期内对于实物和服务的全部最终消费的总和。现在我们一般用社会消费品零售总额来表示居民的消费总量，社会消费品零售总额是指批发和零售业、住宿和餐饮业以及其他行业直接销售给城乡居民和社会集团的消费品零售额。可见，它除了包含对居民的消费品零售额还包括对社会集团的商品零售额部分，比如医疗保健服务、交通和通信服务、其他服务等，居民的消费总量并不等同于社会消费品零售总额。另外，它不包括服务消费的部分，但它能在一定程度上反映人民的物质文化生活水平提高的情况，所以我们把它作为一个衡量指标。

2. 消费水平及其衡量指标

消费水平，在宏观上是指一国居民在一定时期平均享用的生活消费的产品或劳务的数量与质量，即全体消费者按人均达到的物质与文化需要获得满足的程度；在微观上是指某一消费者及其家庭在某一时期所获得的消费对象的数量与质量，或某一消费者及其家庭某个时期的生活消费需要获得满足的程度。它既包括物质生活的内容和丰度，也包括精神生活的内容和丰度，还延伸至其最终消费的结果——消费者全面发展的程度，具体有：劳动者的科学技术素质提高的程度、自由支配时间的多少、健康状况、寿命长短、接受文化教育的程度等。

消费通常分为居民消费和政府消费，这里主要是指居民消费水平，居民消费又分为按农村人口平均计算的农村居民消费和按城镇人口平均计算的城镇居民消费。这里主要分析有狭义和广义之分的农村居民消费水平，前者是指按人口平均的消费品数量计算的有货币和实物两种表现形式，标志着农村居民物质与文化需要得到满足的程度；后者既包括消费品的数量也包括消费品的质量。本书的研究仅指狭义的消费水平。

一般来说，根据其发展程度消费主要分为两个阶段：第一阶段是指消费者通过对物质产品和劳务的消费使生活达到向温饱型转变的过程，即由贫困到温饱方面达到的程度；第二阶段是指从温饱向小康过渡的过程。

恩格尔系数的变化、居民消费的平均消费倾向和边际消费倾向的变化、实物消费和劳务消费量的变化、居民生活质量和健康状况等都能反映消费水平。

恩格尔系数（EC）是指食物支出金额在生活消费金额中所

占的比重，它不但是衡量消费水平高低的重要指标，也能反映消费结构的变化。恩格尔系数的适用有两个限制条件：其一，假定其他一切变量都是常数即其他条件不变；其二，维持生活所需要的食物支出要有统一标准。工业化的进程加剧了食品消费结构的变化，食品加工业的发展和城市化的影响等对其经济意义也产生了一定的影响，不过它仍然被认为是分析消费水平和消费结构的重要工具。联合国粮农组织根据恩格尔系数大小将居民分为贫困型（EC > 0.6）、温饱型（0.5 < EC < 0.6）、小康型（0.4 < EC < 0.5）、富裕型（0.3 < EC < 0.4）、最富裕型（EC < 0.3）五个阶段。随着人们生活水平的提高，食物支出在人们生活消费中所占的比例会逐渐下降。

平均消费倾向（APC）是指某一时期内消费支出占可支配收入的比重。边际消费倾向（MPC）是指某一时期内增加的消费支出占增加的可支配收入的比重。两者都反映了消费增长与收入增长的关系，收入的增长虽然为提高居民的消费潜力创造了条件，但居民的消费倾向偏低仍是困扰农村消费市场乃至全国的重要问题。根据凯恩斯的相关理论，边际消费倾向一般低于平均消费倾向。根据消费倾向递减规律，富裕阶层存在明显的高储蓄和低消费倾向，低收入人群具有高消费倾向，因此提高低收入者的工资水平对带动农村居民消费具有重大意义。

根据消费水平与国民经济发展的适应程度，可以将其分为早熟、同步、滞后三种模式。顾名思义，它们分别是指居民消费水平超出于、同步于和落后于本国生产力发展水平的消费状态。美国、西欧的消费模式属于同步型消费；前者盲目消费，超出经济的承受能力，导致经济增长后劲不足；后者在短时间内可以保证经济的高增长率，一旦超出了一定期限即长期受到压抑，会在很大程度上挫伤劳动者的积极性，减少其对生产需求的拉动作用。长期以来，我国一直是滞后型消费模式。早熟型消费模式和滞后型消费模式都不利于生产的发展和人们生产积极性的提高，我们应使消费和经济发展同步增长。

3．消费结构及其分类

消费结构是指一定时期内消费者对各种消费品和劳务的消费数量比例和相互关系，它通常包括实物形式的消费结构和价值形式的消费结构，我们通常所说的是指价值形式的消费结构，它反映消费的内容、质量和水平。消费结构随社会发展水平不断变化，从它的变化可以看出居民消费结构变化的发展趋势。

（1）消费结构的分类

消费结构从不同角度考虑可以有不同的分类方法，现在通用的主要有以下几种：

① 1993 年国家对生活消费资料分类方法进行了重新调整，将其划分为食品、居住、衣着、家庭设备用品及服务、交通通信、医疗保健、文化教育娱乐用品及服务、其他商品及服务八项。

②按消费品能够提供的消费形态，可以分为实物消费、劳务消费的消费结构。实物消费是物质产品的消费，劳务（或服务）消费是对服务活动的特殊使用价值的占有和消费用于满足人们的特殊需要。这种划分方式不仅有利于全面分析消费者的消费状况，也有利于根据其发展变化趋势调整产业部门结构。

③按消费者实际消费支出的不同方向，可以分为吃、穿、住、用、行等形式的消费结构。它是根据人类生存的基本需求从低到高的发展过程出发为划分依据，这种划分方式的优点是比较具体和便于直接计算和统计，方便对不同历史时期、不同地区、不同国家的消费结构进行比较；同时，还可以把所分形式再具体划分。比如：关于人们的出行代步工具，20 世纪七八十年代以自行车为主，后来发展到以摩托车为主，而电动车这种节能环保的交通工具是时下的消费热点，而由于人们生活水

平的提高和家庭轿车价格的下降，私家车的急剧增加将成为新的消费热点。

④从满足消费者需求层次划分，可以分为生存资料、享受资料和发展资料的消费结构。这是恩格斯对消费资料分类所作的科学概括，其三者的比例，就是消费结构。一般来说，生存资料是满足最基本的生存需要的资料消费；享受资料是享受需要的物质资料和精神产品提高的生活质量和水平；发展资料是指劳动力扩大再生产所需的消费资料。可以看出，生存资料是人们最基本的消费资料，享受资料和发展资料是层次较高的消费资料，虽然有从低到高的层次感，然而它们在实际生活中是相互交织、密不可分的。

以上是比较普遍的分类方法，还可以根据消费资料的经济属性分为自给性消费和商品性消费，按世界银行的划分方法分为耐用消费品、非耐用消费品和劳务消费。各种类型的消费结构都不是孤立存在的，而是紧密联系。因此，在研究消费结构时应注意整体的联系，不能孤立地看问题。

（2）消费结构变化的趋势

根据消费结构不同方式的分类，消费结构变化的一般趋势如下：

①吃、穿、用、住的变化趋势。在此分类中，根据恩格尔定律，食品消费在消费总量中的比重会呈逐渐下降趋势，衣着用品的消费会下降并逐渐趋于稳定，居住的比重会在一个较长时期内随着房地产价格的上升而不断上升，用的比重在一段时期会有所上升并逐渐趋于稳定。

②内部消费结构的变化趋势。食品方面随着消费水平的提高，居民会由温饱向营养均衡合理性转化，即一般主食在食品支出中的消费比重会逐渐下降，副食的比重会逐步增加，如牛奶、豆浆、肉、蛋类等营养食品消费逐渐增加，而粮食消费支

出比重有所下降。在衣着方面，居民不但要求穿暖，而且会越来越讲究穿着的式样、花色、质量。在住的方面，居民在满足住的基本需要的前提下，越来越讲究室内装饰、环境、方便、舒适度等，高档住房会逐步增加。在用的方面，居民对一般消费品消费的比重会减少，对高档消费品、交通通信、文娱用品、保健品的消费会不断增加。

③实物消费、劳务消费的变化趋势。随着社会经济的发展，人们对劳务消费的需要会逐步增加，尤其是与日常生活紧密相关的基本生活服务消费的劳务将会逐步加大，消费者需要掌握更多的关于高档耐用消费品的常识。而且，消费者为满足自身素质不断提升的需要，对文化教育服务、医疗服务、科学信息等的要求也不断提高，从而导致教育、通信、科技、文化方面的投入逐年加大。还有教育、医疗保健服务、保险相关服务也随经济体制的改革逐步纳入个人支出范围。总体来说，在消费之中实物消费的比重会呈下降趋势，劳务消费的比重会逐步呈上升趋势。

④自给消费、货币消费的变动趋势。随着人们生活水平的提高，一直以来的自给自足的生产方式逐渐瓦解，自给性消费在消费支出中所占的比重下降很快，农村居民生活的商品化消费逐渐提高。但由于农村自身生产的特点，自给性消费尤其是粮食的自给性消费在很长时间内将维持在较高水平。

⑤生存资料、享受资料和发展资料的变化趋势。人们对消费资料的需要是有层次的，生存资料是应该首先满足的较低层次的需要，享受资料和发展资料的需要是随着人们生活水平提高逐渐增加的较高层次的需要，在满足人类基本生活资料需求后，逐步向较高层次的需求转移。总的来说，生存资料在消费总量中的比重会逐步下降，享受资料和发展资料在消费总量中所占比重会逐步上升。

4. 农村居民

《中国农村住户调查年鉴》中对农村居民进行的简要解释为"全年经常在家或在家居住6个月以上，而且经济和生活与本户连成一体的人口"①。笔者认为，该定义还是有些笼统，这里针对该定义进行几点说明：

首先，像在城市建设中不可缺少的农民工等，虽然有些在外打工时间超过了6个月，但他们的收入主要带回家中，为整个家庭消费提供条件，这样的也应称为农村居民。其次，有些在农村居住，却享受到国家工资待遇的职工和退休人员，也许他们的户籍在城市，但其收入一般为整个家庭提供消费的，也应算作农村居民。最后，现役军人、常年在外且已有稳定职业与固定场所的外出从业人员以及考上大学的在校学生，不能作为农村居民。

5. 农民

中国社会科学院语言研究所词典编辑室编的《现代汉语词典》中对农民的解释为"长时期参加农业生产的劳动者"②。从这个定义来看，农民有两个条件，第一是长时期，第二是参加农业生产。但是，我国是以户籍上的标注为标准，因此一些吃商品粮、拿国家工资等但居住在农村的居民不能算作农民。

6. 消费行为

消费行为是指消费者为获得所用的消费资料和劳务而从事的物色、选择、购买和使用等活动，包括消费方式、消费理念等方面。本书对于居民的消费行为的研究主要是从心理、法律、政策、生活习俗和习惯等角度进行。

---

① 国家统计局农村社会经济调查司. 中国农村住户调查年鉴 [M]. 北京：中国统计出版社，2000.

② 中国社会科学院语言研究所词典编辑室. 现代汉语词典 [M]. 北京：商务印书馆，1978：830.

1.3.3.2　数据说明

在对山西省城乡居民的消费问题进行分析过程中不可避免地涉及许多数据，本书在数据的选用上既考虑了数据与模型的相互适应性，又考虑到数据的质量和数据的可得性。

本书数据来源主要有：笔者进行收集查询的各种调查年鉴和调查资料，以及直接转引自其他著作或文章的数据，这些数据的具体出处在书中的相应表尾中给出。本书的数据基本上截止到 2010 年末，由于 2011 年及以后的数据还不能完全查到，只有个别数据被公布出来，为了保持数据的一致性，笔者在书中对已公布数据进行了索引。

1.4　研究的技术路线

本书以各种理论为依托，遵循定量和定性、规范与实证相结合的方法，主要按照以下路线进行研究：理论回顾——现状分析——实证检验——比较分析——趋势预测——政策分析。

1.5　研究创新和有待进一步研究的问题

1.5.1　研究创新

本书的创新之处在于：

（1）对消费问题的分析不仅运用计量方法，还将统计描述分析和针对消费结构的扩展线性支出系统模型结合起来，一并作为山西省消费问题研究的方法。

（2）通过对文献的查阅，发现针对山西省消费问题的系统研究相对不多，且研究方法单一。本书将山西城乡居民消费问题作为研究对象，并且运用多种方法进行定量分析。

本书不足之处在于没有对研究方法进行创新，而是将成熟的分析方法运用到对山西省居民消费问题的研究上。本书主旨不在于方法的创新上，而是将已有的研究手段应用于实际问题，以解决现实经济问题。

1.5.2 有待进一步研究的问题

由于各种条件的限制，尤其是笔者的知识和能力有限，本项研究还存在着许多不足之处，仍存在需进一步研究和完善的地方：

第一，虽然本书对山西省城乡居民的消费水平、消费结构、消费行为进行了系统的实证分析，但由于影响消费因素的复杂性、多样性以及资料不足，尚有许多因素未能考虑进来，因此今后应该把农村社会保障制度、科技发展、环境变化、农民素质的提高等对居民消费的影响考虑进来。

第二，本书对山西省和全国发达省份、中部地区和全国居民消费进行截面比较还不够，应该对山西省的农村居民消费问题在全国范围内、中部地区进行全面比较，找出差距和不足，有针对性地解决在消费中的问题。

第三，在研究山西省城乡居民的地区消费上应该在山西省的 11 个地级市进行分别研究，但是由于数据难以获得，没有做出各地区间农村居民的消费比较，在这个方面一直是个缺憾。基于此，笔者只好把整个山西省的居民消费作为研究对象。因此，在研究中还应该立足于山西省范围内，对各地区的居民消费进行比较分析，找出山西省不同地区居民消费各自存在的问题并加以解决。

第四，应考虑社会保障体系对消费需求影响的数量研究。

直观上看，社会保障可以在某种程度上解除人们的后顾之忧，替代个人储蓄，使消费率上升。针对社会保障对储蓄的替代效果及对消费需求的具体影响如何测算的进一步研究，有助于我们更深入地了解居民的消费行为。

第五，对影响居民消费行为的因素分析有待于进一步拓展。许多因素对消费者的消费行为都会产生影响，如消费文化、消费心理、消费环境等，这些问题都有待于进一步分析。

第六，社会保障制度、消费信贷、消费品补贴、利率、价格预期、货币数量等因素对农村居民的影响有待于进一步研究。

第七，由于受统计资料时滞性的影响，未能对山西省农村居民 2011—2012 年最新的消费动向进行跟踪研究，从而在一定程度上降低了本项研究的时效性和应用价值。因此，在获得准确、及时的数据方面是笔者今后努力的方向。

2 理论回顾及相关研究综述

　　消费是人类赖以生存和发展的基本功能，也是人类不断进步的基本动力。随着消费在社会经济中所起的作用以及人们对消费认识的不断发展，经过几代学者和经济学家的不懈酝酿、提炼、研究和验证，消费经济理论最终形成。在人类经济史上，能够影响世界各国经济发展的消费理论主要有西方古典消费经济理论、马克思主义消费经济理论和当代西方经济学的消费函数理论。

2.1　西方古典消费经济理论

　　西方古典消费经济理论以节制消费为核心，其目的在于适应资本主义生产方式确立时期资本积累的需要。其具体可分为英国和法国的消费经济理论。

2.1.1　英国古典消费经济理论

1. 威廉·配第的消费经济思想

威廉·配第（1623—1687 年）是英国古典政治经济学的创始人。他的消费经济思想的核心是主张节制不必要的消费，以保证资本和财富的积累。威廉·配第把消费区分为必要消费和不必要消费，他认为最不利于生产的是用于大吃大喝的消费，其次是用于购买衣料的消费。同时，他提出通过税收调节消费，主张通过征税的办法来控制资金的支出及用途。一方面，他主张对过剩产品加征赋税，以立法的形式来调节积累与消费、消费与生产的比例关系，把多余的部分由政府来支配，以增加公共福利；另一方面，他主张通过税收给某些穷人以消费补助。威廉·配第是最早把经济理论的研究从流通过程转到生产过程的古典经济学家，他的消费经济思想具有生产决定消费及消费影响生产观点的萌芽，对后来的马克思生产和消费关系原理产生了重要的影响。

2. 亚当·斯密的消费经济思想

亚当·斯密（1723—1790 年）是英国古典经济学的主要代表，他的消费思想是主张把资本积累放在首位，即节制消费。他的消费经济思想包括：第一，勤劳和节俭是国民财富增长的必要条件。他认为，资本增加，是由于节俭；资本减少，是由于奢侈与妄为。第二，区分了目前消费与未来消费、生产性消费与非生产性消费，以及它们不同的经济效果。他认为，目前消费只满足眼前享受，不能积累资本，进行再生产；而未来消费则鼓励人民节俭，且还能生产出价值与利润。因此他鼓励进行生产性消费，而抑制非生产性消费。第三，以增加消费来促进国民财富增长。他指出，一国每年消费的一切生活必需品和便利品，对消费者人数，或是有着大的比例，或是有着小的比例，要研究的就是要增加这一"比例"，即增加人均国民收入或国民财富。第四，首次提出了生产的唯一目的是为了消费。他认为，生产不是一切工商业的终极目的，"消费是一切生产的唯一目的，而生产者的利益，只在能促进消费者的利益时，才应当加以注意。这原则完全是自明的"。同时，他也强调了生产决定消费的原理，继承了威廉·配第节制消费以保证财富积累的思想。

3. 大卫·李嘉图的消费经济思想

大卫·李嘉图（1772—1823 年）是英国古典政治经济学的主要代表和完成者。其消费经济理论的核心同亚当·斯密基本相同，仍旧是强调资本及财富的积累、节制非生产性的消费。但是，比亚当·斯密的消费思想更为深刻的是，他始终把工人及消费者的利益放在首位，在生产与消费、政府税收与人民消费水平等关系上，更多地强调限制政府的非生产性，以维护人民的利益。其主要论点有：第一，从赋税的转嫁和归宿的角度阐述了与消费相关的一系列问题。①他认为资本可以由增加生产或减少非生产性消费而增加。②他认为税收归根到底来自资本和收入。③他研究了地租税、利润和工资税及其对消费者的影响，认为农业资本家和工商业资本家都通过提高商品价格把利税转嫁给消费者。第二，分析了消费欲望、消费需求和消费水平的问题。他认为一个人只要存在没有得到满足的欲望，他就需要更多的商品；只要他有任何新的价值可以提供出来交换这些商品，那对社会就是一种有效需求。第三，揭示了奢侈品与必需品的区别。他认为人们用来购买奢侈品的消费支出是一种非生产性的支出，而用来购买必需品的消费支出则是维持劳动力再生产的必要费用。

2.1.2　法国古典消费经济理论

1. 布阿吉尔贝尔的消费经济理论

布阿吉尔贝尔（1646—1714 年）是法国古典经济学的创始人和重农学派的先驱者。他的消费经济思想带有明显的反重商主义色彩。其消费思想观点主要有：第一，认为消费是社会各种收益循环的媒介。社会各种收益之间的循环不能中断，一旦某一环节发生停顿，就会成为双方的致命伤，而消费的破坏是导致这种循环停顿的重要原因。第二，关于消费与收入的关系。他认为消费会引起收入成倍增加，破坏消费则会对收入带来严重影响。第三，关于金钱与消费的关系，他把金钱分为善良的金钱和万恶的金钱，善良的金钱是为商业服务的，它跟随消费之后，不超越消费的限度，才会不扰乱消费，甚至可以刺激消费；而万恶的金钱对消费却起着相反的作用。

2. 魁奈的消费经济理论

魁奈（1694—1774 年）是法国古典经济学的主要代表，也是重农主义思想体系的创建者。他的消费经济思想表现在：第一，特别重视消费对财富增长的影响作用。他认为消费是再生产不可缺少的条件，人是由于自己的消费而变得有益的。第二，抨击了法国重商主义的消费政策，提出了重农主义的消费政策。他认为有必要让农民富裕起来，以便让他们消费更多的产品，从而促进经济的发展和社会的繁荣。第三，提出了"纯产品"学说，主张必需品的供应要得到保证。在"纯产品"学说中，他区分了生产性消费和奢侈消费，认为必需品的消费可以增加财富与收入，而奢侈品的消费则不利于财富和收入的增加。他从财富和收入的角度主张减少奢侈品的消费，强调发展农业，因为农业能生产人们生活的必需品。

3. 西斯蒙第的消费经济思想

西斯蒙第（1773—1842 年）是法国古典政治经济学的完成者。西斯蒙第的消费经济思想在整个古典经济学中显得更为丰富、完整。其消费观点主要有：第一，最先明确提出了消费决定积累、消费决定生产的基本观点。他认为消费是生产的动力，又是生产的目的，生产应服从于消费。第二，提出了消费不足的经济危机理论。西斯蒙第最先论证了资本主义制度必然发生经济危机，而由于消费是生产的前提并决定着生产，因此，造成资本主义经济危机不可避免的根本原因在于消费不足。一方面，在资本主义生产方式下生产无限扩大；另一方面，在资本主义分配方式下劳动群众在国民收入中所占份额减少导致消费不断缩小，最终导致生产过剩的经济危机的爆发。第三，强调政府对人们的消费行为、消费习惯的指导。他认为，政府应当指导人们消费，并采取措施发展消费品生产和便利消费品的销售，制定合理、公平的消费税制度，切实关心消费者的利益。

西方古典消费经济思想理论以节制消费为核心，适应于资本主义生产方式确立时期积累资本和财富的需要。古典消费经济学家关于消费与生产、消费与收入、消费与财富积累、消费与政府引导等观点，反映了资产阶级对消费的理解及要求，代表了新兴资产阶级的利益及新的消费观念。受时代和不同历史时期经济、政治、科学文化的限制，古典消费经济理论有很大的局限性和不成熟、不完善的一面，但这些丰富的思想和理论为现代西方消费经济理论的形成、发展和完善奠定了基础。

2.2 马克思主义消费经济理论

在马克思的政治经济学体系中，消费被视作社会再生产矛盾统一的四个环节之一。马克思在论及社会再生产总循环过程中生产、分配、交换和消费的内在联系时指出：我们得到的结论并不是说，生产、分配、交换和消费是同一的东西，而是说，它们构成一个总体的各个环节，一个统一体内部的差别。差别就是矛盾。生产、分配、交换领域各有其特殊矛盾，各有其内在规律。消费领域也有其特殊矛盾和内在规律。马克思主义消费经济理论较为全面地阐述了消费的性质、生产和消费的关系、消费在社会生产中的作用、消费与社会主义生产的目的和消费结构理论。

1. 消费的性质

消费的性质，或者说消费关系的性质，是马克思关注的消费问题的重点。马克思认为，消费作为产品被最终消灭的过程，是生产得以存在的重要条件，即"没有生产就没有消费，没有消费就没有生产"。消费使产品成为现实的产品，使生产得以最终实现，并为生产创造出新的需要，创造出新的动机。但是，在生产和消费的相互作用中，"交换和消费不是起支配作用的东西……一定的生产决定一定的消费、分配、交换和这些不同要素相互间的一定关系"，消费的性质是由生产的性质决定的。在不同的生产方式下，特定的生产关系决定了消费关系的特殊性质。

2. 消费和生产的一般关系

马克思认为，消费和生产之间的同一性表现在三个方面：第一，直接的同一性。生产是消费；消费是生产。前者表现为再生产；后者表现为生产的消费。第二，每一方表现为对方的手段，以对方为媒介。生产为消费创造作为外在对象的材料，消费为生产创造作为内在对象、作为目的的需要。这表现为它们的相互依存：这是一个运动，它们通过这个运动彼此发生关系，表现为互不可缺，但又各自处于对方之外。第三，生产不仅直接是消费，消费也不仅直接是生产。生产不仅是消费的手段，消费也不仅是生产的目的，就是说，每一方都为对方提供对象，生产为消费提供外在的对象，消费为生产提供想象的对象。

从马克思有关消费与生产同一性的论述中可以看出，马克思认为，生产首先决定消费，生产为消费提供对象；生产力水平决定消费水平，生产的发展速度决定着消费的提高速度；生产决定着消费的方式和结构；生产创造着人们对物质产品的需求、对消费对象的需要。其次,消费对生产具有积极的反作用。在社会再生产四个环节的序列运动中,生产是消费的基本条件,它决定消费;但另一方面,生产归根到底要以消费为转移,要以消费为最终归宿。消费不仅为生产过程提供生产者主体,还"在观念上提出生产的对象",创造出新的需求,并且消费作为生产的目的和归宿,关系到社会产品的最终实现。

3. 消费在社会生产中的作用

在马克思社会再生产理论中,消费问题被置于重要的地位,其主要的观点表现在以下四方面:

第一,消费是社会再生产的重要组成部分,离开了消费,社会再生产便无法继续进行,而不论什么社会,生产过程必须是周而复始、连续不断的。

第二,消费从"两方面生产着生产":一方面,通过消费过程把产品消灭,使生产出来的产品得以最后完成,使生产过程得以最终实现。另一方面,消费为生产创造出动力,创造出新的生产需要,因而创造出生产的观念上的内在动机。

第三,在资本主义的社会再生产中,社会总产品按实物形态划分为生产生产资料的第一部类和生产消费资料的第二部类,其中,第一部类的产品用于生产的消费,第二部类的产品用于个人消费。两大部类只有保持一定的比例关系,社会资本再生产才能顺利进行。

第四,在消费和积累的关系上,资本主义的简单再生产实质上是以消费为目的的,但是,资本主义再生产的本质是扩大再生产,因此,在资本主义再生产积累与消费的关系中,是积累大于或优于消费。

4. 消费与社会主义生产的目的

斯大林在《苏联社会主义经济问题》这部著作里,首次将社会主义基本经济规律表述为:"用在高度技术基础上使社会主义生产不断增长和不断完善的办法，来保证最大限度地满足整个社会经常增长的物质和文化的需要。"在这里，他阐明了社会主义的生产目的。他还说："人们不是为生产而生产，而是为满足自己的需要而生产……终究必须懂得，商品归根到底不是为生产而生产，而是为消费而生产的。"至此，我们可以看出消费无疑是社会主义生产的目的，也即"保证最大限度地满足整个社会经常增长的物质和文化的需要"。消费本身不是目的，消费是为了更好地生产和再生产以保持社会再生产的连续性，消费仅是社会生产及再生产的目的之一，而不是唯一目的。

5. 消费结构理论

马克思从社会再生产角度分析了消费结构。他认为："第Ⅱ部类是由种类繁多的产业部门构成的，但是，按它们的产品来说，可分成两大分部类。"接着他又说："这种分割从根本上影响着生产的性质和数量关系，对生产的总形态来说，是一个本质的决定性的因素。"在此，马克思把消费品部类分成必要的生活资料（Ⅱa）和奢侈消费资料（Ⅱb）两个副类，并指出消费品部类的这种划分对生产结构具有决定性影响。与此同时，马克思也注意到了消费结构的变化，他说："每次危机都会暂时减少奢侈品的消费"，然而"在繁荣时期……不仅是必要生活资料的消费增加了；工人阶级也暂时参加他们通常买不起的各种奢侈品的消费"。这说明危机与繁荣时期，由于人们收入不同，相应的消费结构也发生了变化。

恩格斯则把生活资料进行了三层次划分，即生存资料、享受资料和发展资料。他指出："通过有计划地利用和进一步发展现有的巨大生产力，在人人都必须劳动的条件下，生活资料、享受资料、发展资料和表现一切体力和智力必需的资料，都将同等地、予以充分地交归社会全体成员支配。"这说明，人类的消费需求，随生产力的提高总体上是呈上升趋势的。恩格斯提出了消费规律，即消费从基本需求到享受需求，最后到发展需求，描绘出了消费的变动过程。

马克思主义消费经济理论和观点是在对古典和庸俗消费经济思想和理论的批评、借鉴的基础上形成的，是以辩证的方法在特定的历史时期里，深刻分析了资本主义生产关系、生产方式及资本主义制度不可调和的基本矛盾。这些内容在消费经济理论的发展史上具有重要意义。同时，马克思从制度和动态的高度，阐述了消费不足的制度机理，这从方法论上为我们研究城乡居民消费问题提供了十分重要的指导作用。

2.3　当代西方经济学的消费函数理论

当代西方消费经济理论是在古典消费经济思想和理论的基础上发展起来的，其主要内容包括：消费者行为理论、消费函数理论、消费结构理论、消费水平理论、消费品的供给和分配中的政策和技术问题等。其中的消费者行为理论包括相互关联的两个方面：一是微观经济学视野中的消费者行为理论，指的是在消费者偏好给定的前提下，消费者在一定预算约束下的效用最大化行为，其标准的描述工具为效用函数理论；二是宏观经济学视野中的消费者行为理论，主要指消费者如何将收入在消费和储蓄之间进行分割，一般用消费函数来刻画。

消费函数理论是自凯恩斯以后产生的，通过建立收入与消费之间的函数关系，揭示了收入与消费支出之间的相互影响。消费函数是基于消费者行为分析基础上对总量消费状况的描述，由于总量消费是个体消费的总和，宏观经济特征可以由微观消费者的行为解释。西方经济学家认为，收入是影响消费者需求的主要因素，消费是收入的函数，即 $C = f(Y)$。从对收入的理解和引入模型的因素不同，西方主要消费函数理论有以下七种：

1. 凯恩斯的绝对收入假说

在早期的消费函数经验研究中，人们关注最多的是凯恩斯关于消费与收入关系的假说。英国著名经济学家凯恩斯在《就业、利息和货币通论》（以下简称《通论》）中认为，消费支出与实际收入之间保持着稳定的函数关系，每个消费者都是根据其现期绝对收入（个人可支配收入）来决定其消费支出和储蓄所占的比例。用公式表示即：

$$C = f(Y) \qquad\qquad (2.1)$$

式中，C 为消费，Y 为收入，f 表示函数关系。

在凯恩斯看来，除收入外，其他因素在短期内是不影响消费的。在他的《通论》中还有这样一段著名的话："无论从先验的人性看，或从经验之中具体事实看，有一个基本心理法则，我们可以确信不疑。一般而论，当收入增加时，人们将增加消费，但消费之增加，不若收入增加之甚。"这就是凯恩斯在1936年首先引入的绝对收入假说。其核心是说，随着收入的增长，人们的消费支出固然也会增长，但消费支出在收入中所占的比例却在不断减少。这条"心理法则"被称为消费倾向递减规律。该假说主要包括以下三个命题：

（1）实际消费与实际收入之间存在稳定的函数关系，即 $C = f(Y)$，式中 C 表示消费，Y 表示收入；

（2）边际消费倾向 $MPC = \Delta C / \Delta Y$，满足 $0 < MPC < 1$；

（3）平均消费倾向 $APC = C/Y$，并随着收入的上升而下降。

通常人们将凯恩斯绝对收入假说的消费函数表示为以下简单形式：

$$C = \alpha + \beta Y \qquad\qquad (2.2)$$

其中 C 为消费支出，Y 为收入，α、β 为待估计参数，其经济含义是，α 表示自发性消费，β 表示消费倾向，$\alpha > 0$，$0 < \beta < 1$。

在早期的实证研究中，通过统计调查分析，有许多研究结论支持了凯恩斯的短期消费函数假说。

2. 杜森贝里的相对收入假说

凯恩斯绝对收入理论是假定消费者的消费支出只受当期绝对收入影响，不受其过去收入和其他人消费行为的影响。而美国经济学家杜森贝里在《收入、储蓄和消费者行为》中提出的相对收入从动态角度分析消费函数，是对凯恩斯绝对收入假说的一种修订和补充。他认为消费者的消费支出不仅受其自身收入的影响，而且也受周围人的消费行为及收入与消费之间相互关系的影响。

杜森贝里从消费的示范效应和棘轮效应两方面解释了长期消费函数与短期消费函数的矛盾。他认为，在短期内消费函数受经济周期波动的影响，而使消费与收入偏离长期固定比例；但在长期过程中，人们的消费要受示范性效应和棘轮效应的影响，使收入与消费保持一个稳定关系。其要点是：

（1）在消费上人们相互影响，存在攀比倾向。一个人将其收入的多大部分用于消费，不取决于他的绝对收入水平，而取决于他同别人相比的相对收入水平。

（2）消费具有习惯性，它不仅受当期收入的影响，而且还受过去所达到的最高收入的影响。如果目前收入低于过去的最高收入，人们宁愿减少储蓄来维持已经习惯了的消费水平。

相对收入假说的消费函数一般表达式为：

$$C_{it} = \alpha Y_{it} + \beta \bar{Y} + \gamma Y_{it_0} \tag{2.3}$$

式中，C_{it} 为第 i 个人第 t 期的消费，Y_{it} 为第 i 个人第 t 期的收入，$\bar{Y}$ 为第 t 期所有人的平均收入，Y_{it_0} 为第 i 个人第 t 期以前的最高收入，α、β、γ 为参数，其值满足：α、β、$\gamma > 0$，$\alpha + \beta \leq 1$。

杜森贝里的第一个命题被称为消费的"示范效应"，即消费行为要受外部环境的影响，消费者具有某种"攀比"行为，即消费者的消费支出除受自身收入的影响之外，还受到周围人消费行为的影响。杜森贝里的第二个命题被称为消费的"棘轮效应"。消费者的消费支出变化，往往要落后于他的收入变化。这在从奢入俭的消费情况上表现得更为明显。即使他的收入比以前减少了，他在较短时期仍然要维持过去"高峰"时期已经形成的那种消费水平，而不愿意改变自己的消费习惯，并宁肯减少储蓄来达到这一目的。

3. 弗里德曼的持久收入假说

持久收入假定的消费函数是由美国著名经济学家密尔顿·弗里德曼首先提出来的。弗里德曼消费函数在假定消费者行为的目的是效用最大化的前提下，认为在比较长的时间内，尽管收入在人的一生中是不稳定的，但消费却是平稳的，并从持久收入、持久消费、暂时收入、暂时消费的角度重新解释了收入消费的长期均衡和短期波动的关系。

在持久收入理论中，持久收入和暂时收入是两个重要的概念。持久收入是消费者总收入中可预料到的较稳定的、持续性的那部分收入。按照弗里德曼的解释，持久收入是"有关远见"的。因此，在任何一年里，一个消费单位的持久收入并不等于那一年的现行收入，而等于消费单位预计他一生中可以获取收入的平均值或数学期望值。持久收入与现行收入的概念不同，一个人预期每一年的收入在其一生之中可能会有较大的变动，但是，预期的持久收入则是一个稳定的常数。例如，假定利息率为零，那么一个人平均每年的持久收入等于预期今后全部收入之和除以预期一生年份所得的商数。一般来说，一个人每年的收入将围绕该商数而上下波动。弗里德曼认为，暂时收入是因暂时因素的影响而使收入偏离预期的收入，因此，这种收入具有瞬间的、非连续的和带有偶然的性质。这些暂时因素是指健康、气候、生活方式等。它们的变化，使一个家庭在任何一年里可观察到的收入可以大于或小于其持久收入。换言之，暂时收入是现行收入与持久收入的离差。于是有：

$$Y = Y_t^p + Y_t^t \qquad (2.4)$$

式中 Y 代表可支配收入，Y_t^p 代表持久收入，Y_t^t 代表暂时收入。

与持久收入和暂时收入相对应，弗里德曼认为一个人的消费也可以分为持久消费和暂时性消费，暂时性消费也可以为正、为负或为零。持久消费和暂时性消费构成个人或家庭的实际消费。用公式表示为：

$$C = C_t^p + C_t^t \qquad (2.5)$$

式中 C 为实际消费，C_t^p 为持久消费，C_t^t 为暂时消费。

弗里德曼认为，一个家庭的消费在本质上是由持久消费决定的，暂时消费如同暂时收入一样有正负的波动，因此，一个家庭在某时期的实际消费在正负暂时消费的影响下，可能大于或小于持久消费，这可以表现为一种短期波动。

持久消费与持久收入之间存在长期的稳定关系是弗里德曼持久收入理论中的基础。他假定持久消费取决于持久收入，与暂时收入无关，暂时消费由暂时收入决定，也与持久收入无关。从长远看，持久消费与持久收入之间具有稳定的比例关系，且不受任何绝对经济变量的影响。这是因为持久收入与现行收入不一样，它本身是消费者预期一生中获得收入的平均值，具有稳定性。因此，人们的消费支出主要不是同他的现行收入有关，而是决定于持久收入。一个人尽管目前收入不多，但如果他愿意，他便可以动用未来可以预期的收入，也就是说，理性的消费者从他可以支配和预期可以得到的全部收入的角度来计划安排其现行的消费。此外，弗里德曼认为，一个人的暂时性收入增加，并不会对他的消费产生影响。人们会积攒收入，即进行储蓄，等到攒到一定数额后才会购买耐用消费品。可见，在持久收入假说中储蓄的波动主要由收入中的暂时收入的波动所造成，因为暂时收入的储蓄倾向非常高。

通过以上的分析可以看出，持久收入、持久消费、暂时收入、暂时消费是弗里德曼持久收入假说的四个基本概念，在持久收入假定消费函数中，消费者的选择行为受消费者一生收入的约束，同时与收入构成密切关系。

4. 莫迪里安尼的生命周期假说

美国经济学家莫迪里安尼提出的生命周期假说在内容上与持久收入假说相似，都是在对消费者的未来收入作分析。不同的是，他强调的不仅仅是消费与收入，还包括消费与财产之间的关系。莫迪里安尼认为，个人消费或储蓄行为并不仅与现期收入有关，他总是试图把自己一生的全部收入在消费和投资（当前消费和计划消费）间作最佳分配，从而获得最大效用。生命周期假说把人生分为三个阶段：少年、壮年和老年。一般地，一个人在少年和老年时的收入水平相对较低，而在壮年时的收入水平相对较高。为实现一生消费的效用最大化，一个人在其一生的消费现值不超过他一生的收入现值的条件下，会尽可能使他在一生中的消费相当稳定，从而使他在一生的消费中所获得的总效用达到最大，得到一生效用的最大满足。

假定个人只从现在和未来的消费以及遗产中得到效用，并假定在个人一生中消费品价格无明显变化，则年龄为 t 的个人一生效用函数可以写成：

$$U = U\ (C_i,\ C_{i+1},\ \cdots,\ C_L,\ C_{L+1}) \tag{2.6}$$

于是，个人的效用是要在下列方程的约束条件下求极大值。

$$A_t + \sum_{i=t}^{N} \frac{Y_i}{(1+r)^{i+1-t}} = \frac{A_{L+1}}{(1+r)^{L+1-t}} + \sum_{i=t}^{L} \frac{C_i}{(1+r)^{i+1-t}}$$

$$\tag{2.7}$$

$(i = t, \ t + 1, \ \cdots, \ L)$

公式的符号含义如下：

U = 效用函数；

C_i = 个人一生中在第 t 年的消费，这里 t 是从个人的挣钱时期开始计算；

A_t = 在第 t 年开始时的财产；

Y_i = 第 t 年除去利息的收入（对年龄为 t 的个人，Y_i 和 C_i 表示当前收入和消费；而当 $i > t$ 时，Y_i 和 C_i 表示第 i 年的预期收入和计划消费）；

r = 利息率；

N = 个人一生中的挣钱时期；

L = 个人一生中有经济意义的生存时期。

公式（2.7）表示消费者一生中的总消费价值不能超过他一生的总收入价值，从而构成他一生所要取得的效用的约束条件。生命周期假定的要点可以表述为：个人现期消费取决于个人现期收入、预期收入、开始时的资产和个人年龄大小。

按照边际效用递减规律，消费者要在一生中获得总效用极大化，他应选择一个与过去平均消费水平接近而稳定的消费率，即在他一生中按这个比率均匀地消费其总收入，将导致总效用最大化。个人在任何一个时期的消费只是他此后一生的整个消费计划中的一部分，而同期中的收入也只是有助于形成这个计划的一个因素，因此，在任何一个短期内，消费与收入之间并不一定有密切而单纯的关系。所以，当现期收入超过或低于按稳定的消费率计划消费时，个人将进行储蓄或负储；由于退休后断了收入，消费者为了在退休后也能保持按退休前的消费率安度晚年，他需要在工作期间进行大量储蓄。由此可见，消费者的储蓄动机主要为了实现消费效用的极大化，从而实现一生的最大满足，储蓄便是考虑了人生的全过程而进行统筹规划的结果。

因此，在任何一个短期内，消费与收入之间并不一定有密切而单纯的关系。当消费超过或低于现期收入时，是因为个人在进行储蓄或负储蓄。而从长期看，消费与收入的关系是稳定的，这是由于人们将均匀地消费掉他一生的所得。

5. 理性预期的消费函数

弗里德曼持久收入假定和莫迪里安尼生命周期假定的消费函数本质上是相同的，两者都是以消费者根据长期收入进行消费和投资的选择行为为基础的，它们合称为前瞻的消费理论。在前瞻的消费理论中虽然考虑到了预期，但这种预期是适应性预期，即消费者是根据过去和现在的实际收入来预期未来的实际收入的，预期的长期收入中没有包含可能影响人们未来收入的全部信息。也就是说，其模型设立和计算方法是后顾的。霍尔为了克服这种矛盾，采用理性预期假说，用随机方法修正持久收入和生命周期假定，认为消费函数的形式是：

$$C_t = C_{t-1} + \lambda \tag{2.8}$$

其中，C_t 是现期的消费，C_{t-1} 是前期的消费，λ 是随机变量。这表明消费的变化是不可预见的，人们在 t 期的消费和投资行为，是由 $t-1$ 期的消费行为所决定的，C_{t-1} 包含了所有可以得到的信息。这意味着人们的消费支出沿长期趋势呈现出随机行走的特征。根据随机游走假说，现期消费反映了人们可以得到的所有信息，现期消费的变动与过去的经验无关，消费者的消费和投资行为的选择，受跨代预算的约束，其目的也发展到追求跨代效用最大化。

理性预期消费函数改变了消费函数的前景，理性预期研究方法阐明了在消费函数模型中预期所起的关键作用，尤其对于持久收入假说和生命周期假说，因为预期的变动会改变收入消费的长期均衡机制；理性预期研究方法推动了模型建立者提出在技术上把预期加入到他们模型中的最好方式，从而使传统的、朴素的适应性预期方法不再受到欢迎。更为重要的是，理性预期研究方法改变了政府制定需求政策的路线，所有的政府都懂得有必要使其政策取得信任，在政策制定上稳定公众的心理预期。

6. 误差修正机制消费函数

在以凯恩斯为代表的早期的消费函数经验研究和持久收入生命周期假说中，都假定收入线性地决定消费。20 世纪 70 年代中期，在动荡的经济现实面前，持久收入生命周期模型的预测精度明显下降，经济学家们发现，导致模型失败的根本原因是，传统的消费函数理论建立在收入和消费变量是平稳数据的基础之上，而人们通过对有关变量时间序列相关图的研究，发现它们的表现是非平稳的。因此，以普通最小二乘法建立收入与消费的关系缺乏统计意义上的逻辑论证，容易产生"伪回归"，从而导致预测失败。20 世纪 80 年代兴起的协整分析，为解决"伪回归"问题提供了坚实的基础，从而将消费函数带入新的领域。

协整是指尽管两个变量序列是非平稳的，但二者之间的关系（即某个线性组合）却可能是平稳的。这种稳定关系，是对收入—消费关系规律性的定量描述。收入—消费这一对经济变量的关系是非常平稳的，但它们均是随时间的递推而提高，长期走向大致相同，有着长期稳定的关系。协整反映了序列之间的一种长期动态均衡，组合的结果就是这些序列与均衡之间的误差，称为均衡误差。在模型中包含协整关系，即用协整组合的均衡误差对模型进行修正，这类模型称为误差修正模型。模型形式如下：

$$\Delta C_t = \mu_0 + \alpha_1 \Delta C_{t-1} + b_1 \Delta y_t + b_2 \Delta y_{t-1} + \mu_1 (c - y)_{t-1}$$

$$+ \sum_{j=t-1}^{t} \sum_{i=1}^{n} \rho ij \Delta x_{ij} \qquad (2.9)$$

式（2.9）即为误差修正模型，其优点在于把解释消费变量的长期与短期作用分离开来，并特别把长期作用的动态均衡机制显示出来。具体地，式（2.9）右端的△项表示变量的短期波动影响机制，而（$c - y$）一项则表示消费与收入之间的协整关系，即长期均衡趋势的机制。由此产生的经济意义是：当 y 超均衡增长时，（2.9）式右边的第三项和第四项的短期作用使△C增加，但第五项的长期作用却使其减少，迫使其回到长期协调增长的轨道上来。

误差修正模型采用计量经济学的方法解决了传统消费函数的伪回归问题，更重要的是，第一次确立了收入消费的长期趋势对短期变化所产生的影响。因此，误差修正模型在解释收入消费长短期关系方面，发展了消费函数理论。

7. 预防性储蓄理论

在持久收入生命周期假说中，居民一生效用总和最大化目标要求各期消费服从一条较为平滑的消费路径。因此，储蓄的作用表现为平滑各期消费。但是，最近几十年的研究表明，持久收入生命周期假说函数所做出的预测不像先前认为的那样具有普遍性，一旦假定收入是不确定的，会在人的经济生命周期内有较大波动，并且消费者是厌恶不确定性的，储蓄就会变得比持久收入生命周期假说模型所推测得更多一些。

预防性储蓄是指风险厌恶的消费者为预防未来不确定性导致的消费水平的急剧下降而进行的储蓄，这种不确定性主要是由收入的波动所致。预防性储蓄理论是生命周期持久收入模型的一个扩充，强调储蓄不仅仅是为了在生命周期内配置其资源，同时也是为了对不确定事件加以保险。

从现有文献看，对不确定性的量化方法大致归结为三类：一是使用模拟方法，即假定一个特别给定的储蓄模型是正确的，并且可以计算出模型所隐含的预防性储蓄的数量。这类方法由科特里科夫和斯皮瓦科、泽尔兹、卡巴利罗等提出。使用这种方法已经证明，给定真实的参数值，收入不确定性会产生相当大数量的储蓄和财富。但是这种方法的缺点在于不同的模型中由于没有单一充分的统计量去归纳消费者面对的不确定性的程度，因此两种具有相同均值和方差的分布可能推导出截然不同的储蓄行为。二是使用间接变量代替风险的计量经济学方法，例如用户主职业等代替家庭所面临的风险状况。这种方法的最大问题是由于时间序列研究只反映风险的累积，但个人风险可能是决定预防性储蓄的主要因素，在时间序列中却有可能因累积的过程而过滤掉。三是吉索提出的使用自我报告未来收入的主观风险的分布来测度家庭所面临的不确定性。这种方法避免了使用间接指标代替风险的弊端，但这种方法受限于被调查人对被询问的问题的理解程度，并且这种方法对研究长期的不确定性无能为力。

目前预防性储蓄理论研究中仍存在着混乱状况，一旦结果证明预防性储蓄在经济中的重要性，那么不确定性和预防性储蓄行为就会对在宏观、微观领域理解消费和储蓄行为起到重要作用。

2.4 消费结构理论与方法

消费结构是指各类消费支出在总消费中的比重，是实现了的消费需求。对消费结构的研究是当代西方经济学中的重要组成部分。消费结构的研究将宏观经济中的消费理论与消费实际联系起来，为宏观消费问题提供了实证研究的角度、方法以及应用。当代西方经济学研究普遍认为，分析消费结构对于了解消费者行为、研究产业结构及其变动方向、研究社会消费水平以及消费趋势，有着重要的意义。

2.4.1　消费结构的含义

消费结构是一个理论内涵丰富，具有多层次、多角度规定性，又有很强的实证分析、可操作性的经济学范畴。据文献记载，西方对消费结构问题的研究大致始于17世纪末对工人生活消费的分析，当时称之为"预算"分析或"收支"分析。到了19世纪末，才开始使用"消费结构"这个术语。消费结构的定义很多，可以分为宏观定义和微观定义两种类型。马克思主义经典作家并没有明确提出消费结构的概念，也没有专门研究消费结构的著作，但他们在分析资本主义生产和再生产过程的论述中，包含了这方面许多深刻的思想，特别是论述了社会再生产两大部类运行机制中的消费资料部类的划分及作用。

消费结构的定义有广义和狭义之分，广义的消费指人们在生活消费过程中各消费主体、客体之间按一定方式、顺序建立起来的相互关系的总和，既包括人们所消费的各种资料和劳务之间的比例关系，也包括各种不同消费群体之间消费的比例关系、个人消费和集体消费之间的比例关系、商品性消费和自给性消费的比例关系等。狭义的消费指在一定的社会经济条件下，人们（包括各种不同类型的消费者和社会集团）在消费过程中所消费的各种不同类型的消费资料（包括劳务）的比例关系。本书的研究对象决定了它是指狭义的消费结构。

在理解消费结构是不同类型消费资料的比例关系的基础上，对消费结构可以从不同角度进行划分。

第一，按人们实际消费支出的不同方面，可以把消费结构划分为吃、穿、住、用、行等具体形式，以便于计算和统计，便于不同历史时期、不同地区、不同国家的比较。目前,我国和世界大多数国家主要采取这种划分方法。按这种划分方法,还可以把吃、穿、用等结构项进一步细分。如吃还可细分为主食、副食等。

第二,按满足需要的层次,可以把消费结构划分为生存资料的消费、享受资料的消费和发展资料的消费。这三种消费资料的消费比例,就是消费结构的类型之一。一般而言,生存资料是维持劳动力简单再生产所必需的生活资料,如果生存资料得不到满足,劳动者就不能恢复体力和智力,无法正常生活。人们首先要满足的,就是最基本的生存需要。享受资料是满足人们享受必要的生活资料,它能满足人们舒适、快乐的需要,对人的身心健康有重要的作用。发展资料是发展人们体力和智力所需要的生活资料,比如接受教育、从事文艺、进行社交所需要的设备和劳务。发展资料的消费能发展人的体力和智力,增长知识和才干,促进人的全面发展。因此,生存资料是最基本的消费资料,享受资料和发展资料是较高层次的消费资料。人们在满足了生存需要后,会逐步要求满足享受和发展需要。这种划分,对分析人们消费水平的提高,比较不同阶段、不同阶层和社会集团人们的消费状况非常重要。但是,在实际经济生活中,这三种资料很难严格划分,它们往往相互交错,并随着时间的推移不断变化。

第三,按消费品的不同内容,可以把消费结构划分为实物消费和劳务消费。实物消费是指有形产品的消费;劳务消费一般是指通过活动消费提供的消费服务。在知识、信息服务显得越来越重要的背景下,劳务消费必将越来越重要。

本书研究所指的城乡居民家庭消费结构是指居民家庭对其收入在消费与储蓄之间进行划分之后,对总消费支出部分的消费使用结构,即指各类消费支出在总消费支出中的比例及其相互关系。研究消费支出结构必须建立在消费支出的统计分类的基础上，消费支出统计分类要根据一国的经济发展水平和消费内容确定，体现一定时期支出中主要项目的支出状况。各国统计分类方法在消费支出的具体划分上大同小异。世界银行的统计分类方法将家庭消费支出分为七项：食品支出、服装鞋袜支出、住房及燃料和电力支出、医疗卫生支出、教育支出、交通与通信支出、其他支出；其他支出一项主要包括对服务性劳务和耐用消费品的购买。美国的统计分类方法将居民的消费支出划分为七项：食品支出、住房支出、衣服和服务支出、交通支出、医疗支出、个人保险支出、其他支出；其他支出包括娱乐、个人保健、读书、教育、烟草、酒类、日常零散支出和现金捐助。我国的统计分类方法把居民的消费支出划分为八项：食品支出、衣着支出、家庭设备用品及服务支出、医疗保健支出、交通和通信支出、文化教育娱乐及其服务支出、居住支出、杂项商品和服务支出。本书对消费结构的研究是基于我国的统计分类方法对居民家庭消费支出的划分。

2.4.2 消费结构数量研究理论与方法

对消费结构的研究是当代西方消费经济学的重要组成部分。西方学者对消费结构的研究明显分为两个层次，即微观消费结构的研究和宏观消费结构的研究。微观消费结构是指居民个人和家庭消费结构，宏观消费结构则是指社会消费结构和国民消费结构。从两者的关系来看，居民家庭消费结构构成了社会消费结构的基础。一些西方消费经济学家认为，研究消费结构对于了解消费者的意识和行为、研究产品结构和产业结构及其变化，进而研究全社会的消费水平和消费结构趋势都是有作用的。

1. 恩格尔定律分析方法

在消费结构的研究成果中，最重要且有广泛影响力的是恩格尔定律和恩格尔系数。恩格尔定律是 19 世纪德国统计学家恩斯特·恩格尔提出的。他在研究英国、法国、德国和比利时等国不同阶层的家庭调查资料时发现了一个规律：一个家庭或个人收入越低，其食品支出在收入中所占的比重越大；反之，比重越小。随着家庭收入的增加，食品支出占家庭总收入或总支出的比重逐渐减少。对国家而言，一个国家越穷，其国民平均支出中购买食品支出的比重越大。这一规律被称为恩格尔定律。食品支出占全部生活消费支出的比重，称为恩格尔系数。用公式表示为：

恩格尔系数 = 食品支出/全部生活消费支出 × 100%

恩格尔定律所揭示的规律被许多国家的实践所证实。在美国，城市工薪收入家庭的食物支出在消费支出中的比重是下降的。表 2-1 给出了美国近百年时间内恩格尔系数的变化趋势。从中容易看出，恩格尔定律在西方国家是适用的。

表 2-1　美国城市工薪家庭恩格尔系数变化情况

时期	1888—1891 年	1918—1919 年	1934—1936 年	1960 年	1965 年	1970 年	1975 年
恩格尔系数	0.41	0.38	0.35	0.2351	0.2132	0.2073	0.1938

资料来源：根据《国际社会科学百科全书》的相关数据计算整理。

此外，西方经济学家还对恩格尔定律进行了引申。他们根据统计调查的结果指出，不仅食品，而且衣着的消费也同样存在上述规律，即随着生活水平的提高，衣着消费比重下降。例如美国，1947 年衣着消费比重为 1.42%，1983 年为 0.6%；日本 1950 年为 12.3%，1980 年为 0.90%（易丹辉，1993）。这可以看作恩格尔定律的引申。恩格尔系数作为衡量居民消费结构状况的重要指标之一，只是揭示了特定发展阶段中居民家庭消费与食品支出间所反映的消费结构的一般状况，不能说明其他消费项目比例的变化规律，因此，在应用上有一定的局限性。

美国经济学家玛格丽特·伯克于20世纪60年代后期对美国的食物消费问题进行了大量研究。她的主要观点是，在使用恩格尔定律时要注意一些特例，以此调整和补充恩格尔定律的适用性和注意之处。这些特例包括：①城市化因素的影响。当家庭从农村迁入城市时，食品支出会有显著增长。②商品化因素的影响。在农村人们消费的食物有相当部分是自己生产的，随着农业商品化程度的提高，人们消费的食品有越来越多的部分是从市场上购买的，这会引起总支出中食物支出比重的上升。③在市场买进的食物中，"未加工的食物"越来越少，而"加工过的食物"越来越多，由于这些食物中包含了更多的附加价值，所以在消费的食物量不变情况下，其食物支出费用增加。④"在外就餐"的比例增大使得食品支出增加。⑤食物本身构成的变化。以前消费的多是淀粉类食物，现在消费更多的是畜禽类产品和海产品，这些食物的价值成分的差异就增加了消费者的食品支出。因此，在运用恩格尔定律研究问题时，必须考虑可比性问题。

2. 线性支出系统和扩展的线性支出系统模型分析方法

（1）线性支出系统

线性支出系统（Linear Expenditure System，简记为 LES）是一个经济理论依据较充分、应用范围广泛的需求函数模型系统。它是由消费者在预算约束下使得消费效用达到最大的最优消费需求问题而建立起来的。1947 年，克莱因和罗宾提出了如下形式的效用函数：

$$U = \sum_{i=1}^{n} b_i l_n (x_i - x_i^n) \qquad (2.10)$$

式（2.10）中 U 表示消费者获得的效用，它是各种不同商品组合的函数。x_i 表示消费者的第 i 种商品购买量，$i = 1$，2，$\cdots$，n。该效用函数将第 i 种商品的效用表示成实际需求量与基

本需求量 x_i^n 之差的对数，然后利用效用的可加性建立总效用函数，其中 b_i 为边际预算份额。1954 年英国计量经济学家斯通以式（2.10）为基础，假设存在预算约束：

$$V = \sum_{i=1}^{n} p_i x_i \qquad (2.11)$$

通过构造拉格朗日函数，最终求得了线性支出系统（LES）函数：

$$P_i X_i = P_i X_i^0 + b_i (V - \sum_{k=1}^{n} P_k X_k^0) \quad i,k = 1,2,\cdots,n \quad (2.12)$$

式（2.12）中，P_i 表示第 i 种商品的价格，$P_i X_i$ 是对第 i 种商品的消费支出，$V - \sum_{i=1}^{n} P_i X_i$ 是总消费支出，X_i^0 是对第 i 种商品的基本需求，$P_i X_i^0$ 是对第 i 种商品的基本需求支出，$\sum_{k=1}^{n} P_k X_k^0$ 表示对所有其他商品的基本需求，b_i 表示超过基本需求的支出中用于购买第 i 种商品的百分比，即边际预算比，b_i 满足 $0 < b_i < l$，$\sum_{i=1}^{n} b_i = 1$；模型（2.12）中的 X_i^0 和 b_i 是待估计的参数。

式（2.11）表示对第 i 种商品的消费支出额分为两部分。前一部分为对该种商品的基本消费支出，后一部分为预算总支出 V 中除去对所有商品的基本消费支出后剩余部分中用于第 i 种商品的部分。其基本思想是，在一定的价格和总消费水平下，消费者首先购买各种商品、劳务的基本需求量，然后，在消费总支出中扣除所有基本消费需求之后的剩余部分（$V - \sum_{k=1}^{n} P_k X_k^0$）按不同比例 b_i 在各种商品、劳务之间分配。

LES 模型有一个理论逻辑不足：没有考虑储蓄的因素，把消费支出 V_i 看成是总消费支出 V 的函数。事实上，消费者通常的行为不是先确定总支出再购买商品，即不是总消费支出决定商品购买，而是购买决定了总消费支出。因此，不能假定总消费支出 V 为外生的，总消费支出 V 与收入的多少有密切联系。与其说 V_i 受 V 的影响，不如说 V_i 受收入的影响更为贴切和直接。因此，后来的经济学家对线性支出系统进行了改进，提出了"扩展的线性支出系统"模型。

（2）扩展的线性支出系统

1973 年，经济学家 C. Liuch 对线性支出系统做了两点修改，从而提出了扩展的线性支出系统（Extended Linear Expenditure System，简记为 ELES）。第一点修改是，以收入 Y 代替总消费支出预算 V；第二点修改是，以边际消费倾向 b_i 代替边际预算份额。这里的边际消费倾向是指当收入变动 1 元时，对某种商品的消费额的变动量。

扩展的线性支出系统模型与线性支出系统模型的区别在于，扩展的线性支出系统把消费支出看成是价格和收入的函数。由于在不同的经济体制下，消费与收入存在不同的函数关系，因此，以不同收入理论为依据的扩展的线性支出系统模型之间存在一些差别，倘若从收入的一般角度去考察，可以把扩展线性支出系统的基本表达式写为：

$$P_i X_i = P_i X_i^0 + b_i \left(Y - \sum_{k=1}^{n} P_k X_k^0 \right) \quad i,k = 1,2,\cdots,n \quad (2.13)$$

式（2.13）中，Y 表示消费者的生活费收入。

扩展的线性支出系统的设计思想与线性支出系统相仿，这就是对某类商品劳务的消费需求 $P_i X_i$，可以分解为基本需求和追加需求 $b_i \left(Y - \sum_{k=1}^{n} P_k X_k^0 \right)$ 两部分。在一定收入水平和价格水平下，消费者首先满足基本消费需求，然后，剩余的收入按不同比例 b_i，在各种商品、劳务和储蓄之间分配。

3. 几乎理想需求系统及 AIDS 模型

几乎理想的需求系统（Almost Ideal Demand System，简记为 AIDS）是在 20 世纪 80 年代，由 Angus Deaton 和 John Muellbauer 提出的消费需求系统。其考虑问题的思路是：在给定的价格系统和一定的效用水平下，求解如何以最小的支出达到事先给定的效用水平。假定消费者行为满足 POGLOG 偏好假说，常用于描述这类选择偏好的支出函数是 PIGLOG（Price Independent Generalized LOG）型函数，其形式为：

$$\log[C(u,P)] = (1-p)\log[a(p)] + u\log[b(p)] \quad (2.14)$$

这里，$u(0 \leq u \leq l)$ 为效用指标，$u=0$ 表示仅维持基本生理需要时的效用；$u=1$ 表示效用已达到最大满足。$a(p)$ 和 $b(p)$ 为适当的齐次线性函数。因为 $u=0$ 时，$C(u,p)=b(p)$，故 $a(p)$ 和 $b(p)$ 分别表示消费者仅满足基本生理需要与获得最大效用时所需要的最小支出。

故选取 $a(p)$ 和 $b(p)$ 有如下形式：

$$\log[a(p)] = a_0 + \sum_{i=1}^{n} a_i\log(p_i)$$
$$+ \frac{1}{2}\sum_{i=1}^{n}\sum_{j=1}^{n} r_{ij}^{*}\log(p_i)\log(p_j) \quad (2.15)$$

$$\log[b(p)] = \log[a(p)] + b_0\prod_{i=1}^{n} p_i^{o} \quad (2.16)$$

其中 a_0、r_{ij}^{*}、b_0、p_i 为参数。将式（2.15）、式（2.16）代入式（2.14）得 AIDS 模型的支出函数：

$$\log C(u,p) = a_0 + \sum_{i=1}^{n} a_i\log(p_i) +$$
$$\frac{1}{2}\sum_{i=1}^{n}\sum_{j=1}^{n} r_{ij}^{*}\log(p_i)\log(p_j) + u \cdot b_0\prod_{i=1}^{n} p_i \quad (2.17)$$

根据微观经济学中的支出函数性质，最小支出额对价格的偏导数就是用价格和效用表示的最优需求量，用符号表示：

$$\frac{\partial C(u,p)}{\partial p_i} = q(u,p) \qquad (q_i \text{ 为消费品 } i \text{ 的需求量})$$

上式等号两边同时乘以 $p_i/C(u,p)$ 得:

$$\frac{\partial \log C(u,p)}{\partial \log(p_i)} = \frac{p_i q_i}{C(u,p)} = \omega_i$$

这里的 ω_i 为用于消费品 i 的支出占总支出的份额。

支出函数对 $\log p_i$ 求偏导数得:

$$\omega_i = a_i + \sum_{i=-1}^{n} r_{ij} \log(p_i) + u b_i \prod_{j=1}^{n} p_j^b \qquad (2.18)$$

其中 $r_{ij} = (r_{ij}^* + r_{ji}^*)/2$。

再次依据微观经济理论,对于追求效用最大化的消费者,实现效用水平 $u(p,X)$ 的最小支出 $C(u,p)$ 就是他的真实预算支出 X。由 (2.14) 式解出 u 代入 (2.18) 式,得 AIDS 模型的预算份额构成式:

$$\omega_i = a_i + \sum_{j=1}^{n} r_{ij} \log(p_j) + b_i \log(X/P) \qquad (2.19)$$

其中 $P = a(p)$。

式中的 $P = a(p)$ 为维持基本生理需求支出,也可看作是一种价格指数,于是 X/P 可认为是"真实支出",表示在每单位基本生理需求支出下的实际消费总支出。显然,某类消费品的份额(或比重)依赖于各类消费品的相对价格和"真实支出"(X/P)。参数 r_{ij} 反映的是第 j 类消费品价格对第 i 类消费品支出比重的影响,即第 j 类消费品价格变动1%时,$\exp(\omega_i)$ 变动的百分比;参数 b 体现了"真实支出"对某类消费品支出比重的影响,即 X/P 变动1%时,$\exp(\omega_i)$ 变动的百分比。

对 (2.15) 式计量估计的困难是价格指数 P 的测试。Deaton 曾指出,指数 P 可以用 Stone 价格指数代替。1987年 G. Phillips 等人认为,两种指数在具体应用时,所得的结论是相近的。AIDS 模型的估计式 (2.15) 变为:

$$\omega_i = a_i + \sum_{j=1}^{n} r_{ij}\log(p_j) + b_i\log(X/P^*) \qquad (2.20)$$

$$\log(P^*) = \sum_{i=1}^{n} \omega_i\log(p_i)$$

其中, P^* 即为 Stone 价格指数。

几乎理想需求系统 AIDS 模型与扩展线性支出系统 ELES 模型的共同点是, 它们都有着坚实的理论基础, 都是在特定的目标函数下求解最优消费选择问题, 并且建立相应的计量模型加以估计参数。只不过 ELES 模型是在消费者的财务预算约束下, 根据最大化效用目标求解马歇尔需求函数, 而 AIDS 模型是在给定的价格系统和效用水平下解决如何使消费支出为最小的问题, 因而求解的是希克斯需求函数, 或者说是 "补偿的需求函数"。

EIES 模型和 AIDS 模型的主要区别体现在对数据的依赖性以及模型本身和估计参数经济意义上的差异两个方面上。ELES 模型的优点是不需要任何有关价格的信息, 或者说, 在没有可供使用的价格数据条件下仍可进行参数估计, 同时原始数据均以绝对额作为估计依据将不可避免地产生由原始数据误差造成的估计误差。而 AIDS 模型却必须使用相对价格指标和消费支出比重指标, 这一方面说明了对原始数据要求更加严格的劣势, 另一方面也表明其能够在一定程度上减少在所有原始支出数据有同等误差 (包括统计误差和人为虚报等因素造成的误差) 情况下带来的不利影响, 因而采用相对指标估计参数有更加可靠的数据优势。

4. Panel Data 模型分析方法

时间序列模型和截面数据模型的共同优点是估计参数方便, 计算简单。时间序列模型是反映变量间长期的变化关系, 而且要求样本数据符合一些假设条件; 否则, 估计结果导致失真。横截数据模型只能反映同一时刻内不同观测个体单元之间的异同和规律，消除了随时间变动的因素，如价格、产品结构变动的影响。但由于不能得到样本随时间变化的信息，得到的估计结论只适合于较短时期。另外，时间序列模型与截面数据模型还有共同的不足。它们的模型中都有随机扰动项，它们中可能包含了重要的被忽视了的因素，也就是说，有些没有出现在模型中的解释变量，特别是有些不可观测的因素往往被"隐藏"在随机扰动项中，而这些因素对被解释变量的影响有时又很重要，这些因素称为潜变量。例如，在居民消费结构研究中，居民的收入预期和价格预期就是潜变量，地区因素和收入等级因素也是潜变量。很明显，这些潜变量对居民的消费结构有较重要影响。若能将这些影响估计出来，对于检验和发展现有的结论和经济理论，制定合理有效的经济政策，将是有意义的。如果忽略了这些问题，而是简单地用普通最小二乘方法估计参数，可能产生严重的偏差甚至错误。

近年来，国外经济学者提出用 Panal Data 建模方法用于居民消费结构的研究中，该方法的最大优点是解决了单纯用时间序列数据和单纯用截面数据资料无法解决的潜变量对被解释变量的影响问题。主要代表人物是肖成（Cheng Hsiao，1956）、马蒂尔斯（Matyas，1992）。

所谓截面时序数据，是由对若干横截面单元做连续观测所得到的多维时间序列数据组成。由于计算技术的进步和经济统计工作精度的提高，利用横截时序数据建模的方法在经济研究工作中得到越来越广泛的应用。时间因素可以使我们进行模型的动态分析，而多个横截单元的存在又使样本数据容量大大扩充，为从技术上克服多重共线性，更好地分析变量间的数量关系提供了可能。相对于单纯的横截面模型和单纯的时间序列模型而言，该模型的优点在于：①观测样本量大大增加，使构造更加可靠的参数估计量成为可能；而且，最重要的是使我们能够识别和检验约束条件放松了的更为一般的模型。②多重共线性的影响被减弱，当解释变量在两个方向上同时变动时，由于潜在影响因素的增多使得它们之间强相关的可能性大大降低。③能够识别和度量一些纯粹横截面模型和纯粹时间序列模型所不能识别的因素，如潜变量因素的影响。④降低估计误差。

横截时序数据 Panal Data 模型方法与线性（或扩展线性）支出系统模型不同的是，ELES 模型是用收入、价格等作为解释变量来研究这些因素对消费需求的影响，在消费结构的静态分析中，ELES 模型能够显示其优点，它不仅可以分析消费结构，还可以进一步作需求弹性分析、基本需求分析等。然而，在实际的经济现象中，除了收入和价格变量以外，其他变量如收入差距、地区差距、各种预期因素等也对消费结构有显著影响，对此，支出系统模型是无能为力的。而横截时序模型正是弥补了这个不足，因为时间序列数据与截面数据结合资料中既包含了个体单元特征随时间变动的趋势，也包含了个体单元自身之间的特征差异，使许多不可观测的潜在因素的作用得以识别和度量。因此，在消费结构的动态分析中，Panal Data 模型可以发挥其不可替代的优势，不仅可以使观测样本量大大增加，同时能够识别许多不可观测的因素。

2.5　中国消费经济理论综述

2.5.1　中国消费问题研究历史回顾

新中国成立以来，我国对于消费问题的研究大致经历了三个阶段，即空白阶段、活跃阶段和深入阶段。

1. 空白阶段（1978 年以前）

1978 年前，中国无论是理论界还是实践界，普遍存在着"重生产，轻消费"的观念，各行业都在全力以赴，但只强调生产，不强调消费，很少考虑消费对于生产的反作用。那个时候，不管什么产品都是多多益善，无论什么样的产品都能卖得出去，产品论等级，等级高的卖好价钱，等级低的卖低价钱，根本就不需要什么品牌。实施高积累、超前发展重工业的发展战略，使得农业、轻工业、基础产业及生活服务发展严重滞后，消费产品供给能力不足，人们的生活水平极其低下，人们消费都要凭票供应，使用粮票、肉票、棉花票、布票等，市场供应一直处于短缺状态。消费物品和劳务匮乏，迫使政府从严控制居民消费需求增长。居民消费需求及消费增长严重滞后于经济增长。[①] 人们工资性收入多年来一直没有变化，城乡收入增长缓慢，差距逐年扩大。这一时期消费模式的总体特征是"低水平、大众一统化的贫乏期消费，消费环境太差，消费质量无从谈起"。[②] 正是由于政策上长期扭曲了社会再生产各个环节的相互关系，使得人们"重积累，轻消费"的倾向十分突出。因而研究消费理论也是少之又少，几乎处在停滞不前的地步，使消费理论几乎成了空白。

2. 活跃阶段（1978—1992 年、1992—2002 年）

1978 年党的十一届三中全会后，我党"实事求是"的思想路线使广大理论工作者解放思想、正本清源，对社会主义生产的目的、生产和消费之间的辩证关系，以及社会主义条件下如何进行消费等问题进行了严肃、认真的讨论，明确了社会主义生产的目的就是不断满足人民群众日益增长的物质和文化的需

---

① 潘建伟. 居民消费行为比较研究 [M]. 北京：中国经济出版社，2009.

② 姬雄华，冯飞. 1949 年以来我国消费实践与理论的发展 [J]. 经济论坛，2004（5）.

要；明确了生产和消费是相互依存、相互促进的关系，生产是整个经济活动的起点，它决定消费，而消费的增长又是产生新的社会需求，推动生产发展，即认为消费决定生产；明确了在对待社会主义消费问题上，要防止两种错误倾向和认识。这两种错误倾向和认识是：一种是生产发展允许的限度内，不去适当增加消费，而一味地限制消费；另一种是不顾生产发展的可能，提出过高的消费要求。这一时期，理论工作者在各种刊物和报纸上积极发表研究论文和调查报告，有关消费经济的刊物出现，研究机构相继建立，对消费经济理论的研究出现了空前活跃的局面。

1992 年党的十四大胜利召开，确立了建立社会主义市场经济体制改革目标。特别是邓小平同志关于社会主义本质的精辟论断，使得广大理论工作者能够积极地探讨和研究社会主义市场经济条件下的消费理论与实践问题。学者对消费体制、消费结构、消费水平、消费模式、消费层次以及物质消费、精神文化消费、转轨经济中的消费行为与理论、消费者权益保护等内容进行了各种各样的讨论，他们认为市场经济越发达，消费就越重要。生产与消费是社会再生产的两个环节，市场经济越发达，消费的主导和推动作用就越明显。

3. 深入阶段（2002 年至今）

党的十六届三中全会提出"坚持以人为本，树立全面、协调、可持续的发展观"。这是中国共产党深刻总结近半个世纪中国发展的经验教训，准确把握 21 世纪全球发展趋势，提出的一种科学发展观。这是党的经济发展思路与提法从"又快又好"向"又好又快"转变，说明我国经济发展战略更加注重惠及全体人民。从消费角度考察，坚持以人为本，就是要不断满足人们的物质消费、精神消费多方面的需求，促进人的全面发展；就是要通过扩大消费，缩小城乡和区域消费差距，改善投资和消费结构，提高消费对经济增长的贡献，促进经济社会全面、协调、可持续发展。党的十七大报告中明确提出了"实现居民消费率稳步提高，形成消费、投资、出口协调拉动的增长格局"。这也说明，处理好消费、投资、出口三者的关系，最根本的是扩大国内消费需求。在当前投资持续高增长、投资相对偏热和消费需求相对不足的情况下，优化投资消费结构、刺激消费需求是保持经济快速健康发展的关键。在这种情况下，开展均衡与稳定、和谐消费、科学消费、绿色消费，以及循环经济与消费模式的研究成为了目前的消费趋向。

2.5.2　改革开放后中国消费经济理论研究综述

经过 1978 年后三十多年的改革，我国的各项事业取得了突飞猛进的发展，人们生活得到了改善，中国的消费经济理论研究不断向纵深发展，取得了突破性进展，为创建有中国特色的消费经济理论奠定了基础。[①]

1. 关于消费与生产关系的研究

理论界对消费与生产关系的研究，基本上遵循着马克思主义经典作家的论述。在社会主义市场经济下，消费是社会生产总过程的一个重要环节，它同生产、分配、交换三个环节构成互相联系、互相制约的有机整体。其中，生产起着决定性的作用，生产决定分配和交换，也决定消费。生产决定消费，主要表现在：生产为消费创造对象，从而决定消费水平；生产决定消费结构和消费方式；生产通过生产出来的产品，在消费者身上引起新的消费需要。因此，生产是消费的基础，没有生产，就没有消费。

---

① 姚树荣. 中国消费经济理论研究综述 ［J］. 经济纵横，2001（9）：60－63.

消费在生产和再生产过程中也具有重要的地位和作用，消费也反作用于生产，主要表现在：消费是劳动力再生产的一个条件，因而它本身就是生产活动的一个内在要素；消费使生产的产品成为现实的产品；消费创造出新的需要，创造出生产的动力。因此，没有消费，也就没有生产，因为没有消费，生产就没有目的。①

消费与生产的相互关系客观上具有比较固定的方面，但也有根据实际情况的变化而不断变化的方面。李新家认为，消费与生产的关系发生变化主要与以下三种情况有关：第一是与生产力的发展水平有关。在生产力发展水平比较低的情况下，生产对消费的决定作用要大一些；在生产力发展水平比较高的情况下，消费对生产所起的作用要大一些。第二是与产业结构和产品结构有关。在产业结构比较单调时，人们可以消费的品种比较少的情况下，生产对消费的决定作用要大一些；相反，在产业结构极其复杂，社会产品品种繁多的情况下，消费者的选择所起的作用比较大。同时，在第三产业发展水平很低的情况下，生产对消费的决定作用比较大；而在第三产业充分发展的情况下，消费对生产的制约作用会表现得比较明显。第三是与社会经济管理体制有关。在计划经济体制下，生产对消费几乎起着单方面的决定作用；而在市场经济体制下，消费者的市场选择对于生产的发展起着相对较大的作用。因此，我们应根据实践的变化不断提高在消费与生产相互关系问题上的认识。对这个问题的认识在理论上和实践上都具有重要的意义。②

---

① 姚树荣. 中国消费经济理论研究综述 [J]. 经济纵横，2001（9）：60 - 63.

② 范剑平. 居民消费与中国经济发展 [M]. 北京：中国计划出版社，2000.

2. 关于适度消费的研究

改革开放伊始，理论界针对过去长时期的"高积累、低消费"、"先生产、后生活"以及"先治坡、后治窝"等问题，无不提倡刺激消费、鼓励消费、扩大消费等。这时开展的关于生产目的的大讨论，有力地推动了国民经济结构尤其是积累与消费比例关系的大调整，但持续时间不长。进入20世纪80年代后期，理论界又从上到下大力批评消费膨胀，90年代前期还不时批评消费膨胀，并将之归为90年代中期严重通货膨胀的根源之一。由消费不足走向消费膨胀，由消费滞后走向消费超前，当然应该批评，但当时并没有真正出现消费膨胀或消费超前，而是把收入增长过快误认为消费膨胀或超前。1997年亚洲金融危机的爆发，使中国出口受阻，经济面临下滑的危险。为扭转这种局面，1998年起，理论界又提出启动内需，大力倡导投资，提倡消费。这样，从20世纪80年代初提倡消费，经过80年代末和90年代初的消费膨胀、消费超前之批评，又回到90年代末的启动内需、提倡消费，可谓完成了一个完整的循环过程。在上述过程中，理论界也提出了适度消费问题，并对适度消费的内涵与外延进行了界定，可惜没有受到重视。为防止和克服消费问题上的忽左忽右倾向的产生，很有必要继续探讨科学的适度消费问题。①

3. 关于消费质量的研究

理论界把我国过去100年的人民生活概括为三种类型，即饥寒型、温饱型和小康型。20世纪的前50年，我国人民生活在水深火热之中，饥寒交迫，那时的生活属于饥寒型；20世纪50年代到80年代，我国人民为温饱生活而奋斗，用了大约30年时

---

① 范剑平. 居民消费与中国经济发展 [M]. 北京：中国计划出版社，2000.

间，使饥寒的中国人变成温饱的中国人；20世纪80年代至今，我国人民为小康生活而奋斗，用了大约20年时间，解决了温饱问题，使全国基本上迈入小康。中共中央关于制定国民经济和社会发展第十个五年计划的建议明确提出："我国将进入全面建设小康社会，加快推进社会主义现代化的新的发展阶段……向更加宽裕的小康生活迈进。"小康生活的最大特点是以数量扩张为主，逐步向以提高消费质量为主的转变。因此，近年来理论界展开了对消费质量问题的讨论。[①] 尹世杰认为，必须从可持续发展的战略高度、从消费力与生产力良性循环的高度、从两个文明协调发展的高度和从人的全面发展的高度来提高消费质量。文启湘认为，提高消费质量，应构建"八大工程"：①优化消费结构，实现消费升级；②改善住房消费，营造美好栖息空间；③发展文化消费，全面提高国民素质；④发展服务消费，满足服务需求；⑤发展和完善信息消费，提高生活品位；⑥发展绿色消费，增进人身健康；⑦发展银色消费，促进延年益寿；⑧建立现代文明、健康、科学的消费方式。[②]

恩格斯曾经指出，人的生活资料应包括生存资料、发展资料和享受资料。如果把生存、发展和享受划分为三个阶段，那么解决生存问题是温饱和小康的主要任务，而解决享受和发展则是富裕阶段的任务。我们的最终目标不是小康，而是富裕。只有达到富裕，才有真正的发展和享受，才能促进人的全面发展，促进社会的全面进步。因此，大力发展社会生产力，不断提高人民的生活消费质量，将是我国新世纪经济建设的主要任务。

---

① 姚树荣. 中国消费经济理论研究综述 [J]. 经济纵横，2001 (9)：60 - 63.

② 臧旭恒. 中国消费函数分析 [M]. 上海：上海人民出版社，1994.

4. 关于消费模式的研究

消费模式是人们消费关系和行为规范的综合表现，是从总体上反映人们消费行为的主要内容、基本态势和质的规定性，是指导人们进行消费活动并对人们的消费行为进行社会价值判断的理论概括和依据。对于我国传统消费模式，目前理论界尚无系统的研究，张晓宏的观点较有代表性。他详细论述了我国传统消费模式的含义、基本特征、弊端及根除对策。他指出，中国传统消费模式是以中国传统文化为思想根源，以中国生产力发展水平为经济基础，经中华民族世代传承的一种利用资源来发展自身的模式。这种模式具有如下三个特征：一是以崇俭黜奢为根本特征的传统消费观念；二是以从众心理为根本特征的传统消费动机；三是以自给自足为根本特征的传统消费方式。对应于这三个特征，中国传统消费模式具有如下三个弊端：一是由崇俭黜奢导致的过分节俭使经济增长缺乏动力；二是从众的消费动机是经济的不稳定器；三是自给自足的消费方式导致效率的损失。而要根除这些弊端，首先必须建立"以需为本"的科学消费的评判标准，其次应全力推行消费社会化。①

5. 关于消费热点的研究

所谓消费热点理论，是指关于消费领域中的主要矛盾和矛盾的主要方面的理论。这是我国20世纪90年代兴起的一种新理论。当卖方市场转向买方市场、短缺经济转向过剩经济之际，投资者找不到投资的方向，消费者找不到消费热点，于是，理论界开始寻找投资方向和消费热点。热点在哪里？有人说在汽车，汽车虽然发展了一些，但也没有太热起来，中国尚未进入汽车的普及阶段；有人说在旅游，旅游虽然有了显著的发展，

---

① 方域，张少龙. 支撑经济增长：中国消费、储蓄、投资研究［M］. 北京：华文出版社，2001.

但也没有成为真正的热点，参与旅游的人数比例还较低；有人说在农村，农民生活太落后，市场潜力大，要大力开拓农村市场，增加农民消费，但这个点至今还较冷；有人说在教育，独生子女都想上大学，但大学的招生太少，矛盾十分突出，教育的热度仍然不够，还没有成为真正的热点；有人说在住房，城乡居民的住房问题十分突出，国家、企业和居民都有解决住房问题的愿望，这个热点已基本形成。从热点的寻找和争论中可以看出，必须从我国的实际出发。① 杨圣明认为，热点是主要矛盾或矛盾的主要方面，哪个矛盾何时成为主要矛盾，哪个方面何时成为矛盾的主要方面，不是某人自封的，必须依据条件的变化，没有条件，绝对不成。因此，我们应着力探讨消费领域中的每个矛盾转化的条件。②

6. 关于消费函数的研究

近 20 年来，理论界对我国城乡居民的消费函数进行了大量实证研究，主要成果有：

（1）王于渐函数

王于渐比较系统地运用现代经济理论中的几种主要消费函数假说，分析了中国消费函数，即运用中国的数据分别验证了凯恩斯的绝对收入假定、莫迪利安尼的生命周期假说、弗里德曼的持久收入假说。他的结论是以上模型能够拟合中国数据，但由于我国各时期居民消费外部环境不同，对城乡居民的影响因素也不相同，不分时期地进行拟合，似乎有些牵强。

（2）邹至庄函数

邹至庄函数的简单模型为：

---

① 姚树荣. 中国消费经济理论研究综述 [J]. 经济纵横，2001（9）：60 - 63.

② 方城，张少龙. 支撑经济增长：中国消费、储蓄、投资研究 [M]. 北京：华文出版社，2001.

$$Y_t = C_t + I_t$$

$$C_t = r_0 + r_1 Y_t + r_2 C_{t-1}$$

$$I_t = \alpha_1 \Delta Y_t + \alpha_2 I_{t-1}$$

式中，Y_t、C_t 和 I_t 分别表示现期的国民收入、消费和积累，C_{t-1} 和 I_{t-1} 表示滞后的消费和积累，ΔY_t 表示国民收入增量，r 和 α 为系数。邹至庄函数是通过建立消费分析的宏观简单模型，解决收入本身由宏观经济模型内生决定的和用简单方程估计消费函数之间的不协调。

（3）秦朵函数

秦朵根据动态建模理论，建立了中国居民总消费的误差修正型计量模型，并用 1952—1987 年的统计数据拟合、分析居民总消费与总收入之间的长期关系和影响消费波动的主要因素，从中得出一个基本结论：从 20 世纪 60 年代到 80 年代，居民总消费与总收入之间存在着比较固定的比例关系，即本年短期居民消费波动主要受本年和上年的收入、物价及上年的消费与社会集团购买力变动的影响，这些因素对消费波动的影响程度也大致是固定的。

（4）李子奈函数

李子奈建立了三种不同消费函数模型：

$$C_t = \alpha_1 Y_t + \alpha_2 C_0$$

$$C_t = \alpha + \beta Y_t + r C_{t-1}$$

$$C_t = \alpha + \beta Y_t + \gamma RP_t$$

式中，RP_t 即为农产品价格指数与农村工业品零售价格指数之比。

（5）臧旭恒函数

臧旭恒以中国消费者行为假定为研究基础，从改革前后两个时期、城镇和农村居民两个群体验证了现代消费经济理论主要假说，结论是：我国 1978 年以前的居民消费函数模型基本符合绝对收入假说，但绝对收入假说对改革开放以后的情况缺乏解释力，同实际生活相比存在许多不合理之处。相比而言，生命周期假说和持久收入假说在解释我国改革开放后的消费者行为方面较为有效。[①]

贺菊煌等运用生命周期假说对我国消费函数进行分析，认为 1981—1994 年我国消费函数和储蓄率函数可表达如下：

$$\triangle C = 0.059\ 85\ (Y_{-1}C_{-1})\ +0.563\ 61\triangle Y$$
$$\qquad (1.51)\qquad\qquad\qquad (5.20)$$

$$S = 0.9494S_{-1}/\ (1+G)\ +0.4334G/\ (1+G)$$
$$\qquad (22.6)\qquad\qquad\qquad (5.79)$$

$$R^2 = 0.7837$$

陈伟彦则运用持久收入假说对我国消费函数进行分析。他认为，我国目前不仅缺乏生命周期假说中所需要的财产收入的相关数据，而且一般居民财产收入也较为有限。因此，对我国消费函数分析，应以持久收入假说为主。根据弗里德曼的持久收入假说，可建立我国居民的一般消费函数模型：

$$C_t = \beta_1 \cdot Y_1 + \beta_2 C_{t-1} + V_t$$

利用上式分析 1985—1996 年和 1989—1996 年这两段期间的情况，可得出以下几点结论：①农村居民消费函数中 β_2 能通过 t 检验，而城镇居民消费函数中 β_2 不能通过 t 检验。这说明，对于城镇居民，滞后消费解释变量几乎不具有统计上的显著性。这与臧旭恒研究的 1978—1991 年的情况刚好相反，他的解释是农村居民收入不稳定而城镇居民收入较稳定导致了上述差别。这说明随着改革的深入，我国消费者的消费行为已经发生了较

---

① 杨万江，张祖民. 浙江农村居民生活经济分析 [M]. 北京：北京大学出版社，1992.

大改变，一方面农民对未来更有信心，另一方面城镇居民由于住房改革、下岗压力增大等原因，对未来收入缺乏信心，造成普遍持币观望的态势。②农村居民现期收入中用于现期消费的比例有所上升，但持久收入中用于持久消费的比重在20世纪90年代中期却有所下降。③由于我国城镇居民对未来的估计一般趋于更加保守，不像改革初期那样对未来很有信心，跨时预算约束到现在已经难以成立。因此，我国城镇居民20世纪90年代的消费行为已不能用持久收入假说来解释。

余永定和李军认为，生命周期假说和持久收入假说虽然在西方经济中得到了较好的验证，但在资本市场极其不完善，几乎不存在消费信贷的中国经济中无法说明中国消费者的行为特征。他们认为，中国居民消费行为有两个重要特点：一是居民的消费支出安排具有显著的阶段性，二是在其生命周期的不同阶段一般都存在一个特定的支出高峰以及一个相应的储蓄目标。根据这两个特点，他们运用以选择理论为基础的分析方法来研究中国居民的消费行为，从而推导出中国的宏观消费函数，即：

$$C = C(\frac{W}{P}, \frac{S_0}{P}, P, P^e, i, S^*, \theta)$$

利用1978—1998年有关统计资料，可对上述消费函数进行估计。估计结果表明：①实际消费与实际收入呈正向关系变动，但同西方国家相比，我国实际收入对实际消费的影响相当小；②实际消费与实际初始储蓄呈正向关系变动，表明在我国同样存在财富效应，但财富效应目前还不太重要；③实际消费与价格水平呈正向关系变动，价格水平对实际消费的影响，大于实际收入对实际消费的影响；④实际消费与通货膨胀预期呈正向变化，通货膨胀预期对实际消费的影响最大；⑤实际消费与利息率呈反方向变化，但利息率对实际消费的影响很小。

上述结论与目前我国经济中的消费现象基本相一致，这表明余永定和李军的消费函数对我国改革开放后城乡居民的消费行为有较强的解释力。

7. 关于消费水平与结构的研究

消费水平与结构是消费经济理论研究的重要内容。近年来，我国学者对城乡居民的消费水平与结构变动进行了大量实证研究。概括而言，目前我国城乡居民消费水平与结构的变动呈现出三个显著特征：①最终消费率明显偏低。改革开放以来我国最终消费率的基本走势是先升后降。1978—1981年首先经历了四年上升阶段，于1981年达到最高值67.5%，这一上升阶段与我国当时否定消费压抑政策，对改革前在人民生活方面的历史欠账，通过调整工资、提高农产品价格等政策措施进行城乡居民消费补偿的历史相吻合。此后，1985年和1988年曾经出现过居民消费需求膨胀，消费率确实在这两年出现了小幅反弹，1995—1996年因对投资控制较严而导致消费率连续回升，1998—1999年因一系列启动内需措施导致消费率从58.7%回升至60.3%，但从1981—1999年这18年的经济运行趋势看，最终消费率基本以平均每年0.4个百分点的幅度持续下降。另外，世界绝大多数国家的最终消费率虽然也都随着收入水平的提高呈下降趋势，但在下降过程中一般没有降至70%以下，素以高储蓄率闻名的东亚国家的消费率最低时也在65%以上。因此，我国目前的最终消费率与国际水平比较明显偏低。②生存型消费开始向质量型消费过渡。这主要表现在两个方面：一是恩格尔系数明显降低。我国城镇居民的恩格尔系数1978年为57.4%，1999年为41.9%；农村居民的恩格尔系数1978年为67.6%，1999年为52.6%。虽然农村还有相当一部分贫困人口没有摆脱生存型消费，城市低收入人群也没有摆脱生存型消费，但从生存型消费向质量型消费过渡的趋势已经明朗。二是居民消费从数量型向质量型转变，开始追求商品与服务的品牌、名牌，一些大的商场已从大类销售转向品牌销售，服务消费更追求服务质量与文化气氛。③居民消费多层次化格局日益明显。改革开放以来，城乡居民收入从平均增长到逐步拉开差距，从而出现了在计划经济时期与改革开放初期所没有过的消费层次化。根据山西省晋城市的调查资料，居民消费分层结构呈橄榄型，即中间大两头小，中间阶层（恩格尔系数在 0.50～0.59 之间）占的比重最高（22.0%），橄榄型中间以下的部分要比中间以上的部分大一些。

一些经济学家提出自己对居民消费率偏低的研究。范剑平认为，中国居民消费率偏低的主要原因包括城乡居民消费结构升级受阻、城乡收入不合理差距扩大、城乡人口二元社会结构、居民消费倾向下降。他对居民消费结构的研究，主要是利用线性支出系统（LES）和扩展线性支出系统（ELES）研究居民消费结构的变化及其变化对产业结构变动的影响。卢嘉瑞等人从中国农民消费结构的演变与比较研究、中国农民消费结构的影响因素、中国农民消费结构现状及评价、中国农民消费结构与刺激消费结构优化对策等方面，对中国农民消费结构进行了深入研究。[1]

8. 关于启动消费的研究

针对近年我国消费需求不足的状况，理论界进行了深入研讨，研讨的内容主要集中在三个方面：一是启动消费的必要性与意义。如许经勇指出，我国经济增长率取决于消费需求力度。二是内需不足的成因。经济学者们从不同角度进行了深入分析，例如，杨天宇通过对收入分配与消费需求的实证研究，认为中国居民收入分配差距的扩大是消费需求不足的重要原因；孙凤

---

① 厉以宁，等. 中国宏观经济的实证分析 [M]. 北京：北京大学出版社，1992.

运用预防性储蓄理论来研究中国居民的消费储蓄行为，认为居民的收入水平低、消费的生命周期特征、未来收入和支出的不确定性、流动性约束的存在是造成中国居民消费行为变异的主要原因；陈利平则认为高储蓄率并非需求不足的根源，外部需求冲击和经济中各部门发展的内生比例失调才是造成我国近年需求不足的根源。三是启动消费需求的途径。[①] 针对内需不足的成因，经济学者纷纷献计献策，从不同侧面、不同角度提出了多种启动消费需求的途径。归纳起来，主要包括：①大力倡导小康消费文化，推动消费者观念的转变；②理顺收入分配机制，努力提高城镇居民收入；③强化收入再分配功能，全面普及城市居民最低生活保障制度；④加快社会保障制度改革，树立消费者信心，引导消费者预期；⑤千方百计增加农民收入，提高农民现金购买能力；⑥推进农村人口城市化，积极发展小城镇；⑦坚定不移地推进产业结构、企业结构、产品结构调整，增加有效供给；⑧借鉴国际经验，推动信用消费发展；⑨拓宽消费领域，围绕消费热点，调整消费政策；⑩进一步改善消费环境，消除消费障碍等。[②]

9. "入世"增进城乡居民消费需求的研究

自 2002 年初开始，我国已经从关税减让等方面履行 WTO 成员的承诺，"入世"对我国城乡居民消费需求会产生深远影响。徐德云分析提出中国入世对消费需求会产生以下重大影响："入世"有助于提高我国平均消费需求水平；"入世"促进我国居民消费需求结构的提升；"入世"促使传统的消费观念发生改

---

① 宋则. 入世过渡期增进城乡居民消费需求的十项要点 [J]. 经济与管理研究，2001 (5)：7-13.

② 姚树荣. 中国消费经济理论研究综述 [J]. 经济纵横，2001 (9)：60-63.

变，并向国际接轨；"入世"改变居民的消费预期；"入世"促使我国消费需求的可持续发展。[①] 宋则针对"入世"增进城乡居民消费需求提出了十项要点：消费政策的基点是"以人为本"，树立"常态意识"；扩大消费—购买力增量，千方百计增加城乡居民收入；化解消费—购买力存量，实行内外贸一体化，优化供给结构；化解消费—购买力存量，培育新的消费增长点，并对某些消费现象予以警觉、加以制止；要把积极培育"绿色消费"、大力倡导环保型可持续消费作为新时期消费政策的新重点；处理好消费—购买力增量与存量的转化关系，强化信贷消费；化解消费—购买力存量，充分运用价格杠杆，取消不合理收费，刺激中低收入群体的消费需求；化解消费—购买力存量，讲质量、讲诚信，反欺诈、反垄断，维护消费者权益；化解消费—购买力存量，对流通产业体系进行大规模的现代化改造，加快有利于化解消费购买力存量的基础设施建设；化解消费—购买力存量，切实讲求经济增长和经济改革政策之间的协调搭配，加快建立和完善社会保障体系，明显提高城乡居民的收入—支出预期。[②]

针对山西省城乡居民消费问题的研究相对不多，其理论与方法仍建立在以全国为研究对象的基础上，根据具体问题，运用恰当的方法对区域消费问题进行研究。其中，杭斌（2001，2003）在《山西城镇居民消费与收入关系的协整研究》、《经济转轨期山西农村居民消费行为定量分析》等文中，运用协整理论及变参模型对山西省城镇与农村居民的消费收入间的关系进

---

① 徐德云，李毅. 论入世对我国消费需求的影响 [J]. 消费经济，2002
（5）：20–21.

② 宋则. 入世过渡期增进城乡居民消费需求的十项要点 [J]. 经济与管理研究，2001（5）：7–13.

行定量分析，并得出经济转轨时期，城乡居民的收入与消费之间不具有协整关系的结论。[1] 文中利用山西省城镇居民 1990—2000 年的月度收支调查数据进行经济计量分析时发现，受制度变迁的影响，山西省城镇居民的消费行为在 1996 年前后发生了明显的变化，1996 年后山西省城镇居民的长期边际消费倾向明显降低，消费者更具前瞻性，消费行为也更加理性，收入不确定性成为影响居民消费的一个重要因素。基于其实证分析，杭斌认为，仅仅与消费者近期利益有关的消费刺激政策作用正在减弱，缓解流动性约束或提高低收入者收入水平的政策在刺激消费方面的作用应是比较显著的。不同收入阶层抵御风险的能力不同，而且往往伴随有不同的社会保障水平，因此预防性储蓄动机有着较大的差别；由于生理的限制，高收入阶层的消费水平并不会随着其收入水平的提高而同等提高。调节收入分配以缩小收入差距，扩大中等收入人群比重将有助于提高居民消费水平。持这一观点的代表人物还有袁志刚、朱国林、杨天宇等。

总之，国内学者在中国消费经济理论和实践上进行了大量的研究，丰富了中国消费经济理论。但这些研究还主要是从理论到理论、从政策到政策的研究，或者从某一方面、某一角度研究我国居民消费问题，缺乏宏观性和系统性。同时忽视了我国实际的特殊国情，在研究时期划分上不清晰，在研究主体上对城乡的消费行为及外部环境差异性研究不够；对居民内部消费差距和经济体制改革对居民消费影响的研究较鲜见。

---

① 张靖. 山西城乡居民消费问题研究 [D]. 太原：山西财经大学，2010.

3 山西省城镇居民消费现状 分析

城镇经济目前在我国经济总量中占有很大比重，其发展状况将对我国经济和社会的发展的总体态势产生决定性影响。在我国，城镇人口在全国人口中所占的比例已经超过40%，城镇居民的消费总量已经超过全国消费总额的70%，城镇居民的消费行为将会对整个市场供求具有直接的影响，从而会对整个国民经济的运行态势产生重大影响。因此，对城镇居民的消费行为和消费结构进行研究具有十分重要的理论与实践意义。

改革开放以来，随着可支配收入的显著增加，山西省城镇居民的消费支付能力增强，消费支出额度增大，商品化程度增高，消费结构变化明显。但城镇居民生活水平日益提高的同时如何实现消费结构的优化升级，仍然是国民经济发展中亟待解决的问题之一。因此研究山西省城镇居民消费结构的现状，并对居民消费需求未来的发展趋势做出正确的预测，不仅可以倡导居民合理消费，也可为政府部门提供宏观决策的依据。

3.1　消费对山西省经济发展的推动作用

消费是经济增长的持久动力。党的十七大提出："要转变经济发展方式，要扩大消费对经济增长的拉动作用，实现经济增长由主要依靠投资和出口拉动向消费、投资、出口协调拉动转变。"中共中央"十一五"规划指出，把经济社会发展切实转入全面协调可持续发展的轨道，必须保持经济平稳较快发展，进一步扩大国内需求，调整投资和消费的关系，增强消费对经济增长的拉动作用。

3.1.1　居民消费是支撑山西省经济增长的稳定因素

消费是 GDP 的重要组成部分，根据《山西统计年鉴》中用支出法所表示的国内生产总值的构成包括最终消费、资本形成总额以及货物和服务的净出口总额，也即我们通常所说的经济中的"三驾马车"：消费、投资、净出口。它反映本期生产的国内生产总值的使用及构成。最终消费是 GDP 的直接组成部分，从而最终消费的增长直接就是 GDP 的增长。山西省最终消费长期占据其 GDP 的 50% 左右，对 GDP 的贡献一直保持在一个较为稳定的水平，支撑了经济增长的高速度。

表 3－1 反映了山西省 1995—2010 年以来 GDP（支出法）的构成情况。从该表的数据来看，1995 年以来山西省最终消费占 GDP 的平均比重为 48.15%，呈先降后升再降趋势，最高为 1997 年的 60.54%，最低为 2008 年的 42.92%。在山西省最终消费中，居民消费需求一直居于主导地位，近十多年来一直占最终消费的 70% 左右，成为支撑山西省 GDP 增长的稳定因素；同时，居民消费在经济总量上占有重要位置。从经济总量上来看，

20 世纪 90 年代以来有两波升势：第一波从 1990 年到 1995 年，第二波从 1998 年到 2002 年，连续保持很高的增幅。两次增长性质不同，第一波跟经济超高速增长、通货膨胀有着密切的关系，是一种拉动的增长；而第二波则是在经济保持稳定增长、通货有紧缩趋势的宏观经济背景下发生的，是健康的增长。在 1997 年以国家坚持扩大内需的方针、实行积极的财政政策和稳健的货币政策的背景下，山西省居民消费总量一直呈现稳步上扬的态势，2002 年山西省居民消费总量是 1996 年的 3.2 倍，成为支撑山西省 GDP 增长的稳定因素。但我们也应当看到，山西省居民消费占 GDP 的相对份额有所下降，从 1995 年占 GDP 的 45.34%下降到 2010 年的 31.03%。城镇居民消费占 GDP 的比例比较稳定，保持在 20%左右。2008 年，山西省居民消费占 GDP 的比率成为十几年来的最低点，GDP 增长迅速并未带来居民消费的同步增长，可见居民消费在支撑山西省经济增长的同时也制约着经济的增长。

表 3-1　　山西省（按支出法）GDP 的构成情况表　单位：亿元

年份	GDP	最终消费	居民消费	城镇居民消费	最终消费占 GDP 的比重（%）	居民消费占最终消费的比重（%）	居民消费占 GDP 的比重（%）	城镇居民消费占 GDP 的比重（%）
1995	853.77	495.91	378.57	195.42	59.79	76.49	45.34	22.89
1996	1305.5	627.23	486.52	251.16	47.74	77.57	37.27	19.24
1997	1480.13	852.46	620.47	329.05	60.54	72.79	41.92	22.23
1998	1601.11	791.29	579.34	316.75	49.42	73.22	36.18	19.87
1999	1506.78	857.14	585.40	328.21	56.89	68.18	38.79	21.78
2000	1643.81	946.04	651.84	368.36	57.55	68.90	39.65	22.41
2001	1799.97	1046.43	727.68	445.74	58.79	69.54	40.88	25.04
2002	2017.54	1185.01	841.01	527.27	58.69	71.03	41.69	26.13
2003	2456.59	1375.17	969.27	653.13	55.94	70.54	39.46	26.57
2004	3138.85	1581.58	1147.27	790.95	50.39	72.54	36.55	25.20

表3-1(续)

年份	GDP	最终消费	居民消费	城镇居民消费	最终消费占GDP的比重(%)	居民消费占最终消费的比重(%)	居民消费占GDP的比重(%)	城镇居民消费占GDP的比重(%)
2005	4179.52	1955.19	1395.58	971.34	46.78	71.39	33.40	23.24
2006	4752.54	2251.87	1629.58	1156.56	47.38	72.37	35.29	25.34
2007	5733.35	2586.56	1869.59	1322.26	45.11	72.28	32.09	23.06
2008	6993.09	3002.67	2105.67	1487.43	42.92	70.09	30.10	21.27
2009	7358.31	3385.3	2343.3	1653.5	46.01	69.22	31.85	22.47
2010	9200.86	4030.03	2855.21	2021.25	43.80	70.85	31.03	21.97
平均					48.15	71.14	35.26	22.89

资料来源：根据历年《山西统计年鉴》相关数据计算得到。

3.1.2 山西省三大需求对经济拉动的情况比较

消费、投资和净出口是拉动经济增长的三大需求，这三大需求对经济增长的贡献率和拉动率是不相同的。其中，消费对经济增长的贡献率＝消费增加量/GDP增加量，消费对GDP增长的拉动率＝消费拉动率×GDP增长率，公式及数据可计算得表3-2。

通过表3-2可以看到，1995年以来，这三大需求对整体经济增长的贡献情况。

表3-2　　　山西省三大需求拉动经济情况表　　　单位:%

年份	地区生产总值增长率	拉动百分点			拉动百分点		
		消费	投资	净出口	消费	投资	净出口
1995	8.3	6.0	6.4	−5.1	72.00	77.30	−49.30
1996	25.60	6.50	17.80	1.30	25.40	69.60	5.00
1997	19.80	6.30	10.00	3.50	31.70	50.50	17.80

表3-2(续)

年份	地区生产总值增长率	拉动百分点			拉动百分点		
		消费	投资	净出口	消费	投资	净出口
1998	11.80	61.35	38.25	0.40	7.24	5.52	0.05
1999	21.18	37.44	62.74	-0.18	7.93	13.29	-0.04
2000	11.64	33.05	68.12	-1.18	3.85	7.93	-0.14
2001	15.06	48.18	52.43	-1.61	6.78	7.51	-0.23
2002	12.0	5.9	5.8	0.3	49.17	48.33	2.50
2003	12.2	5.5	8.1	-1.4	45.08	66.39	-11.48
2004	16.2	8.8	6.6	0.8	55.32	40.74	5.94
2005	15.0	7.1	6.4	0.5	50.71	45.71	3.57
2006	12.1	5.6	6.4	0.1	46.28	52.89	0.83
2007	11.1	5.7	6.5	-0.1	42.34	58.56	-0.90
2008	10.8	5.8	5.4	0.8	45.44	50.00	5.56
2009	10.0	5.1	5.0	0.9	51.00	40.00	9.00
2010	10.3	5.7	5.1	0.5	45.63	49.51	5.85
平均	12.17	5.9	6.4	0.46	45.68	47.96	5.56

资料来源：根据历年《山西统计年鉴》相关数据计算得到。

从表3-2可以看出，近些年来，山西省经济的高速增长主要是依靠消费和投资两大需求来拉动，1995年以来山西省GDP年均增长12.27%，消费和投资拉动经济增长的量分别为5.9%和6.4%，对经济增长的贡献率分别为45.68%和47.96%。而出口对经济的贡献较小，对经济的拉动作用不明显，贡献率只占了5.56%。与此同时，全国经济的平均增长率为10.3%，其中消费对经济增长的贡献率为43.69%。可见，山西省消费对经济的贡献率略高于全国平均水平。从表3-2可以看到，2003年以来，消费需求对山西省经济增长的拉动率最为稳定，波动幅

度较小。而投资对山西省经济的贡献率波动较大，波动幅度在
36%～66.4%之间，较大的震荡幅度不利于经济的长期稳定发
展。相对消费和投资来说，净出口对山西省GDP的贡献率较小
且不平稳，个别年份还出现了负贡献率，尚不足以成为山西省
经济增长的主导力量。但同时也要看到，山西省居民消费总量
虽然一直稳定增长，但增速远低于GDP的增长速度，消费率总
体水平不高，特别是居民消费率偏低，消费需求不足仍然还是
制约山西省经济良性发展的一个重要因素。

3.2　城镇居民消费水平变动分析

当前山西省存在着消费需求不足，尤其是居民消费需求不
足的现象。消费需求不足主要是指居民消费需求不旺、消费倾
向低的一种现状。而相对于经济增长速度来说，消费需求不足
指的是由于消费增长缓慢，出现总量上的消费需求不足，消费
需求不能够给经济以足够的拉动力。

山西省居民消费对于经济增长虽起着重要的支撑作用，但
仍存在着消费需求不足的现象，其主要表现为：①居民消费水
平较低；②居民消费倾向持续下降。

3.2.1　总体消费水平分析

如表3-1所示，山西省人均消费水平占人均GDP的比重在
不断下降，城镇居民人均消费在2000年占人均GDP的比重为
26.13%，而2010则下降为21.97%。相比经济发达省市，山西
省城乡居民消费水平较低。表3-3显示了北京、上海、广东、
浙江和山东的居民消费水平。在这五省市中，上海市居民消费
水平最高，接下来依次是北京、浙江、广东、山东。山东省城

乡居民消费水平虽然略高于全国平均水平，但与经济发达地区相比还有一定差距，居民消费水平还有待进一步提高。

表3-3　2009年我国五省市居民人均消费水平比较表　单位：元

地区	全国	上海	北京	浙江	广东	山西
农村居民	3993	9804	8898	7732	5020	3305.76
城镇居民	12 265	20 992	17 893	16 683	16 858	9355.10

资料来源：由《中国统计年鉴》相关数据统计得出。

城镇居民消费水平可以通过不同的方式来考察，这里的城镇居民消费水平限定为用货币或实物来衡量城镇居民的人均劳务和消费品的数量。从一般经济学理论可知，决定居民消费水平的主要因素是收入，居民当年生活消费支出占居民收入的比率情况用平均消费倾向来表示，因此对山西省城镇居民的消费水平分析主要从这两方面进行。

如表3-4显示，山西省城镇居民的人均可支配收入从1978年的301.4元增加到2010年的15 647.74元，增长了50.91倍；与此相应的是山西省城镇居民人均消费支出由1978年的275.4元增加到2010年的9792.73元，涨幅达35.55倍。这表明城镇居民收入增长的同时，其消费支出也随着稳定增长，但随着山西省城镇居民收入的增长，消费绝对量逐渐提高的同时，相对量却不断下降。消费和收入的增长表现出阶段性的变化趋势：1978—1991年之间，城镇居民的全部收入基本上都用于消费，也就是说，收入水平与消费支出水平相当；1992—2000年之间，城镇居民收入基本满足消费后还有小部分剩余；2001—2010年之间，收入与消费之间的差距已经逐渐拉大。综上分析：山西省城镇居民收入与消费支出之间存在着一定的函数相关关系，具体表现为消费支出随着收入的增加而增加，但消费支出的增加幅度小于收入的增加幅度，如图3-1所示。

表3-4　城镇居民收入水平、生活消费支出、平均消费倾向(APC)

年份	人均可支配收入（元）	人均消费支出(元)	平均消费倾向(%)
1978	301.4	275.4	91.37
1980	379.7	356.6	93.92
1985	595.3	533.4	89.60
1990	1290.9	1047.7	81.16
1995	3301.9	2640.7	79.98
1996	3702.69	3035.59	81.98
1997	3989.92	3228.71	80.92
1998	4098.73	3267.70	79.73
1999	4342.61	3492.98	80.44
2000	4725.12	3941.93	83.44
2001	5391.05	4123.01	76.48
2002	6235.36	4710.96	75.56
2003	7005.03	5105.38	72.88
2004	7902.86	5655.15	71.55
2005	8913.92	6342.63	71.15
2006	10 027.72	7170.92	71.51
2007	11 565.01	8108.82	70.12
2008	13 119.13	8806.63	67.13
2009	13 996.63	9355.14	66.84
2010	15 647.74	9792.73	62.58

资料来源：根据历年《山西统计年鉴》相关数据整理计算得出。

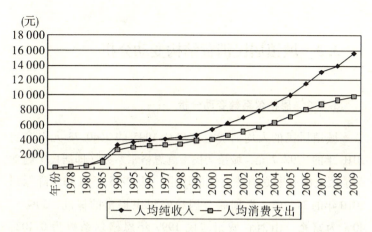

(元)

图 3 - 1　山西省城镇居民人均可支配收入、人均消费支出变化曲线

3.2.2　平均消费倾向分析

　　根据山西省城镇居民 1978—2010 年之间的消费支出和人均可支配收入数据，计算出山西省城镇居民历年的平均消费倾向（见表 3 - 4）。从表 3 - 4 中 APC（平均消费倾向）一栏可以看到，山西省城镇居民的平均消费倾向大体呈下降趋势。其变化呈现出明显的阶段性特点：1978—1985 年，APC 基本上在 0.8 ~ 0.9 之间摆动，可以理解为计划经济时期，居民消费处于被压抑阶段，得不到释放；1985—1998 年，APC 基本在 0.85 左右摆动，改革开放使山西省城镇居民长期被压抑的消费需求终于得到释放，使得其平均消费倾向也上升到一个较高的水平，期间城镇居民收入也有了大幅的提高；1998—2010 年，APC 总体上呈下降趋势，其中 1998 年为 0.79、2007 年为 0.70、2010 年为 0.63。

3.3 城镇居民消费结构变动分析

3.3.1 恩格尔系数变动分析

城镇居民的人均消费总支出从 1995 的 2640.73 元上升到 2010 年的 9792.7 元，城镇居民家庭恩格尔系数（即居民家庭食品消费支出占家庭消费支出的比重）从 1995 年的 48% 降低到 2010 年的 31.2%。根据联合国粮农组织提出的标准，30% ~ 40% 为富裕，山西省城镇居民 1999 年恩格尔系数为 0.402，2000 年为 0.349，说明山西省城镇居民在 2000 年已经进入富裕阶段。从图 3-2 中我们可以看到，1995—2010 年山西省城镇居民恩格尔系数总的走势是呈下降趋势。

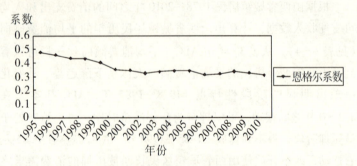

图 3-2 1995—2010 年山西省城镇居民恩格尔系数走势图

3.3.2 消费支出构成分析

从表 3-5 的数据分析，我们可以看出，食品支出占总支出的比重呈下降趋势，医疗保健、交通通信、居住、教育文化支出等所占比重呈现上升趋势。从统计资料上分析，食品支出的绝对额大幅上升，膳食结构趋向营养型、科学型，肉食结构趋向多样型。医疗保健、交通通信消费增加迅速，这说明随着社会的发展，我国老龄化时代的到来，城镇医疗保险制度的改革等因素使得城镇居民的保健意识增强。而生活节奏的加快，使得人们追崇现代化的生活方式，各类通信工具和汽车等大额消费品进入居民家庭。教育文化消费比重也呈现较大上升趋势，说明城镇居民的闲暇娱乐成为消费的热点，在子女的教育上投入加大，而且随着社会对人才要求的日益提升，城镇居民接受各类继续教育和技能培训方面的费用也有所增加。

表 3 - 5   1995—2009 年山西省城镇居民消费支出构成

项目	1995	1998	2000	2002	2004	2006	2008	2009
总支出	1	1	1	1	1	1	1	1
食品	0.48	0.432	0.349	0.325	0.339	0.314	0.338	0.328
衣着	0.179	0.144	0.130	0.139	0.132	0.142	0.129	0.124
家庭设备	0.074	0.072	0.091	0.060	0.056	0.062	0.054	0.060
医疗保健	0.032	0.060	0.076	0.077	0.071	0.082	0.087	0.084
交通通信	0.036	0.042	0.072	0.086	0.104	0.115	0.106	0.117
教育文化	0.097	0.112	0.127	0.166	0.159	0.141	0.142	0.141
居住	0.057	0.072	0.087	0.115	0.109	0.116	0.118	0.114
杂项	0.045	0.066	0.068	0.032	0.030	0.028	0.026	0.032

资料来源：根据历年《山西统计年鉴》相关数据整理计算得出。

国家统计局山西调查总队发布的统计信息显示：目前服务性消费正在成为山西省城镇居民消费中的新亮点。2007 年以来城镇居民对服务性消费的需求增长迅速，其中饮食消费越来越呈现社会化，多层次交通需求旺盛，发展型消费增加，休闲娱乐消费也逐渐增多。城镇居民餐饮消费从以价格选择为主向价格、品位、文化、服务方向转变，居民在外用餐消费快速增加。2010 年城镇居民人均在外用餐支出 789.02 元，同比增长了

29.4%。而随着居民收入的不断提高、汽车价格的不断走低，私家车步入越来越多的普通百姓家。城镇居民家庭平均每百户拥有家用汽车18.45辆，同比增长62.4%。此外，为适应社会发展，居民对子女教育的培养越发重视，教育投资已成为家庭的一项重要基本开支。由于工作压力加大，促使许多已踏上工作岗位的居民也更多地参加各类成人教育和培训班等，居民非义务教育投入增大，带动了服务性消费的快速增长。2010年城镇居民家庭人均教育费用支出616.88元，同比增长20.8%，其中托幼费、成人教育费和家教费，依次分别增长91.8%、80.2%和89.4%。文化体育设施的开发和文化娱乐市场的健康发展，有效地带动了文化娱乐消费。城镇居民人均旅游、观光、健身等文化娱乐服务支出289.66元，同比增长10.9%。

3.3.3　消费差异分析

我们分析城镇居民不同消费阶层的恩格尔系数，可以发现，居民消费层次分化日益明显，高低收入家庭差距继续扩大。2010年城镇居民中最高收入户人均消费性支出为20 112元，最困难户为4469元，相差3.5倍。其原因主要是一些高收入行业员工和企业下岗工人之间收入差距拉大，企业高管和普通员工收入差距拉大，城镇居民中先富裕起来的人群财产积累较大。这样就出现城镇居民中低收入困难户刚刚解决温饱问题，无力消费，中等收入家庭处于消费转型期，为将来实现高消费做前期储蓄，高收入家庭已转向高档住宅、奢侈品消费领域的情况，居民消费出现不同特点。

根据2011年《山西统计年鉴》，城镇居民家庭消费支出共分作八项：食品、衣着、家庭设备、医疗保健、交通通信、教育文化、居住、杂项。按不同收入分组，每组平均每人的可支配收入和消费支出情况分配比例如表3-6所示。

表 3 - 6 　　　　2011 年城镇居民消费支出比重

	最低收入户(10%)	低收入户(10%)	较低收入户(20%)	中等收入户(20%)	较高收入户(20%)	高收入户(10%)	最高收入户(10%)	总平均
食品	46.55	42.20	39.23	36.28	32.44	30.34	25.97	32.8
衣着	11.20	11.20	12.38	12.42	15.15	13.48	11.25	12.4
家庭设备	5.54	5.53	6.15	6.27	7.04	8.30	7.79	6.00
医疗保健	5.94	6.09	6096	7.42	6.88	7.96	9.73	8.4
交通通信	7.34	8.18	9.78	10.90	12.93	11.70	15.33	11.7
教育文化	12.15	15.14	15.59	15.91	15.93	16.31	15.59	15.1
居住	10.10	9.95	8.44	8.72	8.47	8.22	10.72	11.4
杂项	2.18	2.79	2.46	3.07	3.17	3.68	3.63	3.2
平均消费倾向	82.55	80.25	71.7	70.16	64013	62.97	60.86	66.8

资料来源：根据 2011 年《山西统计年鉴》相关数据整理计算。

　　从表 3 - 6 可看出，2011 年城镇居民中可支配收入中 66.8%
用于消费，平均消费倾向为 66.8%。平均消费倾向中食品所占
比重最高，随着收入水平的提高，平均消费倾向呈现下降趋势。
最低收入户和最高收入户相差近 22%，对消费需求的拉动作用
有较大差距。

3.3.4 消费结构变动对经济增长影响的实证分析

　　山西作为一个资源型省份，在国家对能源经济的宏观调控
下，国民经济持续快速增长，综合经济实力明显增强。统计资
料显示，1995 年以来，山西省的 GDP 增长率除个别年份外，均
高于我国的 GDP 增长率。在 2009 年，受国际金融危机的冲击，
山西省当年的 GDP 增长率只有 5.5%，2010 年局面得到很大的
逆转，达到 13.9%，高于当年全国 10.4% 的增长率 3.5 个百分

点，国民经济发展态势良好。但通过支出法对 1995—2010 年的 GDP 各部分的比例构成进行核算，我们看到投资率远高于消费率，且消费率呈现逐年下降趋势，投资率呈现逐年上升趋势。居民消费率从 1995 年的 44.14% 降至 2010 年的 32.1%，投资和居民消费占 GDP 的比重失衡，说明山西省经济总量的增长主要依靠投资拉动，居民的收入水平并没有相应的提高。这里，我们从两个模型来分析居民消费对经济增长的影响。

1. 经济增长影响因素的贡献率分析模型

经济学中按支出法核算 GDP，分为资本形成总额（投资需求）、最终消费（消费需求）和货物与服务净出口（净出口）三个变量。由于政府消费受政策影响较大，因此消费对经济增长的影响主要由居民消费带动。确定三大需求（见图 3-3）对山西省地区生产总值增长率所起的作用，可以采用下面的模型。

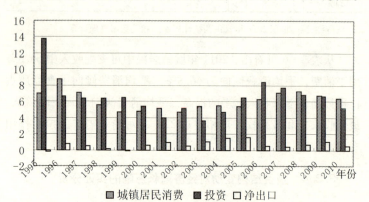

图 3-3 三大需求对经济增长的拉动作用

$$GDP_t = (C_t + G_t) + I_t + (X_t - M_t) \quad t \text{ 表示基期}$$

考虑 t 和 $t+1$ 两个时期，国内生产总值增长率可表示为：

$$\frac{GDP_{t+1}}{GDP_t} - 1 = \frac{(C_t + G_t)}{GDP_t}\left[\frac{(C_{t+1} + G_{t+1})}{(C_t + G_t)} - 1\right]$$

$$+ \frac{I_t}{GDP_t}\left(\frac{I_{t+1}}{I_t} - 1\right) + \frac{(X_t - M_t)}{GDP_t}\left[\frac{(X_{t+1} - M_{t+1})}{(X_t - M_t)} - 1\right]$$

上述公式中，右边的三项分别表示三大需求对国内生产总值总增长所起的作用，同时根据历年城镇居民消费在最终居民消费中所占比重即可计算出城镇居民对 GDP 增长的贡献率。

通过分析得到如下结论：通过计算投资需求、消费需求及净出口对 GDP 的贡献率，可以看到消费和投资的作用远远大于净出口，消费对经济的拉动作用日趋明显，呈上升趋势；而投资需求仍然是拉动经济增长份额最大、动力最强的国内需求；在资本形成总额中，固定资产投资对经济增长的拉动作用显著。通过对城镇居民消费贡献率的计算，还发现城镇居民消费贡献率超过了农村居民消费和政府消费，并城乡差距逐年拉大，说明城镇居民消费是经济增长的主要动力。

2. 居民消费对经济增长影响的回归分析

在模型变量的选定上，用居民消费额（消费品零售总额）、政府消费、社会总投资三个变量来分析其对经济增长的影响。

模型设定为：$Y_t = \beta_0 + \beta_1 C_t + \beta_2 G_t + \beta_3 I_t + \varepsilon_t$

其中，Y_t 是 t 期支出法核算的山西省的 GDP，C_t 表示 t 期的居民消费额，G_t 表示政府消费额，I_t 表示固定资产投资额，β_0 和 ε_t 表示相互独立的零均值正态随机变量。

通过对 GDP 与居民消费、政府消费和投资的散点图的分析，我们看到 GDP 与居民消费、政府消费和投资之间均具有非常强的线性关系。运用 MTALBA 软件，对所搜集数据进行回归分析：

$Y_t = 31.2867 + 0.5126C_t + 1.7683G_t + 1.2987I_t$

$R^2 = 1.000 \quad F = 78\,379 \quad S = 93.1579$

鉴于剩余标准差 S = 93.157 9，数值偏大，为此继续对模型进行检验及改进，以检测模型中各个指标顺序观测值之间的相关性。

首先从定性和定量两个方面对该回归模型进行滞后一期的自相关性检验，得到新的一阶自回归模型：

$$Y_t^* = -15.2319 + 0.7102C_t^* + 1.7983G_t^* + 1.1116I_t^*$$

$$R^2 = 1.000 \quad F = 36\,501 \quad S = 75.3289$$

基本模型的剩余标准差变小，说明模型已有改进，但对于自相关性，仍需继续检验，得出其二阶自回归模型如下：

$$Y_t^{**} = -38.231 + 1.0181C_t^{**} + 1.5162G_t^{**} + 1.0113I_t^{**}$$

$$R^2 = 1.000 \quad F = 36\,501 \quad S = 64.2013$$

模型的拟合效果很好，且剩余标准差变小。$DW = 1.6834$，查分布表得到样本容量为 29，自变量为 3 的临界值为 $d_L = 1.21$，$d_U = 1.65$，由于 $d_U < DW$，由此推断二阶自回归模型已不具有自相关性。

由此得到最好的拟合模型：

$$\begin{aligned} Y_t = &-38.1214 + 0.7716Y_{t-1} - 0.1362Y_{t-2} + 1.030C_t \\ &- 0.7851C_{t-1} + 0.1322C_{t-2} + 1.5057G_t - 1.1478G_{t-1} \\ &+ 0.1943G_{t-2} + 1.0096I_t - 0.7714I_{t-1} + 0.1296I_{t-2} \end{aligned}$$

通过上述分析，居民消费、政府消费和投资与 GDP 之间都是显著线性相关，居民消费、政府消费对 GDP 的影响大于投资的影响。各个变量自身都具有滞后性，GDP 有两年的滞后作用，前一年的 GDP 对当年 GDP 仍有很强的促进作用，前两年的 GDP 对当年 GDP 有一定的抑制作用。当年的消费对当年的 GDP 影响很大，前两年的消费具有积极意义，前一年的消费却具有一定的抑制性；投资也呈现这种态势。

3.4　城镇居民消费现状的总体分析

1. 居民消费总量有待提高

据 GDP 年报数据显示，在 GDP 这块大蛋糕上，居民消费所占份额较小。从支出法角度看，GDP 是由投资、消费、出口三部份组成。2010 年山西省最终消费率（最终消费占 GDP 的比重）为 43.8%，居中部六省之末，比全国平均消费率低 5.3%（见表 3 − 7）。最终消费中包括政府消费和居民消费，减去 13.63% 的政府消费，居民消费为 30.17%，仅占到 GDP 总量的三成左右。居民消费需求既是经济循环发展的起点也是终点。从社会再生产过程看，居民消费需求的规模扩大和结构升级才是经济增长的根本动力。过低的消费率不利于经济的健康增长，将会导致经济增长缺乏持续性。

表 3 − 7　山西省居民消费占 GDP 比重与全国及部份省份比较

地区	全国	山西	安徽	江西	河南	湖北	湖南
比重(%)	47.98	43.8	51.46	46.31	45.88	48.8	50.88

2. 居民收入的绝对量有待提高

从相对数看，山西省城镇居民收入呈逐年快速增长态势。但是，我们不能因速度的增长而忽略绝对数的差距。山西省 2009 年城镇居民人均可支配收入为 13 996.55 元，位居全国 24 位，比收入水平最高的上海低 14 841.23 元，比收入水平最低的甘肃只高出 2 066.77 元。相对数的提高不能掩盖绝对数的差异。从表 3 − 8 观察，相比之下，山西省的收入更接近最低收入水平。

表3-8　　2009年城镇居民人均可支配收入与先进和落后省份比较

单位：元

上海	北京	浙江	广东	山西	宁夏	新疆	甘肃
28 837	26 738	24 610	21 574	13 996	14 024	12 257	11 929

3. 山西省居民消费需求不足

山西省居民消费长期以来占据最终消费的主导地位，对GDP增长起着重要的支撑作用。居民消费的持续增长拉动了经济的增长，但其占GDP的比重呈相对下降趋势，居民消费需求不足。

4. 山西省城镇居民消费倾向持续下降

在山西省城镇居民收入和消费支出不断增长的同时，消费倾向却有所下降。从消费行为来看，城镇居民的消费变得更为谨慎和理智。与经济发达省市相比，山西省居民消费水平相对较低，消费需求的增长还有较大的空间。

5. 山西省居民消费水平较低，与其较低的GDP排名相对应

山西省人均GDP、城乡人均收入、城乡人均支出呈递减关系，GDP增长未能带动消费同步增长，消费需求的增长有较大的拉动空间。

6. 消费结构发生变化

居住、医疗、教育等支出大幅度增长，基本生活资料由温饱型向小康型转变。居住、医疗、教育等支出由过去的社会消费、福利型消费转化为家庭消费、个人消费，居民的非商品性消费领域支出大幅增加。随着收入水平的不断提高，食品支出在消费支出中的比重，即恩格尔系数不断降低，生活水平已经由小康过渡到富裕，并逐步向最富裕阶段迈进。同时，城镇居民各项消费支出都得到大幅度增长，特别是居住、医疗、交通和通信等方面的支出增长最为迅速。发展型和享受型消费支出

已经成为促进消费结构优化升级的主要动力。

3.5 城镇居民消费结构的实证分析

3.5.1 消费结构的 ELES 模型分析

经济学界通常用扩展线性支出系统（ELES）模型对居民消费结构进行实证分析。扩展线形支出模型设消费支出函数的计量形式为：

$$P_i X_i = P_i X_i^0 + \beta_i (Y - \sum_{j=1}^{n} P_i X_j^0) \quad (i = 1, 2, \cdots, n)$$

模型中，$P_i X_i$ 为第 i 类商品的消费支出，$P_i X_i^0$ 为第 i 类商品的基本消费支出（即居民维持基本生活所必需的消费），$\sum_{j=1}^{n} P_j X_j^0$ 为基本需求总支出，β_i 为边际消费倾向，Y 为人均可支配收入。即居民在收入水平 Y 的前提下，首先购买各种基本消费品 $P_i X_i^0$，再按一定的比例 β_i 将剩下的收入 $(Y - \sum_{i=1}^{n} P_j X_j^0)$ 在各类消费品之间进行分配。

2009 年山西省城镇居民消费统计数据显示，2009 年城镇居民可支配收入为 13 996.55 元，利用普通最小二乘法进行回归，可得各参数估计值如表 3-9 所示。从表 3-9 可看出，模型拟合度较高，居民边际消费倾向为 0.664，即居民收入每增加 100 元，有 66.4 元用于增加消费、33.6 元用于增加储蓄。而一些西方发达国家的边际消费倾向高达 0.70~0.75，这说明山西省城镇居民消费意识不强，收入对消费的拉动力不足。交通通信为所增加的消费中最多的，是 16.9 元，其次是食品为 15.2 元，教育文化投入为 8.1 元。从表 3-9 可以看出，消费增量结构与消费支出结构有着明显的不同，它反映家庭收入增加后会更多地用于哪些消费方向，可以揭示消费结构的变化趋势。

由公式 $\sum P_i X_i = \sum \alpha_i / (1 - \sum \beta_i)$ 可得：

基本消费总支出 $= 1613.83 / (1 - 0.664) = 4803.0654$（元）

各类消费支出 $P_i X_i^0 = \alpha_i + \beta_i \sum \alpha_i / (1 - \sum_{i=1}^{n} \beta_i)$，分别计算如表 3-9 所示。

$Y_i = \alpha_i + \beta_i V = 13\,996.55\beta_i + \alpha_i$

表 3-9　2009 年山西省城镇居民 ELES 参数估计值

参数\项目	α_i	β_i	α_i 的 t 检验值	β_i 的 t 检验值	F 检验	D-W 检验	$P_i X_i^0$	Y_i
食品	1825.47	0.142	7.124	9.843	96.87	0.796	2535.5053	3839.9801
衣着	-37.432	0.047	-0.87	20.04	401.592	1.432	188.3426	623.5.59
家庭设备	-60.746	0.049	-5.73	81.325	6613.4	2.561	175.6042	625.0850
医疗保健	96.759	0.037	1.096	7.679	59.24	2.001	275.4724	615.6314
交通通信	-415.94	0.169	-2.25	16.012	256.233	1.826	395.7781	1950.4770
教育文化	56.234	0.113	0.362	13.013	159.594	1.634	598.9806	1637.8442
居住	153.405	0.081	1.764	16.459	269.432	2.153	525.4533	1287.1256
杂项	-31.924	0.026	-1.59	276.23	756.52	2.767	92.9557	331.9863
合计	1613.83	0.664	—	—	—	—	4803.0654	10607.539

3.5.2　消费的需求弹性分析

居民消费支出的需求弹性分为需求的收入弹性和需求的价格弹性两项。需求的收入弹性公式为：$\eta_i = \beta_i \dfrac{Y}{V_i}$。

根据表 3-9 的回归结果和 2009 年城镇居民可支配收入 13 996.55 元计算可得出山西省城镇居民收入弹性如表 3-10 所示。从表 3-10 可以看出，需求收入弹性均大于 1 的有家庭设备、交通通信、杂项三项，说明这三类消费支出增加高于居民收入增加的幅度，随着居民收入的增加其将成为未来消费的新热点。而食品、衣着等消费支出敏感度较低，居民收入的增加并不会对此类消费产生较大影响。

表 3 - 10　　　　各类消费需求的收入弹性

	食品	衣着	家庭设备	医疗保健	交通通信	教育文化	居住	杂项
收入弹性	0.518	0.86	1.097	0.843	1.21	0.966	0.881	1.096

消费需求的价格弹性包括自价格弹性（ε_i）和互价格弹性（ε_{ij}）两种，根据消费支出额计算自价格弹性和互价格弹性时，其计算公式如下：

$$\varepsilon_i = (1 - \beta)\frac{P_i X_i}{C_i} - 1 \qquad \varepsilon_{ij} = -\beta\frac{P_j X_j^0}{C_i} \qquad (i \neq j,\ C_i \text{ 为第 } i$$

类消费支出）

自价格弹性的绝对值越大，反映该商品弹性越好，居民对该商品价格的变化越敏感。通过计算分析，我们发现医疗保健、食品以及居住类消费支出的自价格弹性较小，说明此类商品是居民生活必需品，对价格反应不明显，需控制价格，降低对居民生活的影响。交通通信支出的自价格弹性最大，说明其价格对居民的消费影响较大。从互价格弹性看，影响都比较小。不过食品类价格变动对其他商品需求影响比较大，这说明在收入一定的条件下，食品价格变动不仅影响居民对食品的消费需求，同时也对其他消费需求产生一定的影响。从以上分析可看出，食品价格每上涨1%，就会使本身的需求量减少0.436%、衣着需求减少0.215%、家庭设备用品减少0.202%、医疗保健减少0.165%等。这说明控制食品价格不上涨或合理上涨对居民消费具有重要意义。

3.5.3 未来 5 年城镇居民消费结构变化趋势预测

1. 居民消费结构变化的数量预测

居民消费需求与可支配收入之间有着较强的相关性，为此可建立回归分析模型对居民未来 5 年的人均可支配收入做出预测。根据 1995—2010 年山西省城镇居民年均实际可支配收入（以 1995 年价格为 100，剔除价格变动因素）的时间序列数据绘制散点图可看出其成二次曲线分布，因此，假设实际可支配收入趋势预测模型为：

$$Y = a + bt + ct^2$$

对模型作线性处理得：$Y = a + bT_1 + cT_2$ （3.1）

式中 $T_1 = t$，$T_2 = t^2$，取 $t = -15$，-13，-11，…，-1，1，3，…，13，15 运用统计分析软件 $Eviews3.0$ 对模型（3.1）进行回归分析，得回归方程式如下：

$$Y = 6610.608 + 385.335T_1 + 9.087T_2 \quad (3.2)$$
$$\quad (23.12) \quad\quad (65.48) \quad\quad (8.69)$$

模型拟合优度 $R^2 = 0.996$，在显著性水平 $\alpha = 0.05$ 时，通过 t 值检验。将方程（3.2）还原，得实际可支配收入预测模型为：

$$Y = 6610.608 + 385.335t + 9.087t^2$$

现预测 2011—2015 年山西省城镇居民年人均实际可支配收入（$t = 17$，19，21，23，25）如表 3-11 所示。

表 3-11   2011—2015 年城镇居民实际可支配收入估计值

年份	2011	2012	2013	2014	2015
可支配收入(元)	15 787.446	17 212.418	18 710.052	19 480.726	21 923.408

根据 1995—2010 年《山西统计年鉴》中城镇居民可支配收入和各项消费支出（以 1995 年价格为 100，剔除消费总支出价

格因素和各项消费支出价格因素）的时序数据，用最小二乘法进行回归，所得各项消费支出模型如表 3 - 12 所示。

表 3 - 12　　　　　　　　各项消费支出模型

项目	模型
总支出模型	$Y_i = 941.15 + 0.612X_i$　　$R^2 = 0.994$ 　　(7.21) (32.70)
食品支出模型	$Y_i = 948.68 + 0.151X_i$　　$R^2 = 0.961$ 　　(10.89) (12.07)
衣着支出模型	$Y_i = 113.16 + 0.074X_i$　　$R^2 = 0.942$ 　　(-2.74) (9.96)
家庭设备支出模型	$Y_i = 335.69 + 0.059X_i$　　$R^2 = 0.966$ 　　(-8.91) (13.14)
医疗保健支出模型	$Y_i = 368.91 + 0.082X_i$　　$R^2 = 0.957$ 　　(-5.24) (13.51)
交通通信支出模型	$Y_i = 771.23 + 0.167X_i$　　$R^2 = 0.984$ 　　(-11.09) (19.72)
教育文化支出模型	$Y_i = 3.51 + 0.096X_i$　　$R^2 = 0.933$ 　　(6.21) (8.63)
居住支出模型	$Y_i = 936.15 + 0.612X_i$　　$R^2 = 0.931$ 　　(3.81) (5.31)

八个模型拟合优度 R^2 较高且均通过 t 值检验。根据可支配收入的预测值，利用消费需求支出模型，可预测出未来 5 年消费支出及其结构。

2. 城镇居民消费结构趋势预测

有上述分析可知未来 5 年城镇居民人均总消费支出基本上呈递增态势。各项消费支出呈现如下趋势：

（1）生存性消费如食品、衣着等消费额缓慢上涨，但比重则有所下降。未来 5 年，人民生活富裕，将注重膳食结构的合理调整，而衣着消费比重则在 11% ~ 12% 之间，平稳中保持下降趋势；食品支出占总消费支出的比重有下降的趋势，但是绝对消费值有所增加，这主要是由于随着收入水平的提高，人们外出就餐次数，对饮食质量、服务等的要求都有了一定的提高，同时物价因素也会有一定的影响。有各项支出的预测方程我们可以看出，食品支出预测的斜率最大，高达 329.06，这说明食品支出的变化是最迅猛的。这也充分说明，人们在以后的日常生活中会对饮食有更多、更高的要求。

（2）家庭设备用品支出和比重增长缓慢，消费需求不足，但随着科技的发展和新型电器的出现，居民消费将转向对高档耐用消费品、文化娱乐用品的需求。根据世界消费结构变化规律，消费结构一般要经过三个阶段：第一阶段是满足基本需求阶段，以吃、穿为主；第二阶段是提高消费质量阶段，耐用消费品占主导地位；第三阶段是高级阶段，精神消费比重上升很大。20 世纪 90 年代中期，城镇居民收入水平进一步大幅度提高，巨大的城镇居民储蓄余额尽管有相当部分流向住房，但仍有相当部分流向耐用消费品。从家庭用品方面看，居民逐步由对一般日用品的需求过渡到耐用品的需求，逐步由对一般耐用品的需求转向对高档耐用消费品、文化娱乐用品的需求。目前山西省城镇一些居民家庭中，等离子电视已取代了彩色电视，微波炉进入普通居民家等，都是家庭用品消费变化趋势的反映。把握这种变化趋势，有利于及时调整工业内部结构、协调产业结构和消费结构的关系，促进山西省城镇居民消费水平的提高和产业结构的合理化。

（3）交通通信支出方面。在温饱型消费阶段，交通通信消费支出比重极低，1985 年为 1.0%，在各类消费比重中处于末位。但随着温饱型消费结构向小康型消费结构的转变，交通通信的比重增长速度迅猛。1992—2004 年，山西省交通通信的支出比重的增长仅次于食品支出的增长速度，处于第二位，预测到 2015 年将达到 16.14%。目前山西省的交通状况正在不断地改善，此外随着人们收入水平的不断提高，居民对交通工具的选择逐步转向以快速、方便和享受为主，从而使得汽车消费成为未来 5 年居民消费的热点之一。私家车越来越多，这会使得每一个家庭增加交通方面的投入。同时，不断更新换代的通信设备、日益完善的手机和互联网服务使人们加大了对通信设备的消费力度，通信费用自然也会比较高，在未来的几年内，还有增加的趋势。

（4）教育消费将成为人们未来较长时期的消费热点，也成为一种经常性的消费活动。居民越来越重视对子女教育的投入，对提高个人文化素质的投入，教育产业将成为扩大内需、拉动经济增长的重要途径。在生活消费结构由温饱型向小康型过渡、小康型再向富裕型过渡的进程中，人们在不断满足吃、穿、用、住、行物质消费需求的同时，对娱乐教育文化服务的精神消费需求不断提高，居民的消费领域不断拓宽。娱乐教育文化支出在这八项支出中的增长速度处于第三位，随着社会对人才能力要求的不断提高，人们在教育上的投入势必会越来越大，无论是在对自己的培训还是对子女的教育投入上，都会是增加的趋势；同时，随着人们对日常生活质量要求的不断提高，娱乐、旅游等都会增加，这也势必使得此项支出费用提高。

（5）随着收入水平的提高，医疗体制的日益完善，人们的自我保健意识增强，未来医疗保健方面的消费将呈现递增趋势。

（6）从居住消费的预测值来看，未来 5 年城镇居民的居住消费支出和消费比重均明显增加。高收入群体在已有稳定资产的前提下购买力仍是最强的，而城市中的中产阶层将成为社会的主流消费群体，平民阶层对住房的需求潜力巨大。商品房的购买仍是未来消费的热点，城镇居民住房消费支出明显上升，居住质量也明显提高。城镇居民未来住宅消费需求潜力的影响因素包括以下四个部分：一是城镇人口数量增加和住宅需求，需要考虑户主比例增长、城镇居民年龄、性别、婚姻以及城市化等因素；二是达到预定人均居住目标的住宅需求；三是解决居住困难户的住宅需求；四是旧房屋更新改造的住宅需求，需要考虑提高成套率、城市改造和道路建设等要拆迁的住房量、旧房改建等因素。

通过居住消费的分析，必须集中主要力量解决住房问题。解决这个问题，应从以下两个方面考虑：一是加快住房建设，二是改革住房体制。首先，切实解决住房问题上的既得利益者的问题，所有干部无论职位高低，都应加入改革之列，不搞特殊化。其次，要有一套统一的、高效率的住房规划、组织和领导机构。传统的旧体制虽然以集权为特征之一，但是在住房体制上则是彻头彻尾的分散主义。结果，有能力者多建多分，无能力者不建设或少建设，苦乐不均。改革开放以来，这种状况并未改变，仍是贫富悬殊。住房体制改革与其他改革不同的一个显著特点，可能不是分权问题，而是集权问题。今后山西省应加大住房制度改革的力度，加快建立住宅建设融资体系，并采取相应的配套政策措施。未来一段时期，城镇居民人均住房面积将保持较快的增长速度，住房支出比重还有很大的提升空间。

（7）随着人们总消费支出费用的增加，各项消费也是呈一个上升的趋势。平时生活中的诸如保姆费用、家教费用、清洁费用等都会增加，这方面支出的绝对数据都有所增加，但是就相对比例的增长来看，则不是很明显。

3.6 促进城镇居民消费结构优化的建议

通过实证分析，我们看到山西省经济增长的主要动力是消费和投资，且受目前金融环境的影响，投资对经济增长的作用高于消费。但结合经济学的研究，我们认为这种模式是不可取的，消费需求才是真正的最终需求，也是社会生产的目的和归宿，而投资需求只是一个中间需求。只有消费需求的规模扩大和结构升级才能实现经济的增长。城镇居民消费是居民消费的主动力，其消费贡献率超过农村居民消费和政府消费，对经济增长拉动显著。

因此，研究城镇居民的消费问题，解决如何优化消费结构、扩大消费需求，在一定程度上对促进产业结构的优化和升级，对促进新的经济增长点的形成，对实现消费需求与经济增长之间的良性循环将起到重要的作用。对此提出以下建议：

1. 全面提高城镇居民收入，合理控制收入差距

收入是影响居民消费层次和消费结构的直接因素，收入的变动趋势也将直接影响消费结构的变动趋势。因此在确保经济增长的同时，进一步提升城镇居民收入水平，将增强居民的消费信心、刺激城镇消费品市场的发展；同时还要意识到山西省作为资源型城市所产生的煤炭、电力行业的垄断性工资收入偏高的问题，应采取有效措施缩小不同收入阶层之间的收入差距，确保中低收入阶层收入水平逐步提高。

2. 调整产业结构和产品结构，推进消费结构优化

城镇居民在未来一段时间的消费热点是住房消费，因此政府应出台相关政策，加快建筑业的发展速度，吸引居民将消费基金转入住房消费；同时随着城市化进程的加快，第三产业将

有强大的发展潜力。因此拓宽新兴服务消费领域,促进家政服务市场的规范化,由政府出台管理办法和行政法规,迎接老龄化时代的到来,不仅能解决城镇居民的养老问题,也为社会提供了新的就业市场。同时,还要重视山西省丰富的旅游资源,大力发展旅游业,满足城镇居民的享受型消费需求。

根据山西省城镇居民消费结构现状,应大力发展文教,深化教育改革,推进全民素质教育,完善终身教育体系,推进城镇居民职业教育,努力把人口压力转化为人力资源优势,满足城镇居民的发展型消费需求。

3. 完善社会保障体系,促进居民即期消费增加

社会保障制度的不完善是导致居民消费信心不足、制约消费发展的主要原因。城镇中仍有大量的中低收入户和困难户,他们收入低,实际消费支出低于城镇居民平均水平。因此,必须建立健全城镇低收入人群的社会保障和服务体系,释放居民的消费能力,改变居民的支出预期,从而促进经济的稳步发展。

4. 完善消费信贷市场,拓展消费领域,刺激居民消费积极性

山西省城镇居民重储蓄、轻消费的消费方式由来已久。虽然一直提倡居民改变自我积蓄型消费模式,但能否改变观念、完善体系、转向自我支持型消费模式仍是国家和社会急需解决的大问题。目前信贷消费是国家宏观调控的趋向,也是改变人们消费观念的一种全新的消费模式。在山西省经济发展进程中,应健全信贷消费法规,降低消费信贷风险,倡导居民适度信贷消费。

5. 拓宽消费领域,倡导新型消费

近年来,重点建设经济适用住房、建立廉租房供应保障体系的诸多制度的出台,无疑强化了居民的消费信心。因此,在下一阶段,应注重完善各类消费市场,拓宽消费领域,还要从

可持续发展的高度调整城镇居民的消费结构，对危害生态资源的落后的消费习惯一定要摈弃，有计划地开发绿色消费、生态消费。

在城市化发展进程中，高素质的劳动者不仅是城市建设的支持者，其素质高低和消费心理对消费结构也有直接影响。劳动者的素质影响消费质量，决定经济增长。2000 年以后，山西省城镇居民的消费正由享受型向发展型过渡，因此，提高消费者素质，倡导学习型组织的建立，将有助于提高居民消费质量，实现消费结构合理化。在和谐社会的大背景下，在推进社会文明的发展进程中，还要倡导健康的价值观、消费观、幸福观；在提倡消费结构多元化的同时，还要防止不理性的消费心理的滋生，防止盲目攀比、轻实用、重奢华的消费误区。

4 城镇居民消费行为的
  影响因素分析

4.1 消费行为的相关理论

4.1.1 消费行为的研究内容

消费行为的概念在第 1 章中已经进行了解释，它包括很多内容：消费者的情感因素、态度因素、个性与生活方式因素等心理过程；认识问题、搜寻信息、方案评价、购买行为和购买后行为等消费者购买决策过程；进行消费过程中所涉及的文化、社会阶层、参照群体、家庭和信息流等内容。

4.1.2 消费行为的影响因素

影响居民消费行为的因素包括内在因素、外在因素，还有形成购买的条件等因素。

内在因素包括以下三类：第一类是居民的可支配收入水平；第二类包括宏观经济发展和农业的发展、消费品的价格水平、消费环境、非家庭经营收入的比例，这些是由宏观调节所左右的外部条件；第三类是勤俭节约的消费伦理、隔代消费的消费习惯、制度及其变化、个性、消费欲望等其他因素。

外界因素也是制约消费者行为的因素，它包括社会因素和企业因素两个方面。

社会因素首先是社会交往，每个消费者都有自己的"社交圈"，他会购买与"生活圈"里的人大致相仿的消费品，如服装、住宅、耐用消费品、饮宴费等；其次是某种社会舆论和社会运动的影响（例如购买国货运动）。

企业因素主要包括：企业产品更新换代的情况和质量、性能、包装所具备的吸引力；名牌商品的商标给予消费者的信誉；企业的广告和推销员的"劝说"所形成的"拉力"；企业位置与服务态度；商品价格及与它相联系的服务费用的高低等。

形成消费者购买的重要条件还有：消费者对某种消费对象的"认识"与"理解"；对购买该商品或劳务的"经验"与"知识"；通过对各种商品的比较和"判断"所形成的"态度"等。①

4.2　收入对城镇居民消费行为的影响

根据消费理论的发展轨迹看，影响消费的收入因素有绝对收入、相对收入、持久收入和暂时收入。此外，收入差距对消费需求也产生负面影响。

4.2.1　持久收入和暂时收入与消费的关系

持久收入是消费者可预料到的、连续的、带有常规性质的收入；暂时收入是一时的、非连续的、带有偶然性质的收入。

---

① 符国群. 消费行为学［M］. 北京：高等教育出版社，2001.

西方经济理论以及市场经济国家的实践都表明,持久收入的边际消费倾向要高于暂时收入的边际消费倾向。消费与持久收入相关程度大,因为稳定的收入能支持稳定的支出;暂时收入受偶然因素(如经济周期的波动)的影响而变得不稳定,所以消费与暂时收入的相关程度低。要考查持久收入和暂时收入对消费的影响就是从实证上分析持久收入的边际消费倾向是否高于暂时收入的边际消费倾向。通过数据估计分析和计量模型实证必须回答下面几个问题:

(1)山西省城镇居民持久收入的稳定性和暂时收入的不稳定性。

(2)山西省城镇居民的消费是否主要取决于持久收入?

(3)持久收入消费倾向是否高于暂时收入消费倾向?

(4)消费对于收入不同部分,哪一个敏感性强?

由于无法得到持久收入与暂时收入的准确数据,所以只能利用前期的收入进行估算。这里采用弗里德曼的估算方法: $Y_P = (Y_t + Y_{t-1} + Y_{t-2}) / 3$, $Y_Z = Y_t - Y_P$, 其中, Y_P 是持久收入, Y_Z 是暂时收入, Y_t 是现期收入, Y_{t-1} 是滞后一期收入, Y_{t-2} 是滞后两期收入。可见持久收入是现期开始三期收入的平滑,而暂时收入则是现期收入减持久收入。根据此公式求出的持久收入与暂时收入的数据如表 4-1 所示。

表 4-1   山西省城镇居民持久收入、暂时收入估算表

年份	人均纯收入(元)	Y_P	Y_Z	Y_P 构成 %	Y_Z 构成 %	消费支出(元)
1995	3301.9	3090.663	211.237	93.60	6.70	2640.7
1996	3702.69	3365.68	337.01	90.898	9.102	3035.59
1997	3989.92	3664.837	325.083	91.85	8.15	3228.71
1998	4098.73	3930.447	168.283	95.89	4.11	3267.70

表4-1(续)

年份	人均纯收入(元)	Y_P	Y_Z	Y_P 构成 %	Y_Z 构成 %	消费支出(元)
1999	4342.61	4143.75	198.857	95.42	4.58	3492.98
2000	4724.12	4388.55	336.03	92.897	7.103	3941.93
2001	5391.05	4738.13	652.92	87.889	12.111	4123.01
2002	6234.36	5456.007	778.353	87.512	12.488	4710.96
2003	7005.03	6210.147	794.883	88.65	11.35	5105.38
2004	7902.86	7047.317	855.543	89.17	10.83	5654.15
2005	8913.92	7940.60	973.317	89.08	10.92	6342.63
2006	10 027.72	8948.167	1079.55	89.234	10.766	7170.92
2007	11 565.01	10 168.68	1396.327	87.926	12.074	8108.82
2008	13 119.13	11 570.64	1548.51	88.197	11.803	8806.63
2009	13 996.63	12 893.59	1103.04	92.119	7.881	9355.14
2010	15 647.74	14 254.04	1393.697	91.09	8.91	9792.73

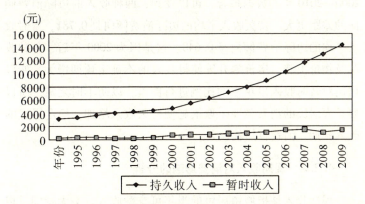

图4-1　1995—2010年山西省城镇居民持久收入与暂时收入变化趋势

从表 4 - 1、图 4 - 1 中的数字可以看出，1995—2010 年山西省城镇居民持久收入稳步上升，而暂时收入在 1999—2006 年期间有较大的波动。所以，山西省城镇居民的持久收入是比较稳定的，而暂时收入是不稳定的。仔细比较可以看出，暂时收入比例较大的年份都处于较高的通货膨胀当中。这是因为经济的过热带来收入的快速上升，但这种上升并不能形成稳定的预期，所以只能形成暂时收入的上升。现在用表 4 - 1 的数据拟合以下模型：$C_t = a + b_1 Y_P + b_2 Y_Z$，结果如下：

$$C_t = 136.92 + 0.793 Y_P + 0.736 Y_Z$$

$$(2.87)\ (83.14)\qquad (8.51)$$

$$R^2 = 0.998 \quad \overline{R}^2 = 0.998 \quad F = 3796.23 \quad DW = 1.597$$

方程的拟合程度相当理想。从结果来看，持久收入平均的边际消费倾向是 0.793，暂时收入平均的边际消费倾向是 0.736。即持久收入对消费支出的影响比暂时收入要大。如果是用 2000—2010 年的数据拟合，可以发现，两种收入的边际消费倾向的差距更大。持久收入平均的边际消费倾向是 0.781，暂时收入平均的边际消费倾向是 0.648。这是因为 2000 年后，各种改革及物价上涨、房价攀升等使得收入的不确定预期增大，所以居民对暂时收入以更多的比例进行储蓄，以防不时之需。所以要扩大居民的消费就要采取措施使持久收入增加，稳定居民的收入预期，消费自然就扩大。

4.2.2 现期收入对消费影响的分析

现期收入是指城镇居民的当年可支配收入。毫无疑问，现期收入是当年消费支出的主要来源，所以两者存在很强的相关关系。现设数学模型为双对数模型：$\ln C_t = \alpha + \beta \ln Y_t$，数据采用《山西统计年鉴》从 1978 年到 2010 年的人均可支配收入与人均消费性支出，拟合结果如下：

$$\ln C_t = 0.359 + 0.936 \ln Y_t$$

$$(9.918) \quad (205.293)$$

$$R^2 = 0.999 \quad \overline{R^2} = 0.999 \quad F = 39\,297.73 \quad DW = 1.58$$

方程的回归各项指标都很理想。从结果来看，消费的收入弹性为0.936，即当收入上升1个百分点则消费上升0.936个百分点。可见，山西省城镇居民的消费增长在较大程度上取决于现期可支配收入的增长。

4.2.3　过去收入对消费影响的分析

过去收入是指过去年份的收入。西方的经济理论认为，过去的收入对现期的消费有着一定的影响。而杜森贝里就过去收入的影响提出了相对收入假定的消费函数，其基本模型为：$C_t / Y_t = a Y_t / Y^*$，其中 C_t 和 Y_t 表示现期消费和收入，Y^* 表示过去最高的收入。由于山西省城镇居民的可支配收入每年都递增，所以过去最高收入即为滞后一期的收入。此外，根据"随即游走"模型，当期的消费与前期的消费有一定的联系，即消费具有一定的惯性。有鉴于此，我们建立如下的模型：$C_t = a + b Y_t + b_1 Y_{t-1} + b_2 C_{t-1}$。其中，$C_t$ 和 Y_t 代表现期的消费和收入，C_{t-1} 和 Y_{t-1} 代表滞后一期的消费和收入。数据也是采用《山西统计年鉴》从1978年到2010年的人均可支配收入与人均消费性支出，拟合结果如下：

$$C_t = 136.512 + 0.769 Y_t - 0.112 Y_{t-1} + 0.141 C_{t-1}$$

$$(11.198) \quad (-0.621) \quad (0.683)$$

$$R^2 = 0.999 \quad \overline{R^2} = 0.999 \quad F = 5491.63 \quad DW = 1.99$$

拟合的结果不算理想，因为滞后一期的收入和消费的系数的 p 值大约在50%。如果我们接受这种概率的话，方程给我们的结论是：滞后一期的消费对现期的消费有正向的影响，每当上期消费增加1元，现期消费就增加0.141元。可见，消费的惯性不算强，现期的收入对消费的影响会更大。

4.2.4 收入差距对消费影响的分析

收入差距对消费结构的升级同时具有正面和负面的影响。合理的收入差距可以使得消费结构由"同步共振"转变成"异步渐进"，拉开消费梯度和档次，避免"排浪式"的消费。但是收入差距同时对消费需求也产生负面影响，理论来源于凯恩斯提出了边际消费倾向递减这一规律，也就是收入越高的人用于消费所占收入的比例就越低。所以收入差距的拉大使得收入都集中在低消费倾向的富人手中，那么社会总消费占社会总收入的比例也就下降。

在改革开放后，经济的市场化使得山西省居民的收入差距一直在增大。这种差距体现在各个领域，不同的所有制企业之间、不同地区之间、不同行业之间的收入差距都在不断扩大。尤其是近年来煤炭价格的一路上扬，使得煤炭系统的职工收入远高于城镇其他行业的职工。可以使用《山西统计年鉴》中有关按收入等级分城镇居民家庭平均每人全年可支配收入的数据作为资料，从直观上看，最高收入户的家庭人均年收入与最低收入户的家庭人均年收入的差距从1995年的4899元快速上升到2010年的32 609元。到2010年底，最高收入户的家庭人均年收入38 165元是最低收入户的家庭人均年收入5556元的6.87倍。如果要全面利用7个收入户的收入数据，则可用国际通用的指标——基尼系数。基尼系数是衡量贫富悬殊的一个工具，介于0~1之间，越接近1就代表贫富越悬殊。国际公认的贫富分化的警戒线为0.4，究竟近年来山西省城镇居民收入的基尼系数是多少？利用上述《山西统计年鉴》的分组资料，计算结果如表4-2所示。

表4-2　　1995年以来山西省城镇居民平均消费倾向与基尼系数

年份	平均消费倾向	基尼系数
1995	79.98	0.2869
1996	81.98	0.3102
1997	80.92	0.3021
1998	79.73	0.2920
1999	80.44	0.2932
2000	83.44	0.3094
2001	76.48	0.3127
2002	75.56	0.3096
2003	72.88	0.3260
2004	71.55	0.3302
2005	71.15	0.4712
2006	71.51	0.4511
2007	70.12	0.4426
2008	67.13	0.4365
2009	66.84	0.4402
2010	62.58	0.4672

　　从计算的结果来看，总体来说山西省城镇居民贫富分化越来越严重，在2005年已经超过了国际警戒线，比国际上绝大多数的发达国家的基尼系数都要高。主要发达国家的基尼系数为：德国是0.28（2000年）、法国是0.33（1995年）、加拿大是0.33（1998年）、英国是0.36（1999年）、美国是0.41（2000年）。那么收入差距的扩大对消费有何影响呢？根据以上的数据作相关性分析得到的结果为：1995—2010年山西省城市居民的平均消费倾向与基尼系数的相关系数为-0.6435。通过显著水平为5%的相关系数的双测检验，从相关系数的符号与数值可以

知道，收入差距的增大给消费带来了一定的负面影响。因为消费欲望最强的低收入阶层由于收入低，连基本需要的消费支出也得不到满足，他们的平均消费倾向在 14 个年份中有 8 年是超过 1，其余都十分接近 1。所以，有消费欲望的居民没有消费的能力。另外，有消费能力的高收入阶层，除了基本需求已经满足外，发展型和享受型消费已经趋于饱和，所以他们的消费欲望不强。他们的平均消费倾向在 0.7 左右徘徊。由此可见，通过政策措施提高低收入者的收入是提高居民总需求的一个有效途径。

通过对现期收入、过去收入、持久收入和暂时收入对城镇居民消费需求的影响的实证分析可以得知，现期收入和持久收入对消费的影响要比过去收入和暂时收入对消费的影响大。消费基本与收入成正比，山西省城镇居民的消费主要取决于现期的收入，但由于消费心理和消费行为的成熟，懂得在一生中平滑消费，以求消费的总效用最大化，所以持久收入对于消费也具有相当的影响。居民的消费也具有一定的惯性，虽然此惯性并不太强烈。此外，收入差距的扩大也实实在在使得总体居民的平均消费倾向减少，随着经济市场化的深入，收入差距可能会进一步扩大，对消费的负面影响也越来越明显。

4.3　非收入因素与城镇居民消费行为的关系分析

除了收入因素外，利率、不确定性预期、价格预期、消费环境因素也会在或大或小的程度上影响消费需求。

4.3.1 利率

国内一些学者认为，利率对消费的影响是确定的，即利率提高，消费量相对减少；利率降低，消费量相对增加。这种观点与新古典经济学者的观点是一致的。新古典经济学家认为，利率是影响储蓄的最重要的因素之一，从而也就要影响消费，有理性的消费者在利息率高时倾向于更多地储蓄。也就是说，理性消费者在利率低时比利率高时更倾向于消费。

而现代经济学家对这一看法持否定态度。他们认为，利率对储蓄和消费是有影响的，而影响方式不确定。利率高，会增加储蓄减少消费，但也会减少储蓄增加消费。现代经济学家认为，人们进行储蓄是为了用于未来的消费，即储蓄是一种延期消费，人们在决定是否储蓄时取决于现期消费与未来消费的替代率，由于一般人都有正的时间偏好，即对现期一元的消费大于未来一元的消费，所以只有在增加未来一元加利息的消费所带来的边际效用大于或至少等于减少现期一元的消费所带来的边际效用时，人们才会把现期的一元进行储蓄。此外，利率会使未来的收入增加，从而也会减少人们现在为未来消费而进行的储蓄。利率引起的用未来消费代替现期消费称为替代效应，利率引起的未来收入的增加效应称为收入效应。替代效应使储蓄增加，消费减少；收入效应使储蓄减少，消费增加。利率对储蓄和消费的影响取决于哪种效应更大。据美国一些经济学家的研究，对低收入者来说，替代效应大于收入效应；对高收入者来说，收入效应大于替代效应。但对整个社会而言，哪种效应更大，还应具体问题具体分析。对于山西省城镇居民而言，人均年收入在全国属于中等偏低收入水平，应是替代效应大于收入效应，即储蓄增加，消费减少；此外，受传统的"量入为出、多存钱少花销"的观念的影响，储蓄会高一些。由此建立双对数计量模型如下：

$$\ln C = \alpha + \beta_1 \ln Y + \beta_2 \ln R \qquad\qquad (4.1)$$

式（4.1）中，C 和 Y 分别为人均消费支出和人均纯收入；R 为一年期储蓄存款利率；一年中若有多次利率变动，则按简单平均法计算平均值。这里利率采用年名义利率，不考虑各年通货膨胀率，代入山西省城镇居民相应的数据，得到回归结果：

$$\ln C = 0.391 + 0.937 \ln Y - 0.016 \ln R$$

$$\qquad\quad (0.959)(172.707)(-0.367)$$

$$R^2 = 0.999 \quad \overline{R^2} = 0.986 \quad S.E. = 0.043 \quad F = 15\,137.61$$

$$DW = 1.472$$

居民对利率变动的敏感性很弱，利率每变化 1%，城镇居民消费的对数以相同方向变化 0.016%，说明城镇居民消费基本不受利率变动的影响。这主要是由于城镇居民相对自身素质较好、获取信息途径较多，因而消费更理性；另外由于城镇居民无论经济形势景气与否，为保证必要的生存需要，不得不进行货币化消费，尤其在经济形势不景气的情况下，多数城镇居民除支付必要的生存开支后，货币所剩不多，因此利率高低对其影响不大。这跟我国传统文化有很大的关系，我国信奉未雨绸缪、积谷防饥，所以储蓄量的上升并不为利率所左右。所以要刺激消费需求，从而推进消费结构的优化，存款利率的调控似乎已经失去作用了。

4.3.2　不确定性预期

20 世纪 90 年代以来，我国进行了住房制度改革、国企改革、医疗改革、教育改革等。其目的都是将计划经济遗留下来的政策制度改为适合经济市场化的政策制度。但从实际情况上来看，制度改革给人们带来了一定的经济负担，造成了不确定性。其主要有国企改革带来的收入不确定性和住房制度、医疗制度改革与教育制度改革等带来的支出不确定性。要实证分析不确定性对消费的影响，首先要量化这种不确定性，对此国内外学者采用了几个替代指标。有的学者使用收入与消费增长率的波动、收入构成和消费支出构成的变化等来量化不确定性。有的学者则用分组间的收入与消费数据计算的标准差来量化不确定性。卡罗尔使用收入时间序列分组数据计算，用各组间的方差代表不确定性；吉索使用个人资产的差异代表不确定性；斯金纳使用职业间的收入差异代表不确定性。可见，使用分组资料计算的收入标准差，是国外学者研究收入不确定性和消费行为关系时常用的方法。国内学者孙凤博士在其专著《消费者行为数量研究》中使用了收入分组的收入方差代表收入的不确定性，以收入分组的消费支出方差代表支出的不确定性。仿照孙凤博士的研究指标，利用按收入等级划分的城镇居民的收入及消费数据，计算出不同收入组的收入及消费的标准差来分别代表收入和支出的不确定性，建立模型如下：$C_t = aY_t + bV_c$，$C_t = aY_t + bV_y$，其中 C_t 和 Y_t 分别代表当期的消费支出和收入，V_c 和 V_y 分表代表不同收入组的消费支出和收入的标准差，即消费和支出的不确定性。

根据模型，将消费标准差和收入标准差与当期消费支出和收入分别进行回归，得到以下结果：

$$C_t = 0.884Y_t - 0.210V_y$$
$$(19.47) \quad (-1.76)$$
$$R^2 = 0.999 \quad \overline{R^2} = 0.915 \quad F = 3632.13 \quad DW = 1.236$$
$$C_t = 0.898Y_t - 0.173V_y$$
$$(23.12) \quad (-2.61)$$
$$R^2 = 0.999 \quad \overline{R^2} = 0.915 \quad F = 4083.2 \quad DW = 1.413$$

两个模型的拟合效果都不错，从结果来看，代表不确定性的消费标准差和收入标准差都对消费产生负的影响，这与前面分析的一致。而且可以得知，以收入分组计算的收入标准差作为不确定性每上升1个单位，则消费减少0.173元；而以收入分组计算的消费标准差作为不确定性每上升1个单位，则消费减少0.210元。收入和消费的不确定性使得消费者的消费行为变得谨慎，其中消费的不确定性比收入的不确定性对消费产生更大的负面影响。因为国企改革、经济环境的变化等因素造成的收入不确定性的涉及面虽然广泛，但不及住房制度改革、养老制度改革、医疗制度改革与教育制度改革所影响的层面宽，这三类制度改革所带来的支出不确定性都涉及社会上每个居民的基本生活支出，而且多种制度的同时改革必然造成较大的影响。

4.3.3 价格预期

1978年以来，我国一直推行经济市场化改革，商品价格也从政府定价过渡到市场定价，由此使得被压抑良久的商品价格得到释放，在大部分年份都在上涨。要回答"物价的上涨对消费的影响如何"就要分情况讨论。根据经济理论，物价上升必然使得实际收入下降，所以会导致消费减少，这是在物价与消费属于同一时期时得到的结论。但如果这个物价是预期的话，对消费的影响也许是正向的。因为预期以后的物价会上涨，那么现在多消费免得以后消费产生损失。建立模型对此做实证分析：$C_t = a + b_1 Y_t + b_2 P_{t-1}$，其中$C_t$和$Y_t$是当期的消费和可支配收入，$P_{t-1}$是滞后一期的山西省城镇居民消费物价指数，以此来代替价格的预期。这就是假定人的预期是适应性预期。

从数据分析可知，山西省经历了多个时期的通货膨胀，最严重的有两个时段：第一时段为1987—1989年期间，这也是我国改革开放后第一次最严重的通货膨胀时期，物价的高涨使得居民预期未来的物价会更加上涨，所以导致了1988年的突击消费支出。第二时段为 1993—1995 年期间，这时期的通货膨胀在亚洲金融危机时结束。模型的拟合结果为：

$$C_t = -319.71 + 0.783Y_t + 4.879\,P_{t-1}$$
$$(-1.269)\ (149.167)\ (1.789)$$
$$R^2 = 0.999 \quad \overline{R^2} = 0.999 \quad F = 11\,987.23 \quad DW = 2.11$$

方程的拟合比较理想，从 P_{t-1} 的系数来看，对价格的预期的确对消费有正向的影响。以物价指数代表的物价预期每上涨 1 个点，则人均消费增加 5 元。可见，总的来说居民对物价的变动速率并不是太敏感，因为毕竟价格预期只是影响居民消费的多种预期之一。居民更加关心的是未来收入的预期，以及物价相对于收入变动的状况。

4.3.4 消费环境

这里所指的消费环境的缺陷主要是指在消费领域中所存在的违规甚至违法的问题，包括以下几方面：

（1）假冒伪劣商品屡禁不绝。近年来，假冒伪劣商品充斥着我省的各类消费市场，衣、食、住、行、用一并俱全。有的生产假冒伪劣商品的商家只是谋财，有的却要害命，这都影响着消费者的消费信心。

（2）价格欺诈。现在价格欺诈行为在越来越多的行业中蔓延开来，如旅游餐饮、美容美发、汽车、商品房等。例如在 2006 年 3 月 20 号，国家发改委就公布了通信行业中价格欺诈的 6 个典型案例。所以为了避免利益被剥削，不少消费者选择少消费。

（3）虚假宣传。虚假宣传中以虚假广告最为严重，商家为了自身的利益，用吹嘘夸大的手法对商品进行宣传。近年来在电视上播出的美容广告，商家就是采用高频率的轰炸以及抓住人们的自卑心理进行宣传，结果大多数产品的效用不大甚至是负效用。国家在 2006 年禁止了增高和丰胸产品的广告播出，这就是对虚假广告的一次重大打击。

（4）强制交易。强制交易行为是指未经他人承诺而强制进行交易并履行强加给他人的"债务"，使他人财产权利受到损害的侵权行为，这突出表现在一些公用事业单位和垄断行业的经营者中。

综上所述，本书在影响消费需求的非收入因素中列举了其中的利率因素、收入与消费的不确定性因素、价格预期因素以及消费环境因素。从量化的结果来看，非收入因素对消费需求的影响远不及收入因素的影响，但也不能忽略此类因素的影响。在经济市场化的进程中，人们的消费观念和消费行为会逐步改变，所以应该动态地对待此类因素的影响力。

5 山西省农村居民消费现状分析

　　我国最大的和最特殊的国情是农民众多。我国的消费问题，在很大程度上就是农村居民的消费问题。广大农村居民的消费状况最能真实地反映出社会消费总水平。农村消费对社会消费有举足轻重的影响。如果农村的消费问题解决得不好，就谈不上从根本解决好全国人民的消费问题；如果不能尽快地提高农民的消费水平，改善农民的生活，也就谈不上全体人民消费水平的改善。我国国民经济在经历了多年的高速增长后，20 世纪90 年代后期，开始步入一个缓慢的回调时期。现阶段，市场经济与计划经济、城市经济与农村经济的"双二元经济"形式和结构，在一定程度上限制了专业化分工与演进潜力[①]，形成了制度性的经济过剩和短缺并存的市场格局。如何保持国民经济持续、快速、健康发展，中央和地方都对农村寄予了厚望，中央经济工作会议已将扩大国内需求、开拓农村市场，特别是农村居民的消费需求作为经济发展的基本立足点和长期战略方针。[②]

---

　　① 程漱兰. 中国农村发展：理论和实践 ［M］. 北京：中国人民大学出版社，1999.

　　② 中共中央关于农业和农村工作若干重大问题决定. 1998 - 10 - 15.

改革开放以来，山西省农村发生了巨大变化，农业发展迅速，农村居民收入水平和消费水平不断提高，生活质量显著改善，农村居民生活消费方式和消费观念发生了一系列重大的变化。长期以吃、穿为主的消费结构初步得到改变，居住条件和文化生活也得到改善，中、高档耐用消费品已逐渐进入农民家庭。消费结构逐步升级，农村居民生活消费结构由以生存资料为主开始向享受资料和发展资料转变，农村居民开始追求高质量的消费，各种物品的消费均表现出较为明显的优质化趋向。但是，随着经济体制改革和市场化进程的深入，许多因素如收入、价格、产业结构、体制等阻碍着山西农村居民的消费结构向合理方向发展。因此，对山西农村居民消费结构变动进行研究，弄清农村居民消费结构变动趋势，解决好农村居民的消费问题，才能使农村居民在 21 世纪享受全面的小康生活。

5.1　农村居民消费水平的变动分析

居民消费水平有广义和狭义之分。[①] 狭义的消费水平是指按人口平均的消费品（包括劳务）的数量，反映人们物质文化需要的满足程度；既可以用货币表示，也可以用实物表示。广义的消费水平不仅包括消费品的数量，而且还包括消费品的质量以及与之相关的消费者、消费客体、消费环境的质的规定性。这里的消费水平主要指狭义上的消费水平。

5.1.1　消费水平的阶段性变化

20 世纪 90 年代以来，山西省农民生活发生了巨大的变化，

---

① 尹世杰. 消费经济学 [M]. 长沙：湖南人民出版社，1999.

从温饱有余到农民生活整体实现基本小康，生活水平稳步提高，生活质量不断改善，消费结构趋于优化，消费的社会化程度明显提高，家庭财产大幅增长，山西省农民生活经历了一个新的发展时期和全新的成长阶段。为了全面反映这一阶段山西省农民生活变化情况，为各级政府制定和调整"十一五"时期山西省农民生活消费政策提供决策依据，以促进山西省农村居民生活消费水平迈上新的台阶。

从 1978 年到 2011 年，山西省农民人均纯收入由 101 元提高到了 5601.4 元，增长近 55 倍。2011 年全省农村居民人均纯收入 5601.4 元，突破 5000 元大关，比 2010 年增长 18.27%，增速比 2010 年快 6.7 个百分点，比全国快 0.4 个百分点；城镇居民家庭人均可支配收入达到 18 123.9 元，比 2010 年增长 15.8%，增速比 2010 年快 4 个百分点，比全国快 1.7 个百分点；农村快于城镇 2.5 个百分点，是新中国成立以来增长最快的一个时期。1999 年因特大旱灾影响，农民收入增长 -5.6%，成为负增长。1990—2011 年，山西省农民收入增长了 9 倍，年平均增长 11.59%，生活消费支出增长了 7.06 倍，年平均增长 10.45%，生活消费支出年均增幅比纯收入低 1.6 个百分点，正是农民收入的持续增长，支撑了农民生活水平的稳定提高。但是应当看到，20 世纪 90 年代以来山西省农民收入虽然有了很大的增长，但总体水平仍然较低，相应的总体消费水平仍然较弱。国家统计局山西调查总队抽样调查资料显示：2011 年农村居民人均纯收入迈上 5000 元台阶，达到 5601.4 元，较 2010 年增长 18.27%；2011 年山西省农村居民人均生活消费支出达 3663.9 元，比 2010 年增长 10.9%，是近几年来增幅较高的一年；农村居民家庭恩格尔系数为 37.5%；农村人口 20% 的低收入者的收入为 1616.0 元，比 2010 年增长 13.6%。但即便如此，农民收入和生活消费支出仍不及城镇居民的 1/3，农民每人每天的生活消费支出不足 1 美元。由于收入水平有限，农民提高生活消费水平的能力和行为受到了限制。山西省农村居民历年收入及消费趋向图见图 5-1。

图 5-1 山西省农村居民历年收入及消费趋向图

改革开放以来，山西省农民收入增长状况呈现出明显的阶段性特征，大致可分为五个阶段：

第一阶段（1978—1984 年），农民收入高速增长。山西省农民人均纯收入从 1978 年的 101.61 元增加到 1984 年的 338.78 元，年均增长率为 22.23%。党的十一届三中全会以后，家庭联合承包责任制的实施使农民的生产积极性得到极大的调动，农村经济得到了迅速发展，农民收入有了突破性的增长。在经历了长期消费压抑后，随着收入的大幅度增加，刺激了农村居民的消费需求，其消费补偿倾向十分明显。在此期间，绝大部分农村居民摆脱了贫困，解决了温饱问题。

第二阶段（1985—1991 年），农民收入在波动中增长。在此期间，农民收入出现了 1990 年 17.44% 的高速增长，也出现了1991 年 -5.90% 的负增长。山西省农民人均纯收入从 1985 年的 358.32 元增加到 1991 年的 567.90 元，年均增长率为 7.98%。其主要原因是农业生产资料零售价格上涨较快，农产品收购价格指数下降，出现了卖粮难问题。

第三阶段（1992—1995年），农民收入反弹回升。山西省农民人均纯收入从1992年的627.01元增加到1995年的1208.30元，在1995年突破了1000元大关，年均增长率为25.44%。由于国家对农业基本建设投入力度增大、农业科技进步贡献率逐年提高和国家连续三年提高农产品收购价格，以及乡镇企业快速发展和农民务工收入的提高，农民收入快速增长。

第四阶段（1996—1999年），农民收入增速明显下滑。山西省农民人均纯收入从1996年的1557.19元增加到2002年的2149.82元，2002年突破了2000元大关，年均增长率为5.52%。1995—2002年山西省农民人均纯收入增长速度分别为36.7%、28.9%、11.6%、6.9%、－5.6%、7.5%、2.6%、9.9%，从1996年开始，农民收入增速连续四年下降，1999年甚至出现负增长。2000年以来，农民收入虽扭转了增速下滑趋势，但增长仍然不快，农民收入进入缓慢增长阶段。由于市场供求关系的变化，在此期间多数农产品出现供大于求的现象，造成销售困难，价格下跌；农民收入增长的另一支柱——乡镇企业效益下滑，发展趋缓，这些因素直接影响着农民收入的进一步提高。

第五阶段（2000年至今）：随着农村居民的经济收入的增加，山西省农村居民对生存资料的消费需求，已由前期的追求数量增加转到注重质量提高上来，同时也标志着山西省农村居民的整体生活水平已跨入温饱有余阶段。各项新型消费从无到有，超常规发展。

按可比价格计算的居民消费水平指数除个别年份有小幅波动外，其余年份均较平稳，农村居民的消费水平基本保持了全面稳定增长的势头。

消费水平总量反映的是以货币购买力表示的人均消费品和劳

务的绝对量。它的变动显现了农村居民消费水平的变动趋势，但消费支出和支付能力的变动也能反映消费水平的变化"轨迹"。我们从居民的收入水平、生活消费支出、恩格尔系数、生活质量等方面加以比较分析，具体考察山西省农村居民消费水平的现状。

5.1.2　平均消费倾向的变化

消费经济学者认为，收入是居民消费因素中最强硬的制约因子，居民的一切消费都必须以其收入水平为依据。收入的高低直接影响着居民消费的开展，两者呈正向变化关系。[①]

消费支出是指在一定的时期内，用于日常消费的各项开支的总和。[②] 其包括货币支出和实物支出两部分。它受居民收入水平的制约，是居民消费水平的直接体现。

按照西方经济学的消费函数理论，消费支出和居民收入两者存在着稳定的函数关系：消费支出会随收入的上升而上升，但上升数量会小于收入上升的数量。[③] 也就是说，随着收入和消费水平的提高，居民消费支出在收入中所占比例（即平均消费倾向 APC）呈递减趋势。

利用山西省农村居民 1978—2010 年人均纯收入 Y 和人均生活消费 C 的数据，采用凯恩斯绝对收入假说消费函数模型，得出回归方程：

$C = 0.5862Y + 97.716$

$T - stat$ （3.469） （28.814）

$R^2 = 0.9740$ 　　$F = 828.508$

式中：Y 代表农户人均纯收入，C 代表农户人均消费支出。

---

①　龚志民. 消费经济学前沿 ［M］. 北京：经济科学出版社，2002.

②　尹世杰. 消费经济学 ［M］. 长沙：湖南人民出版社，1999.

③　黄亚钧，袁志刚. 宏观经济学 ［M］. 北京：高等教育出版社，2002.

由图5-1及以上回归结果可以得出如下结论：改革开放以来，山西省农户收入与消费走势基本同步，两者之间高度相关（可决系数高达0.9740），说明收入是影响消费的重要因素。农户边际消费倾向（MPC）也达到0.59，说明山西省农户新增收入中，有很大一部分（将近60%）是用来增加生活消费支出的。可见要提高农户消费水平，首先必须增加农户收入。

表5-1　山西省农村居民收入水平、生活消费支出、
平均消费倾向（APC）

年份	人均纯收入（元）	人均消费支出（元）	平均消费倾向
1978	101.60	92.14	0.91
1980	155.78.	130.00	0.84
1985	358.67	272.74	0.76
1990	559.67	455.68	0.81
1995	1208.67	928.00	0.77
1996	1557.19	1175.29	0.75
1997	1738.26	1145.42	0.66
1998	1858.60	1056.45	0.57
1999	1772.62	1047.18	0.59
2000	1905.60	1149.01	0.60
2001	1956.05	1221.58	0.62
2002	2149.82	1355.64	0.63
2003	2299.4	1430.18	0.62
2004	2589.6	1636.5	0.63
2005	2890.7	1877.7	0.65
2006	3180.9	2253.3	0.71
2007	3665.7	2682.6	0.73
2008	4097.24	3097.75	0.76
2009	4245.10	3305.76	0.78
2010	4736.3	3663.9	0.77

资料来源：根据历年《山西统计年鉴》相关数据计算得出。

从表 5 – 1 可看出：改革开放以来，山西省农村居民收入与消费走势基本同步，两者之间高度相关，说明收入是影响消费的决定因素。

1978 年以后，山西省农村居民人均纯收入持续增长，特别是进入 20 世纪 90 年代，人均纯收入增长速度加快。从 1996 年开始，农村居民收入增速放慢，1999 年甚至出现负增长。这是由于我国国内市场需求严重不足，最终影响到了山西省农村居民的收入增长。山西省农村居民收入扭转了增速下滑趋势，2006—2010 年农村居民人均纯收入增长速度分别为 10.04%、15.2%、11.8%、3.6%、11.6%，但是与城镇居民收入相比农村居民纯收入增长速度仍然不快。山西省农村居民收入低，直接限制了农村居民的消费，不利于消费结构的改善。

5.1.3 恩格尔系数的变化

19 世纪后期，德国的统计学家恩格尔在研究家庭收入和各项支出之间的关系后，于 1857 年提出了著名的恩格尔定律（Engel's Law）[1]，即随收入的上升，食品支出在总支出中的比重是下降的。推而广之，世界各地，小至家庭，大至国家基本上都遵循这一规律。我们常将食品支出占总开支的比重，即恩格尔系数（Engel Coefficient），作为衡量经济发展水平的一个指标。

根据国际通用标准，我们可以将恩格尔系数与居民生活、消费水平关系定义如下[2]：

EC > 0.6，居民生活消费处于绝对贫困状态；

0.5 < EC ≤ 0.6，居民生活消费处于温饱阶段；

---

① 黄亚钧，郁义鸿. 微观经济学 [M]. 北京：高等教育出版社，2002.
② 杨圣明. 中国消费结构研究 [M]. 太原：山西经济出版社，1992.

0.4 < EC ≤ 0.5，居民生活消费处于小康水平；

EC ≤ 0.4，居民生活消费处于富裕状态。

表 5 - 2　1978—2010 年山西农村居民恩格尔系数（%）

年份	恩格尔系数	年份	恩格尔系数	年份	恩格尔系数	年份	恩格尔系数
1978	67.32	1986	55.64	1994	56.55	2003	43.86
1979	61.28	1987	52.46	1995	63.75	2004	43.2
1980	59.99	1988	53.70	1996	58.39	2005	45.2
1981	59.49	1989	52.87	1997	57.03	2006	38.5
1982	62.54	1990	52.88	1998	56.06	2007	38.5
1983	57.87	1991	53.42	1999	51.55	2008	39.0
1984	58.32	1992	56.97	2001	48.64	2009	37.1
1985	55.31	1993	57.36	2002	47.55	2010	37.5

资料来源：根据历年《山西统计年鉴》相关数据计算得出。

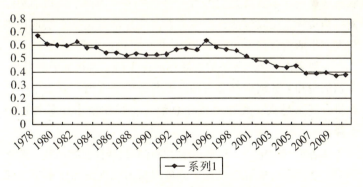

图 5 - 2　山西农村居民恩格尔系数

从表5-2及图5-2可以看出，山西省农村恩格尔系数都呈现逐渐下降的趋势，说明山西省农村人民生活水平是逐渐提高的。农村恩格尔系数在1999年以前都在0.5以上，表明山西省农村居民生活消费水平一直处于温饱阶段，没有实现小康水平。2000年以后恩格尔系数的快速下降，表明山西省农村居民的整体生活水平已由温饱进入小康。在这一时期，国家改变对于农业的政策，增加了农民的收入，恩格尔系数才继续呈现下降态势。由此可见，农村改革速度的快慢影响农村居民收入增长速度的快慢，并且对恩格尔系数变化的影响很大。

5.1.4 实物消费量和劳务消费量的变化

居民生活消费支出按消费方式不同划分为实物消费和劳务消费两种形态。两者之和等于生活消费支出。在既定的生活方式下，两者经常是呈替代或互补关系。增加实物消费，就必然会减少劳务消费；增加劳务消费也会导致相应实物消费的降低。农村居民由于本身既是生产者又是消费者，因此，实物消费除商品消费外，还应包括自给性消费。劳务消费是指有偿地提供与人们生活消费相关的特殊使用价值的活动的消费方式。①

一般来说，随着经济的发展和居民生活、消费水平的提高，实物消费和劳务消费都会增加，但劳务消费在消费支出中的比重将会越来越大、实物消费在总消费支出中所占比重将逐渐下降。

从表5-3和图5-3所示的山西省农村居民实物消费、劳务消费的变化及构成可以发现，劳务消费占总支出的比重呈现逐年上升趋势。但实物消费量比重在递减的同时，其仍然占80%左右，这也是山西省作为一个农业省的重要特征，也表明了农

---

① 尹世杰. 消费经济学 [M]. 长沙：湖南人民出版社，1999.

村居民的消费水平是不断提高的。

表5－3　　农村居民实物消费、劳务消费一览表

年份	人均实物消费	人均劳务消费	实物消费构成%	劳务消费构成%
1978	89.58	2.56	97.23	2.77
1980	127.40	2.6	98.00	2.00
1985	255.00	18.74	93.13	6.87
1990	393.66	61.02	86.58	13.42
1995	866.76	89.09	93.4	9.6
1996	1041.71	132.58	88.71	11.29
1997	991.94	153.48	86.6	13.4
1998	906.64	149.81	85.82	15.18
1999	858.16	189.02	81.95	18.05
2000	945.06	203.95	82.25	17.75
2001	1006.09	215.49	82.36	17.64
2002	1063.26	291.38	78.49	21.51
2003	1145.14	286.04	79.78	20.22
2004	1287.27	349.23	78.66	21.34
2005	1498.99	378.71	79.81	20.19
2006	1795.45	458.85	79.63	20.37
2007	1983.3	699.27	73.93	26.07
2008	2291.99	805.55	73.99	26.01
2009	2447.07	857.69	75.05	25.95
2010	2683.05	980.81	73.23	26.77

注：人均劳务消费量＝医疗保健＋交通通信＋文教娱乐用品及服务×70%

图 5-3　农村居民实物与劳务消费的构成

5.1.5　居民生活质量和健康状况

生活质量是指人们生活的舒适程度和便利性。体现在具体项目上，其主要是指衣食质量的提高，住房的宽敞、舒适，精神娱乐的充分享受，外出的方便性，卫生保健的普及等各个方面。在这些中，人们首先追求消费数量的满足，即解决温饱，然后才开始注重质量的提高。因此，解决温饱是生活质量提高的前提。①

山西省在 20 世纪 80 年代中期基本上解决了农村居民的温饱问题，人们开始在衣食住行等各个方面提高生活质量。2010年山西省农村居民人均食品消费支出为 1372.49 元，恩格尔系数为 37.5%，比"十五"期末 2005 年的 45.2% 下降了 6.7 个百分点，比"九五"期末 2000 年的 48.6% 下降了 11.1 个百分点。2010 年全省 100% 的乡镇、98% 的建制村基本通了水泥（柏油）路；全省 100% 的乡镇、95% 的建制村通了客车，大多数县市实现了城乡客运一体化；村通电话率提高到 98%。农村居民人均

---

① 尹世杰. 消费经济学［M］. 长沙：湖南人民出版社，1999.

居住消费支出 615.7 元，比 2009 年增加 30.63 元，增长 5.3%。随着山西省新农村建设的大力推进和农民生活水平的提高，农民家庭住房档次逐步更新换代。2010 年农村居民家庭在新建房屋中，钢筋混凝土结构面积占到 57.5%，其中，楼房面积占到 35.1%。到 2010 年末，山西省农村居民人均居住面积已达 28.69 平方米，比 2009 年增加 0.72 平方米。农户家用电脑、移动电话每百户拥有量分别由 2009 年的 6.24 台和 95.28 部，上升到 8.71 台和 107.71 部；接入互联网的家用电脑从每百户 5.10 台上升到 5.86 台，移动电话从每百户 1.90 部上升到 5.67 部。农村居民平均每百户家庭拥有彩色电视机 109 台、洗衣机 81.1 台、电冰箱 29.2 台、影碟机 26.9 台，在保证生产和基本生活的前提下，购买各种中高档家用电器成为农村居民生活水平提高的重要标志，也体现出农村居民生活质量越来越趋向城市化。2010 年人均购买服装类支出比 2009 年增长 15.6%。农村居民随着收入水平的提高和衣着消费观念的改变，衣着消费基本实现了成衣化和时尚化；群众健康意识明显增强，医疗保健支出增加迅速。这些数据从直观上说明，山西省农村居民生活的舒适度、便利性大大提高，促进了农村两个文明建设的发展。

健康状况主要体现在医疗保健和人均寿命两个方面，它与生活质量的改善和提高密切相关。2010 年山西省农民家庭人均医疗保健支出达 328.92 元，比 2009 年增加 87.98 元，增长 36.5%，增速比上年高 21.9 个百分点。随着生活水平的提高，农村居民防病治病的意识不断增强，健身器材、医疗保健器材和滋补保健品逐渐进入农民家庭；同时，由于生活质量和卫生保健的提高与普及，人均寿命从 1990 年的 65 岁，提高到现在的 74 岁。

综上，生活质量和健康状况的改善，促进了居民消费水平和消费质量的逐年稳定提高。

5.1.6 农村居民消费水平的评价

一般来说，居民消费水平是由一国经济和社会生产力发展状况决定的，居民消费水平能否与本国生产力发展相适应就成为评价其合理性的一个参考标准。

根据消费水平与生产力发展的适应程度，我们将消费水平界定为三种模式①。

（1）同步型消费。同步性消费是指消费水平与本国生产力相适应的消费模式，表现在居民的消费支出增长与国民经济发展的一致性、协调性发展。日本、美国、西欧等一些发达市场经济国家和地区，大都属于这种类型的消费。由于这些国家和地区生产力发达、技术水平高，有能力向自己的消费者提供各种技术条件下的消费品，而居民选择面较广，不受政府和其他一些政治组织的干预，居民消费支出会随生产力的发展而相应增长。

（2）早熟型消费。早熟型消费是指居民消费水平超出本国生产力发展水平的消费模式，表现为居民消费支出的增长持续高于本国国民经济的增长速度。这种模式在一些发展中国家或欠发达地区较为常见。随着全球经济一体化和开放程度的提高，由于消费的示范效应，经济发达国家或地区的高收入引起的居民消费水平的提高，必然会对低收入国家产生明显的"拉动"效应。欠发达国家地区的居民会从心理上和行动上仿效发达地区居民的高消费模式，盲目攀比使本地区的消费水平持续高于本地的经济发展水平。而且，消费具有"刚性"和不可逆性，即使在经济发展水平趋于降低的情况下，居民消费水平也会维持在一个较高的水平上。这样，过高的消费率将会导致储蓄率长期过低、投资不足，对生产的扩大和国民经济的长远发展无

---

① 厉以宁．消费经济学［M］．北京：人民出版社，1984．

疑是一个巨大的破坏。

（3）滞后型消费。和早熟型消费相反，滞后型消费是指本国居民的消费水平落后于本国生产力发展水平的消费模式，表现为居民消费支出的增长持续低于国民经济的增长速度。按照现有的经济理论，在一个开放的市场经济国家，如果不考虑消费习惯、地理环境、宗教文化等因素，由于消费的示范效应，则不会出现这种消费模式。但在一些行政干预因素较多的国家，如改革前的中国、东欧、苏联等一些计划经济国家，这种模式较为普遍。由于本国的生产发展存在着结构性失调，造成消费品长期供给不足，或行业性比例失衡，加上行政指导价格等因素，违反价值规律和市场规律，使居民消费受到很大限制，消费需求长期得不到满足，出现高储蓄、低消费的现象，即消费支出的增长持续低于生产力发展水平。这种模式下的高积累、低消费在特定时期，确实能够确保经济的增长。但由于国内居民的消费需求长期受到压抑，必然会挫伤他们的生产积极性；同时，由于内需的不足，也必然对经济的增长产生不利影响。

以上三种消费模式，无论是早熟型的还是滞后型的消费模式都对经济的持续发展带来不利影响，甚至造成巨大的损害，只有同步型消费模式最为恰当、合理。

通过对三种消费模式的阐述，我们可以对山西省农村居民消费水平作一个客观评价。

近几年，山西省农民收入增长幅度趋于减缓，消费水平也有一定程度的不足。按照上述三种消费模式，其具体又属于哪一种消费模式呢？

为了客观判断山西省农村居民的消费模式，我们事先定义一个评价变量：Q值[①]。

---

① 厉以宁. 中国宏观经济的实证分析 [M]. 北京：北京大学出版社，1992.

Q = 居民消费水平指数/国民收入指数（两指数都以上年为100）

如 Q = 1，说明居民消费的增长速度等于国民收入的增长速度；

如 Q > 1，说明居民消费的增长速度超过国民收入的增长速度；

如 Q < 1，说明居民消费的增长速度低于国民收入的增长速度。

可以简单地认为，Q > 1 是消费早熟，Q < 1 是消费滞后。

但由于经济发展的连续性和持续性，并不能简单地从个别年份的 Q 值来判断居民的消费是早熟还是滞后，必须从一段时期的发展变化来综合判断。综上分析，判定消费水平是早熟还是滞后，可以做以下两点补充：

（1）Q 值持续大于 1 或小于 1；

（2）消费率或投资率持续过高或过低。

表 5 - 4　山西省农村居民消费指数、GDP 指数、Q 值

年份	消费水平指数	GDP 指数	Q 值	投资率
1996	126.5	111.0	1.14	35.02
1997	98.00	110.5	0.89	35.03
1998	93.00	109.0	0.86	29.86
1999	100.00	105.1	0.96	31.11
2000	110.00	107.8	1.02	38.11
2001	107.00	108.4	0.99	39.91
2002	111.00	113.7	0.98	41.88
2003	106.00	113.9	0.93	45.65
2004	115.00	117.1	0.99	47.94
2005	115.00	118.2	0.98	45.12
2006	120.00	111.8	1.07	48.91
2007	119.05	115.2	1.04	51.39
2008	115.47	108.3	1.06	52.39
2009	106.69	105.5	1.01	68.34
2010	110.87	113.9	0.97	69.9

注：指数以上年为100，按可比价格计算；投资率按当年价格计算。

从表 5 - 4 中计算的 Q 值除个别年份稍大于 1 外，其余年份均小于 1。根据前面对消费模式内涵的阐述，我们会认为山西省农村消费模式应归为滞后型模式。但也应看到，从 1996 以来，除 1997、1998 年两个年份 Q 值在 0.9 以下，其他年份 Q 值都介于 0.9 ~ 1 之间，且各年投资率都稳定在 30% 左右。因此，可以综合判断，山西省农村居民的消费模式应是轻度滞后型的消费模式。这种轻度滞后性，一方面不会压制消费需求的增长和农村消费者的生产积极性；另一方面，又能保证山西省国民经济的稳定增长。毫无疑问，这是一种向同步型消费模式转化的过渡模式，转化为同步性模式的条件就是山西省综合经济实力的增强和居民收入、消费水平的提高。

5.2 农村居民消费结构的变动分析

进入到 20 世纪 90 年代以来，随着农村居民收入和消费水平的提高，消费结构也发生了变化。一小部分先富起来的农村居民，开始由发展型向享受型结构模式过渡。因此，有必要对农村居民消费结构的现状和历史演变过程略作分析，以期从中发现结构变化的规律和趋势，1978—2010 年山西省农村居民人均生活消费构成如表 5 - 5 所示。

表 5 - 5 1978—2010 年山西省农村居民人均生活消费构成表

单位:%

年份	纯收入（元）	生活消费支出（元）	食品	衣着	居住	家庭设备用品及服务	医疗保健	交通通信	文教娱乐用品及服务	其他商品和服务
1978	101.60	92.14	67.32	15.36	9.75	5.52	0.72	0.54	2.15	0.64
1979	130.50	125.40	61.28	15.26	13.44	6.60	0.84	0.42	1.73	0.43

表5-5(续)

年份	纯收入（元）	生活消费支出（元）	食品	衣着	居住	家庭设备用品及服务	医疗保健	交通通信	文教娱乐用品及服务	其他商品和服务
1980	155.78	130.00	59.99	15.49	18.12	3.71	0.44	0.40	1.61	0.24
1981	220.62	211.43	59.49	16.20	11.91	7.45	1.29	0.39	2.77	0.50
1982	250.43	220.82	62.54	15.00	9.78	7.34	1.67	0.36	2.86	0.45
1983	238.54	235.35	57.87	13.80	13.33	8.81	1.95	0.38	3.35	0.51
1984	338.78	259.00	58.32	13.44	13.78	7.14	1.63	0.41	5.73	0.55
1985	358.67	272.74	55.31	15.62	13.81	8.00	2.68	0.51	5.29	0.78
1986	345.90	335.47	55.64	13.02	15.40	7.08	2.77	0.50	5.42	1.17
1987	391.57	381.45	52.46	12.59	17.51	6.89	2.94	0.50	5.75	1.36
1988	438.73	425.63	53.70	13.22	15.57	7.78	2.98	0.57	6.06	1.12
1989	513.87	502.48	52.87	13.34	15.45	7.66	2.94	0.56	7.20	0.98
1990	603.51	455.68	52.88	12.45	15.52	6.85	5.06	0.65	6.73	0.87
1991	567.90	456.73	53.42	12.92	15.08	6.92	3.90	0.62	7.31	0.83
1992	627.01	448.54	56.97	13.11	11.35	6.65	3.76	0.71	6.66	0.78
1993	718.33	523.65	57.36	11.20	11.89	5.80	3.57	2.00	6.74	1.44
1994	885.20	761.68	56.55	12.28	10.11	5.83	3.70	2.35	7.61	1.57
1995	1208.67	928.00	63.75	11.10	8.36	5.63	3.35	1.51	6.77	1.12
1996	1557.19	1175.29	58.39	11.15	9.25	5.01	3.82	1.88	7.99	2.51
1997	1738.26	1145.42	57.03	10.55	9.50	5.13	5.05	3.62	8.18	1.94
1998	1858.60	1056.45	56.06	10.82	9.12	5.14	5.49	3.02	9.53	1.81
1999	1772.62	1047.18	51.55	10.34	9.79	5.96	5.57	5.42	11.52	1.86
2000	1905.60	1149.01	48.64	9.87	12.52	5.24	5.25	5.25	11.78	3.44
2001	1956.05	1221.58	47.55	9.67	15.04	5.18	5.84	5.64	11.66	3.42
2002	2149.82	1355.64	43.86	10.18	12.64	5.77	5.76	7.62	13.04	3.13
2003	2299.40	1430.00	43.10	10.47	11.86	3.85	5.68	8.32	15.90	1.82
2004	2589.60	1636.50	45.30	10.57	10.80	3.78	5.25	8.71	15.79	1.80
2005	2890.70	1877.70	45.23	10.78	10.68	3.67	5.48	8.53	15.89	1.74
2006	3180.9	2253.3	38.5	10.10	13.54	5.36	6.33	9.95	11.97	2.13
2007	3665.7	2682.57	38.5	7.12	15.64	5.51	6.37	10.02	13.83	2.38
2008	4097.24	3097.54	39.0	8.92	15.71	5.46	6.79	10.61	12.29	2.26
2009	4245.10	3305.76	37.1	8.57	17.67	5.73	7.29	9.83	12.62	2.24
2010	4736.3	3663.86	37.5	8.62	16.78	5.74	8.98	9.76	11.47	2.15

资料来源：根据《山西农村50年》、《山西统计年鉴》历年资料整理得出相关数据。

5.2.1 消费结构各阶段演变的变动分析

由于十一届三中全会之后才全面展开了农村经济体制改革，而且农村居民收入水平提高之后其消费支出的变动又具有"滞后一年"的特性，所以，考察改革开放之后山西省农村居民消费结构的变动情况应该从1980年开始。由此可见，改革开放以来山西省农村居民消费结构的演变过程共经历了四个阶段：1980—1984年、1985—1991年、1992—1999年、2000年至今。

为了正确认识农村居民消费结构的发展变动规律，还需要对各阶段消费结构的特征做进一步分析。

（1）第一阶段（1980—1984年）：生存资料消费中，食品、衣着支出比例趋于下降，住房支出比例急剧上升。吃、穿、住是山西省农村居民最低层次的消费需求，这三项支出占整个消费支出的比例高达85%，表明这一时期农村居民的生活消费中生存资料占了绝大部分。但内部比例结构变动却不一致：食品、衣着支出比例比较稳定，但趋于下降，住房支出比例变动较大，曾达到18.1%，成为此时期增长幅度最大的一项消费支出。根据历年《山西统计年鉴》的数据，这一时期农村居民食品消费中，主食结构中的细粮比重逐渐加大，副食消费也在增加，而食品结构没有发生质的变化；传统耐用消费品（自行车、收录机）的普及率大幅度上升。这表明，改革开放之初，农村居民在收入水平快速提高之后，首先考虑的是改善其基本生活条件——住房和食品质量，并增加其在长期商品短缺和限量供应情况下未能满足的轻工业产品的消费，从而形成在整个消费水平大幅度提高情况下，住房和家庭用品支出比例快速上升、食品和衣着支出比例稳定下降的消费结构。此阶段，恩格尔系数下降缓慢，说明山西省农村居民整体进入温饱阶段。

（2）第二阶段（1985—1991年）：物质消费支出比例趋于

稳定，服务性消费支出比例稳定上升。具体来说，主要有：①食品支出比例达到改革开放以来的最低点，为52.9%，食品内部结构（包括主、副食品）无明显变化；②衣着支出比例基本稳定在13%左右；③前一阶段快速增长的住房支出比例较稳定；④用品支出比例稳定在7%～8%之间，这一时期农村传统耐用品如自行车等的占有量已接近饱和；⑤服务性消费稳步增长。这些情况表明，进入第二阶段之后，农村居民对基本生存资料的消费需求已达到阶段性饱和，吃、穿、住占消费支出的比重稳步下降，物质生活消费需求基本满足，而以精神文化生活为主的服务性消费呈快速增长的势头。

（3）第三阶段（1992—1999年）：食品支出比例波动上升，服务性消费支出比例稳步增加。根据一般规律，随着消费水平的提高，食品支出比例应该呈下降趋势。但这一时期山西省农村居民消费结构的最大变化是：恩格尔系数一改前两个时期逐步下降的趋势，从1987年的最低点52.5%又波动上升到1995年的63.15%。这一时期恩格尔系数上升的主要原因是我国农村居民的食品结构发生了质的变化：粮食、蔬菜等一般食品的消费量大幅度下降，营养丰富的肉禽蛋类、水产类食品的消费量大幅度增长。1992—1999年期间，肉食品增长37.35%，蛋类增长49.62%，农村居民的食品消费已由以前的吃饱转向吃好。食品结构质的改善使食品消费支出发生了大幅度提高，从而形成恩格尔系数波动上升的态势。同时，山西省农村居民住房消费也由前两个时期以数量增长为主，转变成数量增加和质量提高并重，这一阶段每户新建房屋增长了42.96%，新建房屋中钢混结构由1992年的15.72%上升到1999年的33.14%。居住条件的改善为耐用消费品进入农村居民家庭提供了存放空间。同时，房屋内部装饰布置和便利的卫生设施也已逐步进入农村居民家庭，高收入农村居民居住逐步趋向现代化。耐用品消费中彩电、摩托车、洗衣机等的普及率逐渐上升，交通通信、文教娱乐用品支出成倍增长，服务性消费支出保持稳步增长的势头。这些情况表明，这一时期山西省农村居民对生存资料的消费需求，已由前期的追求数量增加转到注重质量提高上来，同时也标志着山西省农村居民的整体生活水平已跨入温饱有余阶段。

（4）第四阶段（2000年至今）：随着农村居民的经济收入的增加，衣着、居住的消费支出稳定增长，而食品消费支出却大幅下降。一些新型耐用消费品正进入农村居民生活，包括空调、抽油烟机、吸尘器、计算机、小汽车、电话机、移动电话等，从无到有，超常规发展。在耐用消费品的需求和消费增量中，必需品比重逐步下降，享受性、发展性资料比重逐步提高，农村居民更加追求消费的多样性。交通通信、文教娱乐用品支出比例继续稳定增长。恩格尔系数的快速下降，表明山西省农村居民的整体生活水平已由温饱进入小康。

5.2.2　吃穿用住等消费支出的变化趋势

1978—2010年，山西省农村居民各类消费项目占总消费的比例发生了很大的变化。总的来说，食品、衣物占总消费的比例呈现下降态势，住房、家庭设备用品、娱乐服务、医疗及交通通信支出占总消费支出的比例呈现出上升的态势，通过观察农村居民吃、穿、住、用等方面消费支出的变化图（见图5-4、图5-5）来研究农村居民消费结构变化的一些趋势。

（1）食品支出。根据表5-5可知，居民的人均食品支出从1978年的62.03元上升到2010年的1373.95元，增长了21倍。但从食品支出占生活消费支出的构成（即恩格尔系数）变化看，随着收入和消费的增长，食品支出的比重总体呈下降趋势。按照恩格尔定律，这说明山西省农村居民的生活水平在逐步改善。但其中从1991年到1994年期间，恩格尔系数出现反弹，并没有

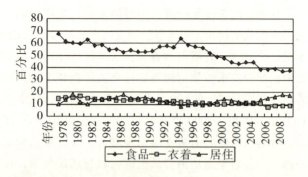

图 5 - 4 1978—2010 年食品、衣着、居住构成变动图

随收入的增加而下降。究其原因，从当时的经济形势来看，可归结为以下两点原因：第一，经过 20 世纪 80 年代末 90 年代初国民经济的徘徊发展，改革趋向深入，开放逐步扩大，刺激了农村居民消费动力，各项支出特别是食品支出大幅增长；同时由于食品质量的改善，引起了食品结构的调整，如肉类、蛋禽等的增加。第二，"八五"时期初是我国经济过热和不稳定时期，高通货膨胀率（1994 年高达 21.7%）、高物价使农民收入提高很快，从而促使农民在食品消费的结构和质量上改善，也在一定程度上导致恩格尔系数的上升。另外，住宅、教育等改革的滞后，限制了居民在教育等其他方面的支出。进入 20 世纪 90 年代中后期，随着各项配套改革措施的陆续实施，农村居民对消费品的选择度的扩大，食品支出的比重也相应开始不断下降。

（2）衣着支出。随着消费水平的提高，农村居民的衣着支出也会出现一定程度的提高，但不论从绝对量还是从构成上看，衣着支出的变化都不是很大。很显然，衣着支出构成变动显得很平缓，说明衣着的消费在农村还有很大潜力。

（3）居住。住房是农村居民最基本的生活资料，它的变化与构成是人们生活质量提高的主要标志。1978—2010 年，住房支出增长量很大，超过同期消费支出的增长幅度。从图5-4可以看出，居住支出比重变化可以分为三个阶段：1978—1990年为第一阶段，这一阶段住房支出占总支出的比重由1978年的9.75%迅速上升到1990年的15.52%。因为在20世纪80年代中期农民基本解决了温饱之后，历史遗留下的房屋问题就成了当时农民重点解决的对象。1990—1995年为第二阶段，这一阶段住房消费处于停滞甚至下降状态。在前期住房改造以后，由于收入增长较慢，农民对住房投入增加趋于减缓。1995年至今为第三阶段，这一阶段由于改革的全面深入，农村居民开始在房屋的耐用性、内部装饰等方面增加投入。这一时期居住投入比重比较稳定。

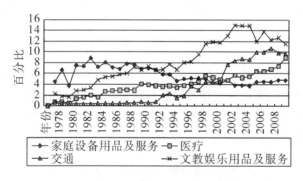

图5-5　1978—2010年家庭用品、医疗支出等构成变动图

（4）家庭用品支出。从数字上看，随着收入的增加，一些高档设备，如彩电、空调、家用电脑等开始进入农村家庭。但由于农村市场环境和配套措施的落后，这方面的消费支出增长几乎停滞。

（5）文教娱乐支出。由于20世纪90年代中期施行的教育体制改革，特别是大学教育的收费，使居民对子女教育费用的支出增长很快。这同时也说明，山西省农村居民对文化素质、科技水平进步和追求较高生活质量的重视。但也应看到，这部分支出增长过快，很大一部分是由于 90 年代后，教育改革使农村居民文化教育被动性消费支出比重提高。2007 年以后，国家实行教育补贴，这对于促进农村人力资本的改善、减轻农民的负担、带动其他类项目的消费增长发生了积极的作用。近年来，农村居民技能培训的消费逐年增加，也说明出现了其新的消费趋向。

（6）医疗保健、交通通信支出。进入 20 世纪 90 年代以来，医疗保健支出的增长较快，超过了收入增长速度，体现了居民对身心健康的关心程度。这也间接提高了农村居民平均寿命的提高，到 2000 年，农村人口平均寿命增长到 70 岁。另外，和文化教育的被动性支出相似，由于医疗价格的上涨，也使这部分支出被动性增长过快。随着山西省交通的发展，农村的交通工具从传统的自行车发展到摩托车、小型客车等；另外，通信设施的改善，也使得通信工具呈现多样化，这说明交通和通信的发展，给农村居民思想观念、生活方式带来了深刻的影响。另外国家对购买农具给予补贴，带动了农民在农具上的投资热，可见国家政策对于农村居民的消费有很大的诱导作用，并可能通过拓展人们的收入形式促进农村经济的发展。

5.2.3 自给性消费和货币性消费的变动

农村居民货币化消费程度又称消费的商品率或消费的商品化程度，是指农村居民生活消费支出中货币消费所占的比率，其比率的高低及其动态变化，能够反映农村居民自给性与商品性消费的比例及其演变过程，也能反映农村经济的商品化和消费城市化的程度及其变化趋势。[①] 居民消费支出形态是由收入形

---

① 中央政研室农业部农村固定观察点办公室. 十年来农户消费结构的变动及其影响 [J]. 中国农村研究，2000（7）：1-15.

130 山西省城乡居民消费问题研究

态决定的，农村居民既是生产者又是消费者的双重身份和农业生产经营方式的特点，决定了农村居民的实物收入在总收入中占有很大比重。因此，实物性消费即自给性消费在其消费支出中占较大份额。

1980年以前，农村居民的生活消费是以自给性消费为主；1980年以后，随着家庭联产承包责任制的普遍推行，农村商品经济得到了长足发展，导致农村居民现金收入增加较快，购买力迅速提高，农村居民生活消费逐渐转向以货币商品性消费为主。[1]

从表5-6可看出，随着居民收入的增长，自给性消费支出的比重会逐步下降，但仍会占相当大的比重。特别是食品的自给性消费下降慢，表现为主要粮食产品还是依靠家庭生产获得，副食品和蔬菜则很大程度通过货币的方式取得。

表5-6　农村居民货币性消费和自给性消费支出及构成

年份	货币性消费		自给性消费	
	支出（元）	构成（%）	支出（元）	构成（%）
1995	563.98	60.77	365.01	39.23
1996	782.39	62.03	391.90	37.97
1997	769.70	67.20	375.72	32.80
1998	741.21	70.16	315.24	29.84
1999	769.98	73.53	277.2	26.47
2000	901.59	78.47	247.42	21.53
2001	979.13	80.15	242.45	19.85
2002	1125.40	83.08	229.24	16.92
2003	1205.69	85.06	228.71	15.94

---

① 国家统计局课题组. 我国城乡居民购买力水平与变动趋势 [J]. 中国国情力，2002（1）：30-36.

表5-6(续)

年份	货币性消费		自给性消费	
	支出（元）	构成（%）	支出（元）	构成（%）
2004	1366.32	83.49	270.14	16.51
2005	1636.32	87.17	240.87	12.83
2006	2039.80	90.53	213.45	9.47
2007	2460.09	91.71	222.48	8.29
2008	2840.58	91.70	256.96	8.30
2009	3057.14	92.51	247.62	7.49
2010	3395.13	92.67	268.73	7.33

资料来源：根据《山西农村50年》、《山西统计年鉴》历年资料整理得出相关数据。

5.2.4　不同收入水平的农村居民的消费结构差异

以上是从纵向角度分析了农村居民消费结构的变化，从中可以看出各类消费品的增减变化趋势，从而洞察农村居民消费结构演化的发展趋向和规律。但为了在一个更大的时代背景下了解山西省农村居民消费的特点，更清晰地辨析农村居民消费的独特性，还需要从横向对比角度对其展开深入而细致的分析。

我们利用2010年山西省农村住户调查资料，按照人均纯收入的高低对2100户农户排队，按人口五等份分组，并在此基础上对农村居民的购买力及消费行为进行分析。

从分组数据看，农民购买力向高收入阶层集中，低收入阶层有消费欲望而购买力不足，高收入阶层消费潜力巨大。

2010年山西省农民人均纯收入为4736.3元。按一般规律若高于平均数与低于平均数的权重基本上相等（约为50%），则说明平均数的代表性就高；反之，则低。以此标准衡量山西省农民纯收入状况，有近65%农民的纯收入低于平均数，高于平均数的仅有35%，这说明，山西省农民收入处于一种极不平衡的状况（由收入直接或间接决定的其他指标，如购买力、生产生活消费等指标，也呈现出类似的分布状态），正是这种不平衡的分布，抑制了山西省农村消费潜力转化为现实的购买力，加大了开拓农村市场的难度。具体地说，低收入组和次低收入组这两组农民的恩格尔系数均在60%以上，耐用消费品的拥有量十分有限，说明他们的生活还停留在维持生存的消费阶段。这40%的农民拥有的购买力仅占总体购买力的21.41%，尽管如此，由于其消费欲望十分强烈（这两组的实际消费倾向均超过了1），他们形成的有效生活需求达到了30.88%，有效生产需求达到了27%，与其人口比重较接近。受购买力水平的限制，这两组农民在目前的条件下不可能对市场产生大的影响，不过，也不能因此而否定其购买潜力，尤其是次低收入组的农民，其人均结余购买力已达千元，户均购置上千元的商品已有财力保障。

在山西省农村居民收入水平整体提高的同时，农村居民高低收入者之间的差距也出现了逐年扩大的趋势。山西省农村统计年鉴的有关资料显示，山西省农村居民最低收入户（人均纯收入500元以下）和最高收入户（人均纯收入8000元以上）的收入差距呈现出日益扩大的趋势。农村内部收入差距扩大直接影响了农村居民整体消费倾向的提高，意味着作为政策的制定者不仅要关注农村居民作为整体人均收入水平的增长缓慢问题，更要关注农村内部最低收入者的生活贫困化问题，为他们构筑最后的社会安全防护网，确保农村居民尤其是贫困户居民整体生活水平的改善。

中等收入组农民整体生活已步入温饱阶段，处在这一阶段的农村居民消费仍以必需品为主。消费倾向接近1，说明其对各类商品的消费需求呈数量扩张，消费欲望较强，市场空间较大。

但该组农民人均纯收入低于平均水平，购买力及有效需求比重均低于其人口比重，恩格尔系数接近60%，说明有效需求不足。

次高收入组人均纯收入超过了平均水平，纯收入、购买力、有效需求等指标均在22%～23%之间，超过其人口比重，表现出一定的购买能力。这部分农民整体正向小康过渡，基本生活消费品已有保障，对消费品的需求已由数量增长型过渡到质量提高型阶段。

高收入组农民占20%的人口但拥有近40%的纯收入和购买力，人均结余购买力近6000元，具有购置高档耐用消费品和大中型农业机械的能力。然而遗憾的是，该组形成的有效需求仅有30%，常见的耐用消费品的普及率最高也仅达到50%多，这恐怕已不是收入的问题了。只要消费环境能得到改善，其购买潜力极易转化为现实的购买力。

总之，除低收入组外，其他四组农民都有相当的结余购买力，与其现有的较低的生活水平（表现为恩格尔系数高、耐用消费品的普及率低）形成了巨大的反差，说明除收入外还有更重要的抑制农民现期消费的因素。

5.2.5 农村居民消费水平和消费结构的地区性差异

我们仍以2010年山西省农村住户调查资料为依据，选择纯收入、购买力、当期形成的购买力、生活消费支出、生产消费支出、实际消费倾向、结余购买力、恩格尔系数、彩电等耐用消费品的普及率为特征指标，考察了不同地势（平原、丘陵、山区）的购买力状况（见表5-7）。

通过表5-7中有关指标的计算与比较，我们发现，自然条件较好的平原地区，农民收入水平高，生活水平居于领先地位。平原地区农民的购买力、当期形成的购买力、生活消费支出、生产消费支出及彩电、洗衣机、摩托车的普及率也明显高于其

表 5-7 2010 年按地势区分的农村居民购买力及消费行为

	平原	丘陵	山区
纯收入	2157.63	1805.21	1693.42
购买力（元/人）	3998.33	2817.71	2705.08
当期形成的购买力（元/人）	2292.00	1652.55	1415.51
生活消费支出（元/人）	1238.18	1033.32	949.86
生产消费支出（元/人）	493.18	341.72	225.12
实际消费倾向（元/人）	0.7554	0.8321	0.8301
结余购买力（元/人）	2130.80	1545.83	2013.59
恩格尔系数（%）	49.03	56.11	62.16
彩电普及率（%）	43.11	35.92	36.11
洗衣机普及率（%）	49.84	31.53	23.00
摩托车普及率（%）	16.56	15.58	6.00

资料来源：根据 2011 年《山西统计年鉴》相关数据计算得出。

他两个地区，显示出较高的消费水平，尤其是恩格尔系数已降至 40% 以下，说明该地区整体生活已步入小康水平。该区域实际消费倾向最低，因而结余了较多的购买力，购买潜力较大。但以彩电、洗衣机、摩托车等为代表的耐用消费品的普及率依然偏低，消费数量偏少，对此就不能归咎于收入的制约，而应是其他因素的制约，如农民预期支出增加、消费环境不理想（如硬环境方面用电上的限制，软环境方面商品不适销对路、售后服务跟不上等）、消费心理不成熟等，笔者将另文详细阐述。

山区农民收入水平、消费水平最低。山区农民由于收入水平低，因而其购买力也相当有限，表现为其当期形成的购买力、当期生产、生活消费支出远远低于其他两个地区。从理论上讲，该地区农民本该消费欲望十分强烈，结余购买力应该十分有限，而我们计算的实际消费倾向与结余购买力恰恰说明了相反的事实：山区实际消费倾向仅为 0.8301，低于丘陵地区，与平原地区基本持平。这更进一步说明，山区农民的生活水平除了受收入水平的制约外，收入预期、消费环境、消费心理等其他因素对消费行为的影响也很大。丘陵地区各项指标位于平原与山区之间，其实际消费倾向最高，说明对各类消费品的消费需求呈数量扩张，消费欲望较强，市场空间较大。该区农民也存有相当的结余购买力，需采取有效措施启动其消费潜力。

运用多元统计方法中的主成分分析法和系统聚类分析法，选取人均耕地面积、有效灌溉面积占耕地面积的比重、劳均农业机械总动力、劳均农村用电量、农村经济纯收入、非农产业劳动力占农村劳动力的比重、百元费用提供的农村经济总收入等14个综合指标，对山西111个农业县的农村经济发展水平进行了客观的评估，把这111个县按经济发达程度归为5类：城郊区为主的经济发达型、平川区为主的经济较发达型、初具特色的资源开发型、农业为主的经济欠发达型、山丘区为主的经济落后型。我们分别从这5类地区中各选一个县，对其消费行为进行了比较（见表5-8）。

表5-8　不同经济发展水平的地区农民购买力消费水平

	太原南郊	运城市	稷山县	浑源县	柳林县
纯收入（元/人）	3021.10	2283.91	1702.75	1315.58	995.52
购买力（元/人）	8118.17	3142.20	2633.21	1843.32	1767.70
当期形成的购买力（元/人）	4631.57	2145.81	1465.12	785.09	1085.14
生活消费支出（元/人）	2188.25	1345.73	860.66	741.06	1025.03
生产消费支出（元/人）	605.17	327.36	335.04	189.82	155.06
实际消费倾向（元/人）	0.6029	0.7801	0.8167	1.1872	1.0866
结余购买力（元/人）	4470.98	1606.65	1411.52	1235.69	863.58
恩格尔系数（%）	36.20	49.28	50.71	76.32	67.53

通过对表 5-8 的计算与比较，我们发现，一方面，经济越发达，消费水平越高，结余购买力越多；反之，经济越落后，消费水平越低，结余购买力越少。可见，要想扩大内需，启动农村消费市场、发展经济、提高农民的收入水平应当是重中之重。另一方面，实际消费倾向与经济发展水平呈反方向变动，消费欲望强烈的地区（浑源县、柳林县）缺乏购买能力，而有购买能力的地区（太原南郊、运城市）消费欲望较弱。这种购买能力的不均衡分布，加大了山西省农村市场开拓的难度。

5.2.6 农村居民消费的市场地位分析

1. 农村居民消费与全国其他省份的比较

为了考察山西省农村消费市场在全国的地位，我们这里把全国除港澳台以外的 31 个省、市、自治区 2009 年农村居民的人均纯收入、人均生活消费支出、支出构成、现金收入和现金支出等几项指标作为描述性变量，对 31 个省区进行系统聚类，共聚为 6 类，结果如下：

第一类：上海。

第二类：北京、浙江。

第三类：天津、湖北、江苏、福建、广东。

第四类：安徽、河北、内蒙古、辽宁、吉林、黑龙江。

第五类：江西、山东、湖南、广西、海南、四川。

第六类：山西、河南、青海、重庆、贵州、云南、西藏、陕西、甘肃、宁夏、新疆。

聚类结果按从高到低的顺序排列，结果表明：一类地区，上海郊县是我国农村最发达的地区，人均纯收入为 12 482.94 元，比全国平均水平 5253.17 元高出 7229.77 元，人均消费支出 9642.98 元，比全国 3505.84 元高出 6138.14 元，而且这种差距还在扩大，其情况较为特殊，单独归为一类。

二、三类地区是我国经济较发达的地区，农村居民收入高，消费水平也较高，农村总体上已基本实现小康。北京、浙江的人均纯收入都在 11 000 元以上，高出全国 1 倍以上，消费支出位居全国前三位。其恩格尔系数已经小于 0.3，生活水平较高。三类地区人均纯收入除湖北稍低外，都在 5000 元以上，人均消费水平在 3000 元以上。

四类地区代表着全国的平均水平。各省区农村居民的人均纯收入与全国水平较为接近，其消费水平也和全平均水平大体相当，主要分布在我国东北地区。其人均耕地较多，农业生产较为发达，有的是全国农牧业的示范省份。其中很多农产品流通渠道畅通，多为出口型农业生产。

五类地区收入的平均水平比全国平均水平稍低，生活消费支出大都在 2100 元左右，比全国平均水平低 1000 多元，较二、三类更有一定的差距。

六类地区是我国农村经济发展比较落后的地区。这些地区的农民人均纯收入、购买力、生活消费支出均低于全国平均水平，我国农村贫困人口多分布在这些地区，农村经济发展较为缓慢，离实现小康还有一定的差距。这一类共有 11 个省份，除山西、河南两省外，其余 9 个省份均分布在我国西部地区，在这 11 个省份中，山西省农村人均纯收入位居第 7 位，消费支出也仅比支出最低的甘肃高 800 元左右。

以上聚类分析研究结果说明：山西省农村居民无论是人均纯收入还是消费水平相对于全国来说都是比较低的，仅相对地比西部地区稍高，和中东部地区许多省份还有很大差距，属于我国中东部地区最为落后的省份之一，这对于山西省快速发展的目标以及国民经济的长远发展都极为不利。

2. 农村居民消费水平与我国三大地带的比较

根据经济和地域的差异，我们习惯把全国划分为东、中、西部三大地带。东部包括京、津、沪、苏、辽、浙、闽、鲁、粤、桂、琼 11 个省、市、自治区，中部包括冀、晋、豫等我国沿海经济较为发达地区，农村居民收入和消费水平都远高于西部；西部是我国地理和自然条件较为恶劣，经济发展较为迟缓的地区，其发展水平较东部差距较大。

山西省属于中部的农业省份，但由表 5-9 可见，2011 年山西省农村居民收入和消费水平仍然是中东部地区比较落后的省份。

从收入水平可以看出，山西省农村居民人均纯收入比东部地区低 40.68%，比中部平均水平低 548.65 元，以山西省收入为 1，则东部、中部、山西的收入比为 1.69∶1.13∶0.9。另外，从收入的构成情况看，收入越高的地区，其工资性收入就会越高。东部地区工资性收入比全国高出 1481.85 元，比中部高出 1640.66 元，比山西省高出 1753.17 元。工资性收入占纯收入的比重，山西省为 42.18%，高于全国 2.18 个百分点，低于东部 7.34 个百分点。山西省家庭经营收入占收入的比重高达 45.23%，高于东部 6 个百分点，说明山西省农村收入来源主要以农业生产为主，而东部收入来源逐渐转为报酬性收入为主。工资性收入的比重已成为衡量一个地区农村工业化和城镇化的最重要的指标之一。

在中部 10 个省份中，山西省农村居民收入位居第 10 位。收入水平的制约也使得山西省农村消费支出极低，和全国水平及三大地区相比较，仅比西部高出 409.68 元，东部、中部、山西三项比较比例为 1.56∶1.01∶0.87，中部 10 个省份中，消费支出最高的湖南是山西的 2.35 倍，山西排在倒数第一位。

表 5 - 9　2011 年山西与我国三大地带收入和消费水平的比较

单位：元

	全国	山西	东部	中部	西部
人均纯收入	5153.17	4245.10	7155.53	4792.75	3816.47
生活消费支出	3993.45	3305.76	5148.62	3622.00	3238.69
工资性收入	2061.25	1789.93	3543.10	1902.44	1233.75
家庭经营收入	2526.78	1919.76	2817.18	2519.46	2121.10
生活消费现金支出	3505.84	3057.14	4771.52	3098.24	2647.46
食品支出	1636.04	1225.60	2047.75	1539.46	1395.86

资料来源：根据国家统计局相关统计数据计算整理。

山西省家庭经营费用支出（主要是生产费用支出），几乎和西部持平，比东部及全国平均水平低了很多。这种状况使山西省农业生产投入较弱，影响了山西省农业生产的稳步提高和增长，也限制了以农业收入为主要来源的农民收入的快速增长。值得注意的是虽然山西省消费支出较低，但税费支出却比东、西部及全国水平都要高，达到 106.5 元，比东部高出 19.89 元，比西部高出 20.16 元，整个中部省份都呈现出类似的状况。过重的税费支出挤占了生产和生活消费支出的增长，造成山西省农村居民在收入水平较低的情况下，很难能提高生活消费支出。这种状况如果不迅速地改变，只会影响山西省整体市场的实现程度和发展进程。

3. 山西省农村居民消费与周边省份的比较分析

为了更好地研究山西省农村居民消费情况在本地区所处的位置，从中找出山西省与其他省份的差距所在，我们这里将山西省与周边省份农村居民消费进行对比研究，主要侧重于生活消费水平及消费结构的比较分析。

山西省周边省份主要是指北京、天津、河北、内蒙古、陕西、河南六省市。其中北京、天津两市农村居民收入和消费水平均高于山西省和其他省份，河北、内蒙古是经济发展较快的两省，但其消费支出的许多方面与山西省有许多相似之处。河南是和山西省最为相似的一省，其实际情况和变动过程都有一些相同的地方，我们以 2009 年农村人均纯收入和消费进行分析。

如表 5 - 10 所示，在人均纯收入上，山西省与周边省份存在着较大差距，仅与河南省较接近。与收入水平较高的北京市相比，人均纯收入仅是北京市的 36%，说明山西省农村居民单从收入绝对水平上，与北京市至少相差 10 年左右的水平。

表 5 - 10　　　　山西与周边省份的消费结构对比

	全国	山西	北京	天津	河北	陕西	河南
人均纯收入(元)	5153.17	4211.1	11 668.59	8687.56	5149.67	3437.55	4806.95
生活消费支出(元)	3993.45	3305.76	8897.59	4273.15	3349.74	3349.23	3388.47
食品(元)	1636.04	1225.60	2808.92	1848.11	1195.65	1175.29	1220.36
恩格尔系数	40.72%	37.06%	31.57%	43.25%	35.69%	35.09%	36.02%

资料来源：根据国家统计局相关统计数据计算整理。

收入差距的拉大，也同时使农村居民消费支出表现出较大的不同，与周边省份比较可以发现山西省农村人均生活消费支出最低，消费支出的不同也造成了支出构成的偏差。食品支出的绝对量上，山西省表现较低，食品支出和消费支出的比重，即恩格尔系数，经济发达地区表现较低。

在耐用消费品拥有量上，山西省农村居民拥有量基本与全国平均水平持平，与北京市、天津市也存在着较大差距（见表 5 - 11）。

表 5 - 11   2010 年山西农村每百户居民耐用消费品

与全国及周边省份对比

	全国	山西	北京	天津	河北	陕西	河南
洗衣机(台)	53.14	78.62	100.80	99.50	85.18	69.01	79.45
电冰箱(台)	37.11	25.52	105.67	85.33	41.45	19.23	35.43
空调机(台)	12.23	3.90	86.53	55.50	8.50	5.41	15.05
摩托车(辆)	56.64	57.10	29.87	51.33	62.67	47.34	51.95
移动电话(部)	115.24	95.29	208.53	129.67	91.19	140.81	126.24
家用计算机(台)	7.46	6.24	52.27	12.50	6.05	5.59	5.05

文教娱乐支出上,山西省虽然增势强劲,但仍表现出较低的水平,比全国水平略低。

在消费支出的其他方面,山西省也表现出较低的水平。总体来说,发达地区的农村居民在满足了基本的生活需要后,开始追求较为优越的生活条件和较高层次的精神满足,而山西省农村居民仍在为衣食住行而努力。

5.2.7　农村居民消费结构的评价

根据收入水平的不同层次,将消费结构定义为四种类型。

第一种类型:简朴型消费结构。其特征主要是:居民收入水平较低,消费支出投向单一,绝大部分是生存性消费,食品支出占相当大比重;恩格尔系数较高,在 0.7 以上;居住、教育等其他支出较少,消费环境质量低劣。

第二种类型:粗放型消费结构。其基本特征是:居民收入水平不高,消费支出投向选择较单一,仍集中在生存性消费上,发展和享受型消费较少;恩格尔系数大于 0.6,耐用品在量上增长较快,但质量较差、档次较低。这种方式主要表现在单纯消费品数量的扩张,在质量等其他方面较不讲究。

第三种类型：集约型消费结构。其基本特征是：居民已经解决了温饱问题，收入水平较高，生存性消费支出比例逐渐下降；恩格尔系数处于 0.5～0.6 之间，耐用消费品在量上增加的同时，开始注重质量和档次。

第四种类型：舒适型消费结构。其基本特征是：居民收入水平较高，生存性消费比例特别是食品等支出下降，发展型和享受型消费比例提高较快，恩格尔系数小于 0.5；耐用消费品出现饱和，主要是质量和款式的更新；其他方面支出比例上升，如文化教育、娱乐、旅游支出等。

通过四种类型的分析，可以发现山西省农村居民的消费结构从 1980 年以前的粗放型消费结构，已经发展到现在的集约型消费结构，并向舒展型消费结构逐年过渡。近年来，农村居民消费中，文化生活服务性消费增长快于物质生活消费，农村居民的消费需求逐渐由满足基本生理需求的层次向追求发展和享受的层次发展。同时农业生产率的提高，使得农民生活的闲暇时间大量增加，电视等现代化消费设备的普及，使农民的文化水平和信息获取量在潜移默化中提升，有利于建立具有现代文明的农村消费结构。在国家新农村建设政策的大力推行下，农村生活环境有了显著改善，有利于促进现代化消费在农村的推进。

总之，山西省农村居民的物质生活均有较大的改善，目前山西省农村居民消费结构进入小康阶段后期，并逐步向富裕阶段过渡。虽然其表现出区域性和长期性的特点，但已经开始出现过渡，具体表现为消费结构变化加快，需求结构趋向多层次、多样化、个性化，消费社会化稳定提高，在总消费中商品性消费部分不断加大。

5.3 农村居民消费水平和消费结构的实证分析

在前面分析的基础上，我们还要利用消费理论的数学模型，对山西省农村居民消费水平和消费结构作实证分析，以期进一步揭示农村居民的消费特征和基本变动规律。对于农村居民消费结构的研究，国内许多学者一般从全国和各省份两个角度进行研究。从全国角度进行的研究主要有刘芳、焦中信等运用扩展线性支出系统对我国农村居民消费结构进行的实证分析，并预测了 2008—2010 年我国农村居民消费结构的变化趋势。闫新华、杭斌运用 GMM 方法实证分析了中国农村居民的各项消费支出，表现出显著的内部习惯形成。郭爱君、武国荣通过建立中国农村居民消费行为的 AIDS 模型，比较研究了"九五"规划和"十五"规划两个时期中国农村居民七大类商品消费的动态特征等。而许多学者就各省的实际情况分别对湖南、吉林、黑龙江等省份农村居民消费结构进行了研究，如程启智、陈敏娟运用 ELES 模型，对湖南省农村居民消费结构进行了分析；付会霞、张彦明、彭民对黑龙江省农村居民的消费支出结构进行了定量分析等。由于山西省的区域特点和农村经济发展状况不同于其他省份和地区，未见关于山西省农村居民消费结构的系统研究，为此，对山西省农村居民消费结构的变动趋势进行研究，对优化山西省农村居民消费结构、促进全省经济发展具有一定借鉴参考作用。

5.3.1 模型的理论分析

前面已分析，农村居民消费结构是农村居民在消费过程中的多种消费资料和劳务的构成或比例关系，可以用各项生活消费支出所占比重来表示。它是由生产力发展水平、农民收入水平、消费品价格等因素共同起作用的，因此对消费结构的定量分析，是一个较复杂的过程。在这一分析中，能够较广泛被接受的计量模型主要是扩展线支出系统，相对于其他模型 ELES 模型有着明显的优越性：它可以直接运用截面资料进行参数估计，还可以用来进行边际消费倾向分析、需求收入弹性分析、基本需求分析；同时，它还考虑了价格变动对消费结构的影响，并且能够在没有价格资料的情况下，利用居民截面收支数据资料进行需求的价格弹性分析。因此，我们认为扩展线性支出系统是目前较为优越的一种分析方法，下面我们将运用此模型对山西省城乡居民的消费结构进行分析。

我们以山西省农村居民消费结构的各支出项目：食品、衣着、家庭设备用品及服务、医疗保健、交通通信、文教娱乐用品及服务以及其他商品和服务分别作为因变量，以农村居民人均纯收入作为自变量进行线性回归。我们选取 2006—2010 年山西省农村消费支出和人均纯收入数据作为模型估计的时间序列数据，采用 Eviews6.0 统计软件进行估计（见表 5 - 12、表 5 - 13）。

表 5 - 12　2006—2010 年山西省农村居民 ELES 参数估计值

项目	a_i	b_i	R^2	$\bar{R}^2$	S. E	F	D. W
食品	96.643 (5.930)	0.259 (18.970)	0.9302	0.9276	67.4366	359.8740	0.333
衣着	19.6276 (5.851)	0.059 (25.372)	0.9597	0.9582	11.5390	643.7190	0.6354
居住	13.383 (2.099)	0.069 (15.635)	0.9005	0.8969	21.9240	245.450	1.8948
家庭设备	15.061 (6.346)	0.0221 (15.295)	0.8833	0.8790	7.6221	205.3591	0.9286

项目	a_i	b_i	R^2	$\bar{R}^2$	S. E	F	D. W
医疗	-6.722	0.0373	0.9528	0.9511	7.8721	545.3692	0.8571
保健	(-2.937)	(23.353)					
交通	-25.512	0.056	0.8243	0.8178	25.6967	126.6696	0.3137
通信	(-3.554)	(11.255)					
文教	-20.049	0.0892	0.9506	0.9488	19.2954	520.0443	0.4291
娱乐	(-3.574)	(22.804)					
杂项	-2.354	0.0152	0.8599	0.8547	5.8277	165.7118	1.2962
	(-1.389)	(12.873)					
合计	89.07	0.6068					

注：表中括号中的数据为该项的 t 检验值（该表是通过用 Eviews 3.1 做出各种模型，消费倾向是指消费支出占总收入的比重；边际消费倾向＝消费的增量/收入的增量，这里由模型估计而得）。

表 5－13　2006—2010 年山西省农村居民消费支出 ELES 参数估计值

		2006	2007	2008	2009	2010
食品	α_i	625.172	765.928	857.924	873.128	903.245
	β_i	0.077	0.075	0.088	0.085	0.086
衣着	α_i	106.605	122.031	100.729	120.749	129.436
	β_i	0.038	0.040	0.043	0.038	0.039
居住	α_i	51.191	96.415	169.931	32.905	33.926
	β_i	0.081	0.091	0.078	0.135	0.139
家庭设备	α_i	35.076	15.752	33.668	32.044	35.096
	β_i	0.021	0.030	0.026	0.031	0.033
医疗保健	α_i	85.150	113.586	126.513	106.179	105.292
	β_i	0.021	0.019	0.025	0.034	0.037
交通通信	α_i	85.725	23.310	2.865	81.596	79.243
	β_i	0.042	0.068	0.081	0.059	0.063

		2006	2007	2008	2009	2010
文教娱乐	α_i	128.141	99.943	98.528	118.211	120.376
	β_i	0.069	0.078	0.070	0.071	0.070
杂项	α_i	23.630	13.102	23.215	21.171	25.473
	β_i	0.007	0.014	0.012	0.012	0.013
$\sum\limits_{i=1}^{n}\beta_i$		0.356	0.416	0.423	0.464	0.480

表5－12是模型的估计结果及有关统计检验量的数据。

从模型的拟合情况看，在给定5%的显著性水平条件下，各方程的F检验值均通过检验；参数和I系数的t检验值除个别没有通过检验外，其他均能通过检验。总体上说明，模型的回归结果基本上能够反映消费结构的历史规律。

参数β_i反映的是八种消费品的边际消费倾向。可以看到，食品的边际消费倾向远大于其他七种消费品，说明山西省农村居民的消费重点仍然是食品，这也是山西省农村居民的恩格尔系数居高不下的主要原因。此外，相比较而言，居住和文教娱乐两种消费品的边际消费倾向较高，说明随收入提高，人们开始重视居住条件的改善和教育水平的提高，这对于农村消费结构的改善和经济的健康发展具有十分重要的意义。总的来说，随着改革开放的深入，农村居民的消费倾向处于较高水平，但大多都集中在食品、住房等生活必需品方面，说明山西省农村居民的消费结构还处于比较低的阶段。

5.3.2　模型的估计及分析

1. 边际消费倾向分析

从表5－13的总边际倾向来看，2006—2010年的山西省农村居民总边际消费倾向 $\sum_{i=1}^{n} \beta_i$ 呈现出持续递增趋势，从 2006 年的 0.356 增加到 2010 年的 0.480，增长了 12.4%，说明山西省农村居民新增收入中消费倾向不断增加，但目前还没有突破 50%，整体来说收入对农村居民消费的拉动力明显不足。从各项消费支出的边际消费倾向来看，2006—2010 年期间呈现出不同程度的递增，影响到各类消费需求支出按照边际消费倾向值大小排列的顺序。其中增长幅度最大的是居住，从 2006 年的 0.040 增长到 2010 年的 0.142，增长了 10.2%，2009 年超过一直处于排在第一位的食品支出，一跃成为第一位，表明山西省农村居民随着收入的提高，最迫切的需求就是改善居住条件、提高居住质量；次之增长幅度较大的是医疗保健、交通通信、文教娱乐和家庭设备，表明农村居民消费开始呈现出由生存型向发展型和享受型转变的趋势；而食品、衣着增长幅度最小，表明目前农村居民对食品只是要求满足基本要求即可，对衣着不讲究，比较注重衣着的实用性，不太注重对衣着的时尚和品牌的追求。

2. 基本消费支出比重分析

居民基本消费需求支出是指为了保证劳动力的正常再生产，居民对物质产品和劳务所需要的最基本消费额。本书根据公式计算 2006—2010 年各类消费品基本消费支出额，得到山西省农村居民的基本消费总支出和各个类别的基本消费支出，它们都是不断上升的，说明农村居民的基本生活保障水平在不断提高。为了进一步反映基本消费支出对农村居民生活的重要性程度，本书采用两个指标，一个是基本消费支出占实际消费支出的比重，用 $A = p_i r_i / V_i$ 表示；另一个是基本消费支出结构（指各类消费品的基本消费支出/基本消费支出总额），用 $B = p_i r_i / \sum p_i r_i$ 表示，结果见表 5-14。

表 5 - 14 2006—2010 年农村居民各类消费品基本需求所占比重(%)

		食品	衣着	居住	家庭设备	医疗保健	交通通信	文教娱乐	杂项
2006	A	87.485	76.335	62.966	70.753	80.503	72.929	71.950	78.519
	B	43.054	9.854	11.009	3.997	6.829	9.061	15.163	2.033
2007	A	88.972	77.283	66.703	63.560	85.161	61.912	69.182	66.703
	B	43.332	9.700	13.639	3.746	7.212	7.900	12.433	2.038
2008	A	88.067	75.419	73.728	69.314	82.181	60.103	70.076	72.553
	B	43.866	8.403	15.740	5.013	7.621	8.195	10.998	2.164
2009	A	88.578	77.552	68.621	77.580	70.575	71.978	63.043	72.092
	B	40.268	6.509	15.733	5.314	7.473	9.012	15.627	2.064
2010	A	88.634	78.153	68.769	78.523	71.927	72.579	65.743	70.192
	B	40.801	9.387	18.274	5.151	9.778	10.635	12.492	2.39

从表 5 - 14 可见，山西省农村居民各项基本消费支出占实际消费支出的比重均超过了 50%，说明目前农村居民的消费支出还是以满足基本的生活保障为主。其中，2006—2010 年食品、衣着、居住、家庭设备基本消费支出占实际消费支出的比重基本没变，且较大；而居住、医疗保健、交通通信、文教娱乐基本消费支出占实际消费支出的比重有所下降，表明近年来政府加大对农村的医疗保健、交通、教育等基础设施的投入，使农村居民对享受型、发展型的满足基本消费需求逐步降低。从 2006—2010 年的农民各项消费品的基本消费支出占总基本消费支出的比重来看，其呈现出不同的变化特点，其中食品、衣着、居住比重有所下降，而家庭设备、医疗保健、交通通信、文教娱乐、杂项的比重在上升，其中居住增长幅度最大，增长了将近 4%，表明农村居民原有住房条件较差，收入增长后首先要改善居住条件，提高住房质量，满足住房的基本需求。

3. 需求的收入弹性分析

需求收入弹性是指在其他条件不变的情况下，居民收入每变动1%，引起的相关商品需求量变动的百分比，记为 η_i。其计算公式为：

$$\eta_i = \frac{\partial V_I}{\partial I} \cdot \frac{I}{V_i} = \beta_i \frac{I}{V_I}$$

由表5-13的估计值代入算式，可得到八大类消费商品各自的需求收入弹性。结果见表5-15。

表5-15　2006—2010年农村居民各类消费品需求的收入弹性

	食品	衣着	居住	家庭设备	医疗保健	交通通信	文教娱乐	杂项
2006	0.282	0.533	0.835	0.659	0.439	0.610	0.632	0.484
2007	0.265	0.545	0.776	0.875	0.380	0.915	0.746	0.800
2008	0.297	0.636	0.653	0.763	0.443	0.991	0.774	0.682
2009	0.292	0.574	0.946	0.803	0.574	0.753	0.717	0.714
2010	0.297	0.584	0.957	0.812	0.631	0.796	0.709	0.772

从表5-15计算所得的八类商品及服务的收入弹性值均为正值，表明山西省农村居民收入增加将带动各类商品及服务的消费支出增加。从2006—2010年各项农村居民消费品需求的收入弹性值变化来看，它们都在不同程度地增长，说明农村居民的消费动力正在逐渐增加，其中增长幅度较大的依次是居住、家庭设备、文教娱乐、杂项，这与前面的分析相吻合，这表明农村居民收入增加后在各类消费品中对住房的需求程度相对而言要更强烈。随着增加居住支出后，就会相应地增加对家庭设备的需求，同时农村居民越来越注重子女的教育方面的消费支出，这些方面具有很大的购买潜力。但目前各项消费支出的收入弹性值均小于1，说明目前山西省农村居民增加收入后消费潜

力仍不足，其上升的空间和潜力非常大，这也是山西省目前拉动内需急需启动的市场空间。

4．需求的自价格弹性分析

需求的自价格弹性是在消费者收入和其他商品价格不变的条件下，第 i 类商品的价格变动 1% 引起的该商品的需求量变化的百分比，记为 η_{ii}。其计算公式如下：

$$\eta_{ii} = \frac{\partial V_I}{\partial p_i} \cdot \frac{p_i}{V_i} = (1 - \beta_i) \frac{p_i V_I}{V_I} - 1$$

由表 5-13 的估计值代入算式，可得到八大类消费商品自价格弹性值。结果如表 5-16 所示。

表 5-16 2006—2010 年农村居民各类消费品需求的自价格弹性

	2006	2007	2008	2009	2010
食品	-0.193	-0.177	-0.197	-0.189	-0.193
衣着	-0.266	-0.258	-0.288	-0.254	-0.267
居住	-0.421	-0.385	-0.320	-0.335	-0.342
家庭设备	-0.307	-0.384	-0.325	-0.250	-0.297
医疗保健	-0.212	-0.174	-0.198	-0.336	-0.395
交通通信	-0.301	-0.423	-0.448	-0.331	-0.363
文教娱乐	-0.330	-0.362	-0.348	-0.454	-0.471
杂项	-0.220	-0.342	-0.283	-0.288	-0.292

从表 5-16 计算结果可以看出，上述八大类商品自价格弹性值均为负数，说明各类商品的需求量与价格之间的关系为负相关关系。从 2006—2010 年的各项商品支出的自价格弹性值来看，各个消费支出价格弹性值变化方向不同，它们按自价格弹性值从大到小排序位次发生了很大变化，2006 年依次是交通通信、居住、家庭设备、医疗保健、衣着、文教娱乐、杂项商品、食品，2010 年依次是文教娱乐、医疗保健、居住、交通通信、

杂项商品、衣着、家庭设备、食品，其中一直趋于增长变化趋势的是居住、文教娱乐和杂项，说明山西省农村居民对这几类物品自身价格的变动越来越敏感，农村居民对这几类物品存在较强的需求欲望，但支出额受价格的约束很大，如果此类商品降价，可以较大幅度地提高其消费需求；家庭设备、交通通信先增长后降低，说明这两项商品逐渐成为农村居民的生活必需品；与之相反，医疗保健是先降低后增加，可能主要原因是随着农村医疗体系不断完善和加大医疗方面的补贴以满足农村居民基本要求后，开始关注医疗保健品等奢侈品；食品、衣着自价格弹性值基本不变且一直排位靠后，表明食品、衣着消费不易受自身价格的影响，目前农村居民只要求满足基本需求即可。

5.3.3 实证分析的主要结论

通过对 2006—2010 年山西省农村居民消费支出结构变化趋势的实证分析可得如下结论：

（1）居住、医疗保健、交通通信、文教娱乐和家庭设备的边际消费倾向呈现出上升趋势，其中住房增长幅度最大，表明农村居民最迫切的需求就是改善居住条件，提高居住质量。

（2）从基本消费占实际消费的比重和基本消费支出结构两个指标来看，虽然农村居民的基本生活保障水平在不断提高，但是目前农村居民的消费支出还是以满足基本的生活保障为主，整体消费能力较弱。

（3）各项农村居民消费品需求的收入弹性值呈现出不同程度的增长趋势，居住、家庭设备、文教娱乐、杂项增长幅度较大，衣着、食品、交通通信和医疗保健增长幅度较小。但所有各项消费支出的收入弹性值均小于 1，说明目前山西省农村居民增加收入后消费潜力不足。

（4）各项消费支出价格弹性值变化方向不同，居住、文教娱乐和杂项呈现出一直增长趋势，家庭设备、交通通信呈现出倒 U 形曲线的变化特点，医疗保健呈现出 U 形曲线的变化趋势，而食品、衣着基本不变。

5.4　目前农村居民消费存在的主要问题

通过对农村居民消费结构的模型估计和分析，可以看出，从整体上，山西省农村居民收入和消费水平正逐步好转，消费结构得以合理改善，这得益于各项农村政策的落实和执行。但由于多种因素的影响，消费结构仍不尽合理，存在着许多影响消费水平提高、阻碍消费结构合理化的问题。

1. 食品消费支出比重偏大，恩格尔系数居高不下

恩格尔系数是居民食品支出占生活消费支出的比重，它是衡量一个国家或地区居民消费水平高低和结构合理性的一个重要指标，已被国际上广泛使用。按照目前的标准，恩格尔系数处于 0.5～0.6 之间为温饱阶段，处于 0.4～0.5 为小康阶段。从变动趋势看，山西省农村恩格尔系数呈现明显的下降态势，到2002 年农村基本上仍处于温饱阶段，还没有达到小康标准。说明到目前为止，山西省农村基本上仍处于温饱阶段，还没有实现小康水平，发展较为缓慢。

2. 农村居民传统的"跨代消费模式"制约着农村居民消费结构的变动①

目前，农村消费的最基本单位还是家庭。虽然近年来农村家庭的人口规模趋小，核心家庭增多，但是，做出重要消费决策的还是中、老年人。消费者行为的"生命周期"原理在农村

---

① 耿晔强. 山西农村居民消费结构研究 ［D］. 太原：山西大学，2005.

表现为"跨代消费模式"。农民一生中有两件大事，一是子女的婚事，二是为儿子娶亲而盖房和购置耐用消费品。绝大多数农村居民的消费支出都发生在"婚嫁"和"盖房"上。它的影响表现在农村居民消费结构上就是：从单个家庭看，消费支出过度集中；从农村居民整体看，消费结构趋同。这种"跨代消费模式"迫使农村居民不得不压缩正常的生活消费，节衣缩食去进行短时期的"过分消费"。这是农村居民消费生活中非常突出的问题，必须给予高度重视和认真对待。

3. 服务消费中被动消费比重大，影响到山西省农民消费能力的提高

医疗费用价格上涨和农村在九年制义务教育中不切实际地达标，使得农村居民医疗费和学杂费等被动支出大幅度增长。医疗费用价格上涨，且目前医疗保险没有覆盖全部农村居民，农村合作医疗没有完全重新启动，农民生老病死全由自身负担，山西省农村居民医疗保健占消费总支出的比例在20世纪90年代呈上升趋势。我国银行利率连续下调，还开征了利息税，目的是促进消费，但货币增值功能的弱化，使人们对自身经济安全的估计进一步恶化，人们对于现金消费更加谨慎，更倾向于以储蓄求安全。山西省农民负担控制得较好，2002年农村居民人均负担52.67元，占当年人均纯收入的2.45%，占2001年人均纯收入的2.69%，远低于国家规定5%的比例①。

目前，农村居民生活服务中的50%和文化服务中的接近80%是医疗费和学杂费支出。因此，农村居民服务支出在消费结构中的比重上升和服务支出的高弹性均不能说明农民消费能力的提高。而且农村居民被动消费支出的增加，会在很大程度上挤占其他消费。服务性消费支出增长过快是导致农村消费品

---

① 孙建文. 山西农户消费结构分析 [D]. 晋中：山西农业大学，2003.

市场萎缩的一个重要原因。

4. 耐用消费品在消费结构中比重下降，影响农村市场的开拓

近年来，国家将开拓农村消费品特别是耐用品市场作为刺激内需、促进经济增长的重要手段。但从山西省农村居民消费支出结构看，进入21世纪以来，山西省农村居民在耐用品上的支出占生活消费中的比重非但没有升高，反而呈现下降趋势。在农村耐用消费品拥有量较低的情况下，耐用品支出比重下降是不正常的。一方面，近年来收入增长缓慢影响了农村居民的收入预期和即期消费；另一方面，农村基础设施和消费环境的不配套也影响了农村居民对耐用消费品的需求，如电压不稳定和电费高影响了电器的使用，电视信号不清楚影响了电视机的购买，没有上、下水管道影响了洗衣机的使用。

当然，消费结构中存在的问题不仅仅是以上几点，还包括其他更深层次的问题。消费结构不合理的原因是多方面的，是许多综合因素共同影响的结果，其中，最为主要的因素还是农村居民收入水平低、增长速度慢。不论从绝对量上还是从相对水平上来看，山西省农村居民收入水平都是极为低下的。2010年人均纯收入仅相当于城镇居民收入的30.27%，不但低于全国平均水平，在中部地区也是收入最为落后的少数几个省之一。收入水平的低下，使农村居民不得不把收入的绝大部分用于基本生活消费支出。上述基本状况是造成目前农村市场呈现"疲软"态势的主要原因。

6 农村居民消费行为的
   影响因素分析

6.1 农村居民的消费理念分析

在调查中发现，在山西省的一些偏远农村有这样一种现象，有的农民在自己的衣食住行上能节省就节省，但是在人情往来和婚丧嫁娶上却一点不含糊，尽量使自己做得体面，大操大办，铺张浪费，人情往来不断。在落后的消费习惯影响下，一些农村居民步入了消费的误区，这种消费主要基于以下原因：

6.1.1 谨慎消费心理在作怪

传统文化观念根深蒂固，在短期内不可能消除，这种传统观念对山西省农村居民消费的影响是人们对消费生活的认识、观点以及由此而形成的指导消费行为的思想规范，它直接影响和决定农村居民的消费行为。众所周知，我国的传统思想文化强调艰苦奋斗，强调艰苦朴素的优良传统，反对奢侈和浪费，强调积累，崇尚节俭，提倡"量入为出"和"无债一身轻"式的谨慎消费。

经过调查发现，山西省农村居民的消费呈现出典型的俭朴型特点，一生中的消费无非是聚集在几个方面，即吃饭、建房、婚丧嫁娶、子女上学等少数几件大事上。农村居民"谨慎"消费心理的产生必然带来他们消费行为的谨慎，具体又表现在如下方面：

（1）重实用。由于受我国传统文化思想和现有的收入水平的影响，山西省的农村居民消费"重实用"。尽管市场上商品很多，但农民们只要认为这种商品不合乎自己的心意，或者是外观美观也挺合乎自己心思的，但是只要是自己暂时用不着或用途过少的，一般不会购买，即使有支付能力，也不急于购买，他们比较注重消费实惠和产品的使用效能。这一点在衣着上可见一斑，主要是注重结实耐穿。在临汾市古县的下冶乡和晋城市的大阳镇的调查中发现，有81.5%的农民在购买消费品之前需要考虑的因素是功能实用和使用方便，可见农民比较看重消费品的功能和使用方便。

（2）重质量。随着农民思想觉悟和警惕意识的提高，农民特别注重消费品的质量和信誉，他们要尽可能地使自己辛辛苦苦挣来的钱的效用发挥到极致。比如农民们在购买现阶段被视为"奢侈品"的家用电器和农用车等耐用消费品时，尤其小心，不反复弄清真伪、性能、品牌、耐用程度，决不轻易去购买，因为这样的消费不是经常发生的，要多年才能有一次，因此要深思熟虑。在问卷调查过程中有95.3%的农民对质量特别关注，不难看出农民们还是把消费品的质量放在首位，而对于外观、技术和品牌等因素则不是十分在意。

（3）重长远。农村居民在购买实用和质量好的产品的同时要注重长远问题，由于农村居民的保障制度没有城市完善，他们不但要考虑自己的问题还要考虑子女的问题，不但要考虑现在更要考虑将来，这些问题的出现都是因为大多数农村居民的预期收入低而支出大造成的，农村居民不仅要为自身的养老、治病等进行储蓄，还要考虑到子女的上学、结婚、盖房等消费问题而进行积累。前者的原因是农村保障制度的缺位，后者则是因为教育的收费、地价的上升和现代结婚费用的提高等。这就使农村居民不得不牺牲眼前的消费而顾及长远的利益。

（4）重替代。农村居民的艰苦朴素、勤劳肯干的作风众所周知，他们如老黄牛日出而作日落而息。但是由于农村居民的收入的限制、传统美德的保持和社会保障的缺位，他们不敢有任何奢侈和浪费的想法，无论是生产用品还是生活用品，只要是在使用中可以替代的，尤其是功能方面可以替代的，农民们大都倾向于不增加购买。这样的消费观从表面上看节省了消费，而且使得自己原来的消费品的功能发挥到了极致，但是由于其性能不能完全满足要求，因此即使他们花了钱，但生产效率和生活水平总是不高。这是因为农村居民对消费的科学性、合理性还缺乏较深的认识理解，现代农业和现代家庭生活的意识相对滞后。

综上可知，农村居民具有很强的谨慎消费心理，农村居民对未来的预期判断如果不是很清晰或者是对未来没有把握的时候，就会自动收缩银根，缩小消费支出，省吃俭用。但是农民还不会把节省下的钱都存入银行，而是放在自己的手里，因为银行的利率较低和农村服务跟进措施的欠缺，他们在衡量所得与所耗之间的利与弊之后，觉得意义不大，于是在没有好的投资和消费去处的情况下，农村居民则将另外一部分钱留在家中，伺机寻找出路。因此一般情况下，农村居民手中的钱都"握得很紧"。这种"谨慎蓄积"心理的产生，就会使得农民大量即期消费推迟，不利于拉动内需，不利于农村的发展和新农村的建设。农村居民放到手中的这部分货币甚至远比存入银行的数额还大。政府部门统计的农村储蓄余额，实际只是农民手中货币的一部分。这是一笔可观的潜在消费，只有在消除了谨慎消费心理后，农民们才有可能将它动员到消费中来。

6.1.2　出现畸形的储蓄心理

1. 山西省农民收入增长的速度虽然不快，但农民的储蓄额仍在不断增长

农村居民的储蓄如果不是为了投资、保值，就是应对未来的不确定性，他们进行储蓄大多以济幼、养老和防范意外为主要目的，或者是应对未来收入的不确定性，从而导致消费的低迷。根据对回收的问卷的分析可知，山西省近年来随着农村的发展和城乡差距的缩小，农村居民的婚嫁费用以及祖辈、父辈的医疗保健、丧葬费用的预期也在逐渐增加。同时，又随着国家政策对农村的倾斜，农民的福利得到了大的改善，为农民带来了实实在在的实惠，但是这还远远不能改变城乡二元化的现象，不能真正地解决农民的实际问题。如果遇到地震、洪水等不可抗拒的风险时农民基本上依靠家庭积累，在收入本来就不高的情况下，他们必然会出现上述提到的谨慎消费。山西省的农村居民会储蓄一部分收入用于抵御各种不可预料的风险，甚至有"饿着肚子存钱"的现象发生。这样，虽然农村居民的收入有所提高，但是他们的消费支出占收入的比重的确相对较低。

2. 家庭子女数量减少及对家庭责任认识发生变化

当今的农村居民不像过去在养老问题上对子女那样依赖，而是基本上靠自己生活，只有实在是不能自理的时候才依靠子女，家庭的养老功能正在弱化。由于我国还处在社会主义初级阶段，社会产品还不丰富，山西省农村居民的生活水平大多处在温饱线上，因此社会上还很难在短期内承担这部分功能，这使得农民对今后的生活缺乏明确的预期而存在普遍的不安全感，农村居民只能靠有限的储蓄换取心理上的满足。此外，新的合作医疗体系还没有完全形成，农民家庭成员生病又完全依赖家

庭收入支付，加之医药费用大幅上涨，这一切都导致储蓄畸形发展。在问卷调查过程中发现，农民们储蓄还有一个主要的目的，那就是盖房子和娶媳妇。这是因为山西省农村居民家庭观念非常强，特别是偏远地区的农村居民更是把家庭看作第一位，他们把房子看作是经济政治地位的象征，对晚辈的婚事特别是儿子娶媳妇看得特别重。盖房子和儿子娶媳妇往往是在紧密相邻的年份中进行，这需要支付一笔数额巨大的费用，为此，农民平时一般较少消费，倾向于储蓄。

3. 消费观念落后，甚至还存在着少数愚昧消费

目前，山西省农村居民的消费观比过去有很大的进步，总的来说是健康的，正朝着消费合理化的方向发展。但是也必须看到，由于历史的、传统的以及社会经济条件的影响，农村仍然不同程度地存在着种种不合理消费的观念，在生活意识和行为方式上存在一定的盲目性和愚昧性。农村还存在着封建迷信等污染性的消费支出，如有的农民不惜花钱大搞封建迷信活动，请巫婆、拜法师、求神问卦；有的造坟修庙，甚至人还活着，坟已修好；有的大搞"白色消费"，丧葬费用，毫不吝惜。有些农村虽然不富，甚至还较贫困，但对封建迷信活动却舍得投入。还有一些人利用纸牌、麻将，进行赌博。上述这些消费是只重视物质消费，忽视精神文明消费，从而使得消费变成了畸形消费、愚昧消费，这些不良消费的存在和蔓延，必然影响农民消费水平、消费质量的提高，影响农村消费需求的扩大。从临汾市古县、洪洞县的调查发现，在不少农民家庭，每年的随礼钱成了一大负担，有的家庭一年的礼金就相当于全年人均纯收入。家里如果没有钱，出门借也得把礼金随上，而且送礼的名目越来越多，有婚丧嫁娶、生儿育女、孩子老人过生日、建房、乔迁等。有的家庭没有什么名目就自找名目，如子女去读一个自考的学校，家长也将其作为一个项目来收取一部分礼金；有的

甚至家里的牛产牛犊也要办酒席，以便收取以往随出去的礼金。调查显示，每年的人情消费名目中婚丧嫁娶为 63%、生儿育女为 9%、乔迁为 6%、孩子上学为 12.5%、压岁钱为 3.5%、生日为 6%。据调查回收的问卷可知，孩子上大学所随礼金也是多少不等，少则 50 元，多则上百元。由于盲目攀比，不少农村家庭因此返贫。一些农户为孩子娶媳妇可能要把全家人多年辛苦攒下的积蓄全部用光，还要欠下外债。当地的农民也知道这是不正常的消费，每当谈起这些消费就觉得难受。无论是随礼者还是受礼者，其实这些钱谁也没有剩下，只是把这些钱拿出来大家一起吃喝掉了。这种不必要的消费就是一种挥霍浪费的糊涂账。

6.2　消费环境对农村居民消费行为的影响

消费环境直接影响着农村居民的消费行为，良好的消费环境能够增加农村居民的消费需求以及农村居民的收入，帮助农村居民建立合理的消费方式和消费结构，为农民提供便利，节省农民的时间和费用，从而对农民的消费行为起到促进作用。现阶段山西省农村居民的消费环境主要存在着下面几个问题：

6.2.1　商品流通体系和服务体系不完善

山西省某些地区存在商品流通体系和服务体系不完善的现象。在山西省的某些地区农村消费品流通渠道狭窄、市场建设滞后，制约了农村居民的消费欲望。其主要表现为总体市场规模小，市场体系不完备。由于城乡差距的出现使得商业网点集中在城市，而农村的商业网点缺乏、售后服务差。很多商业网点像断了线的珠子，散落在农村，没有真正形成网络。尽管农村地区也有超市，但其规模比较小，货品不全，存在质量低劣、价格昂贵等问题。除此之外，一些农村市场组织化程度低，存在低层次的、较原始的现场讨价还价交易方式的初级集贸市场，且数量少、分布不均。这些商品流通网点存在着很大局限性，难以适应社会化大生产、大流通的需要。

山西省的农村商品流通体系和服务体系方面主要存在的问题有：

首先，网上购物、连锁经营、电子商务等新型的消费方式在农村还没有建立起来，农村的商品流通还是沿袭着过去那种经营品种单一、布局不合理等形式。超市等消费方式还是较多在城镇出现，小卖店的形式在农村比较多；再有就是针对一些易过期的食品，农村的商店一般不愿进货；啤酒可能很长时间才能卖掉一箱，蛋糕等食品更是不能及时更新。

其次，缺乏适销对路的商品，使农民遭遇"买难"的尴尬，其积极性受到损害。由于城乡二元化等现象，农村消费市场一直落后于城市，企业产品在设计生产过程中只是考虑到具有较大消费能力的城市居民，很少以农村居民为消费对象，这样的商品就很难适应农村居民的需要，束缚了农民的消费支出。在一些市场上的商品特别是家电商品，大都操作复杂，说明书上满是专业术语或英文，大多数文化素质低的农民看不懂、不会用，使很多农民消费者望而却步。对于现阶段的农村居民来说，消费所需的是耐用、经济实惠、物美价廉、操作简单的商品，要启动这个消费市场，就要根据农户实际需要提供有效供给。只有商品供给满足农村的消费需求，才能刺激农民消费的积极性，扩大农村消费市场。

最后，农村消费市场的售后服务差。农村不像城市一样有售后服务点，而且就是在某些地区有售后服务点，打电话也不一定能把维修人员找来，甚至有了问题根本就找不到人。这样的售后服务，会削弱农户购买耐用消费品的热情。就算能够找到维修人员，但是因为维修费用高、维修难、维修质量难保证等也会使得农村居民望而却步，从而影响了农民的消费积极性。因此，送货上门、安装调试、定期回访等售后服务如果跟不上就会影响农民对工业消费品的需求，从而制约了农民消费需要的满足，这也不利于开拓农村市场和发展农村经济，更别说建立社会主义新农村了。

6.2.2 假冒伪劣商品充斥农村市场

不只是在山西省，就是从全国来看，农村地区都会出现假冒伪劣商品，这些商品必定会充斥着农村市场。在山西省的农村调查中发现，不仅有假化肥、假种子，就是连一些服装、食品、日常用品等都会出现假冒伪劣的现象；而且在一些城市中使用过的骗术也转移到了农村。这些现象的出现，致使农民出于自我保护的本能而不敢消费。通过仔细分析，出现这种现象的原因主要有以下几点：

首先，假货的价格过于低廉。由于农村居民的收入低，在购物过程中就会选择低廉的商品，只要当时好用就行。这在一定程度上为假货在农村地区的存在提供了生存空间。

其次，假冒伪劣产品在城市已经没有生存的空间。城市的市场经济体制更加完善，市场规范更加健全，特别是正规的大型超市出现后，假冒产品在城里的生存空间越来越小，并最终被挤压出局，只好转战到农村地区。

再次，农村消费市场信息不对称。农民朋友的鉴别能力有限，眼界不宽阔，很多农户对消费品的品牌、质量、特色、功能、使用方法等方面的基本情况缺乏了解，有的不法商贩直接弄一个假品牌配上一个复杂难懂的外文说明书，使得农村居民更加不易鉴别商品的好坏。

最后，对商品的监管不到位。工商、质检等执法部门一般都在城市，很少到农村地区对消费品进行监管，这样又会为假冒伪劣商品提供生存的沃土。不少农村地区，尤其是交通不便利的贫穷落后地区，由于空间相对比较封闭，和外界接触得较少，再加上农民朋友的文化水平较低，商品知识少，对假冒伪劣商品的识别能力有限，自我保护意识和能力不强，就会使得大量的假冒伪劣商品，如假酒、假烟、过期变质食品充斥市场，欺诈骗销问题突出，坑农害农的现象时有发生，屡禁不止。因此，消费硬环境不好，各种欺诈现象充斥着农村市场，挫伤了农民的消费积极性。

6.2.3　配套基础设施建设滞后

随着农村居民收入的增长，农村的生活水平也不断提高，山西省的农民家庭消费正向小康型消费结构过渡，生活日趋现代化，彩电、冰箱、洗衣机、摩托车、电话机、空调、手机等耐用消费品日渐成为消费热点。但是由于配套设施的严重滞后，使得一些消费品很难真正完全发挥它们的功能。其中一个重要的制约因素在于农村电网设施落后，电压不稳；许多地区电视信号弱，还要额外收费；移动电话信号弱，有些山区没有基站；还有一些地区，尤其是山西省一些贫困地区连人畜饮水都困难，根本没有条件使用洗衣机和热水器，就是农村居民有条件购买这些消费品也用不上，更何况有的还要有上下水道等配套设施。深入分析就会发现，滞后的农村基础设施也是造成许多耐用消费品难以被消费的深层次原因之一。在偏远地区还有很多是土路，每逢下雨就车不通、人难行，给农民们的生产生活带来了很多不便。尽管山西省大多农村地区的公路已经是村村通了，但是有很多修好的公路不到两年又是坑坑洼洼，车辆难以前行。因此加强农村基础设施已刻不容缓，这也是扩大山西省农村消费需求乃至扩大内需的一个重要内容。

6.2.4　自然生态环境恶化

农村由于一些特殊原因导致的自然生态环境包括水、土、阳光、空气及森林、草原等各种生物所组成的与人们生产或生活息息相关的自然环境和生态系统遭到破坏。临汾市、太原市、运城市的环境污染问题已经提了很多年，但满目发展粗放式的产业模式，使得这些地市的农村环境污染问题多年得不到解决，甚至逐年恶化。以上这些现象，都严重影响着农村居民的生产和生活水平的提高。

6.3　收入对农村居民消费行为的影响

现代西方经济学的消费决定理论认为，在供给充分的情况下，主要由需求来决定消费。而需求的决定因素又主要是消费者的收入水平及消费品的价格，在价格水平一定的情况下，收入就成为消费者需求和消费行为的主导因素。按收入的不同形态，可把收入划分为持久收入、暂时收入、现期收入、过去收入等形态。

6.3.1　持久收入和暂时收入与消费的关系

弗里德曼的"持久收入假说"理论认为，人们的消费支出主要不是同他的现期收入有关，而是同他的可以预计的未来收入，即"持久收入"有关。消费者是从他的可以支配和预期的全部收入的角度来安排现期消费的；从较长的时期看，收入的变量是相对稳定的。即是说，消费同持久收入成固定比例关系。而同暂时收入相关较低，因为暂时收入是不稳定的和没有保证的，会随经济状况呈现较大的波动。因此，分析把握收入不同部分的性质及其与消费需求的关系，具有十分重要的意义。

1. 模型的建立

本节分析持久收入、暂时收入同消费间的关系的基本理论模型为：

$$C = F(Y)$$

$$Y = Y_P + Y_t$$

式中，C 为消费，Y 为收入，Y_P 为持久收入，Y_t 为暂时收入。持久收入是消费者可以预料到的、连续的、带有常规性质的收入；暂时收入是一种非连续的带有偶然性质的收入。这里，我们把收入看作是影响消费的唯一因素，而把影响消费的其他变量割舍掉。通过模型的分析，主要来检验：①消费对于收入不同部分的敏感性；②持久收入和暂时收入的消费倾向关系。

2. 持久收入和暂时收入的估计

下面我们具体分析山西省农村居民消费与持久收入、暂时收入的关系。由于很难得到与持久收入、暂时收入相对的实际统计数据。我们这里采用的是弗里德曼的估计方法，对于时间序列数据，第 t 期的持久收入 Y_t^P 为：

$$Y_t^P = \lambda Y_t + \lambda(1-\lambda)Y_{t-1} + \lambda(1-\lambda)^2 Y_{t-2} + \cdots +$$

$$\lambda(1-\lambda)^n Y_{t-n} \qquad (0 < \lambda < 1)$$

即：$Y_t^P - Y_{t-1}^P = \lambda(Y_t - Y_{t-1}^P)$ \hfill (6.1)

弗里德曼在对模型估计过程中采用不同的 λ 值进行估计，选取 R^2 最高的作为消费函数，此时相对应的 λ 值为 0.333。故可采用收入的三阶段移动平均值来近似表示持久收入、暂时收入为现期实际收入与持久收入之间的差值。根据以上方法计算的山西省农村居民持久收入、暂时收入情况见表 6 - 1。

从表 6 - 1 可以看出：①农村居民的持久收入一直呈上升趋

势，但近年来持久收入增长幅度减缓；②农村居民暂时收入的波动很大，近 5 年绝对数水平很低，已处于历史的较低水平，表明农村居民暂时收入受经济环境变化的影响较大；③农村居民收入中持久收入的比重在近年来所占的比重都较大；④农村居民暂时收入的比重波动很明显，近几年来基本呈下降趋势，2009 年仅占总收入 5.70%，说明农村居民来自其他方面的收入很少。

表6-1　山西农村居民持久收入、暂时收入估算表

年份	人均纯收入（元）	Y_P（元）	Y_t（元）	Y_P 构成%	Y_t 构成%
1995	1208.67	1039.187	169.483	85.98	14.02
1996	1557.19	1256.44	300.75	80.69	19.31
1997	1738.26	1501.37	236.887	86.38	13.62
1998	1858.6	1718.017	140.583	92.44	7.56
1999	1772.62	1789.827	-17.207	100.97	-0.97
2000	1905.6	1845.607	59.99	96.85	3.15
2001	1956.05	1878.09	77.96	96.01	3.99
2002	2149.82	2003.823	145.997	93.21	6.79
2003	2299.4	2135.09	164.31	92.85	7.15
2004	2589.6	2346.273	243.327	90.60	9.40
2005	2890.7	2593.233	297.467	89.71	10.29
2006	3180.9	2887.067	293.833	90.76	9.24
2007	3665.7	3245.767	419.933	88.54	11.46
2008	4097.24	3647.947	449.293	89.03	10.97
2009	4244.1	4002.347	241.75	94.30	5.70
2010	4736.3	4359.21	377.087	92.04	7.96

3. 消费与持久收入和暂时收入的关系

根据弗里德曼的持久收入假定，以及从 1995—2010 年山西省农村居民的现期消费和持久收入、暂时收入部分之间的相关系数和对数散点图看，它们之间的关系基本呈对数线性关系，因此，建立双对数持久收入计量模型（为消除非线性因素的影响）：

$$\ln(C_t) = \alpha + \beta_1 \ln(Y_t^P) + \beta_2 \ln(Y_t^t)$$

其中，C_t 表示消费者的现期消费，Y_t^P 和 Y_t^t 分别是现期的持久收入部分和暂时收入部分，α、β_1、β_2 表示参数。利用山西省农村居民 1995—2010 年消费与收入数据代入上式，进行回归分析，结果如下：

$$\ln(C_t) = 0.75 + 0.831 \ln(Y_t^P) + 0.096 \ln(Y_t^t)$$
$$(3.136)\ (27.26) \qquad\quad (4.013)$$

$$F = 386.324 \quad R^2 = 0.982 \quad S.E. = 0.0876$$

从结果看，回归方程的拟合度较高，且 F、t、$S.E.$ 值都能通过了显著性水平为 5% 的检验，说明方程的回归效果较好。1995—2010 年期间持久收入的边际消费倾向为 0.821、暂时收入的边际消费倾向为 0.097，即表明在这一时期内，持久收入每变化 1%，农村居民消费则会变化 0.83%；暂时收入每变化 1%，农村居民消费则会变化 0.096%，消费的暂时性收入弹性低于持久性收入弹性。

从估计的结果中可以看出，农村居民消费对持久收入和暂时性收入的敏感性相差很大，持久收入的敏感性明显很强，这符合持久收入假说的基本结论，说明山西省农村居民在消费问题上仍然采取谨慎的态度，一般都是以满足衣、食、住等基本生活条件为主，对将消费重点向高档耐用消费品和住房改造、文娱投资等方面还是持着相当谨慎的态度；同时，也体现出山西省农村居民消费观念落后，主要以传统的精打细算为主要理财方式，再加上山西省农村居民的低收入，农村居民的持久收入一般都用于现期消费，基本上没有多少储蓄资金。这种生活状况使农民即使有强烈的改善生活、提高消费品档次的希望，也因为对未来的不确定性而很难提高暂时性收入的消费倾向。

6.3.2 相对收入对消费影响的时间序列分析

杜森贝里曾明确地表达他的相对收入假定的第一个命题：在既定的相对收入分配之下，一个家庭从收入中储蓄的百分比与其在收入分配中所占的百分比，趋向一个单一的、不变的和递增的函数关系；被储蓄的百分比不受收入绝对水平的影响。相对收入假定的横截面函数关系形式认为：个人储蓄率不仅与其收入水平相关，而且与其在收入分配中的相对位置相关。

随着改革开放的不断深入，城乡之间、城镇居民内部、农村居民内部收入分配差距拉大，消费的示范效应增强，相对收入的假定对现在农村居民的消费情况有着更多的现实意义。

$$S/Y = a + b(Y/\bar{Y}) \qquad\qquad (6.2)$$

式（6.2）中 S 表示个人储蓄和收入，Y 表示平均收入，上式为储蓄函数，与其相对应的消费函数形式为：

$$C_i/Y_i = (1 - a) + b(\bar{Y}/Y) \qquad\qquad (6.3)$$

$$\bar{Y} = \sum Y_i/n \qquad (1 - a > 0,\ b > 0)$$

式（6.3）中，C_i/Y_i 表示各个不同收入水平组居民的平均消费倾向，也叫消费率；$(1-a)$ 为平均消费倾向中不依相对收入变动而变化的部分；$\bar{Y}/Y_i$ 为总平均收入与各个不同收入水平组居民的收入之比，表明各个不同收入水平组居民的相对收入状况；系数 b 表示平均消费倾向依相对收入状况变化的程度，按相对收入假定，当收入差距扩大时，b 值应相应上升，表示消费示范效应加强。将山西省农村居民1995—2010年按收入水平分组后的相应数据代入上式，进行回归，得表6-2。

表6-2　　山西省农村居民相对收入与消费的关系

年份	1-a	b	R²	S. E	F	DW
1995	0.603(13.016)	0.178(14.506)	0.956	0.118	210.356	1.061
1996	0.337(4.322)	0.281(15.953)	0.962	0.2	256.356	0.798
1997	0.416(4.813)	0.253(9.897)	0.906	0.218	97.613	1.355
1998	0.509(26.621)	0.260(36.323)	0.993	0.043	1321.976	1.688
1999	0.316(1.397)	0.445(6.879)	0.825	0.55	48.316	2.671
2000	0.033(0.162)	0.680(13.745)	0.949	0.537	186.823	2.052
2001	0.296(2.399)	0.609(49.596)	0.997	0.04	1913.578	1.24
2002	0.021(0.093)	1.260(9.076)	0.957	0.307	83.296	1.834
2003	0.167(1.706)	1.082(18.924)	0.988	0.128	324.769	1.261
2004	0.265(0.990)	1.421(9.971)	0.961	0.401	99.423	1.092
2005	0.767(7.512)	0.236(2.899)	0.737	0.829	8.409	1.731
2006	0.525(47.559)	0.265(33.420)	0.997	0.011	1120.236	3.212
2007	0.539(37.186)	0.250(23.906)	0.995	0.015	572.702	2.097
2008	0.571(13.846)	0.242(8.537)	0.96	0.038	74.863	2.647
2009	0.570(53.062)	0.261(36.402)	0.998	0.011	1324.161	2.503
2010	0.556(81.422)	0.267(56.783)	0.999	0.007	3114.396	2.467

注：根据1996—2011年《山西统计年鉴》的相关数据计算得出。

从表6-2中各项检验值来看，除个别年份外均获得较好的回归结果。结果表明，第一阶段（1995—2004年）农村居民b值呈波动上升趋势，由1995年的0.178上升到2004年的1.421，表明农村居民的收入差距开始拉开，消费的示范效应加强。第二阶段（2005—2010年）农村居民的b值基本上在0.25上下波动，变化不明显，但与第一阶段的农村居民b值相比较来看，仍然是大幅度下降的。第二阶段中2005年农村居民b值从0.236到2010年的0.267，而不依相对收入状况而变化的平均消费倾向部分（1-a），下降幅度较小，这些都表明城镇居民自

2005 年开始消费示范效应相对而言是减弱的，并且农村消费的示范效应在经过一段时间的弱化后，农民更趋向于理性消费，跟风、攀比现象日益减少，于是第二阶段 b 值的变化十分平稳。

6.3.3 过去收入对消费影响的分析

过去收入是指现期收入以前年份的收入。大多经济理论都承认过去收入对消费的影响是巨大的，过去收入具有重要地位。系统地研究过去收入与消费的关系是杜森贝里和莫迪里安尼。杜森贝里是从"消费不可逆性"解释过去收入对现期消费的影响。他认为，过去的消费水平对现期消费具有很强的"示范效应"，即使现期收入出现较大波动，也不会影响消费水平的剧烈波动，而它会"承继"过去消费的延伸影响。[①]

我们这里引用霍尔的"随机游走"模型，经简单修改后，来考察山西省农村居民的现期消费与过去收入的关系。"随机游走"模型如下：

$$C_t = \alpha + \beta_1 C_{t-1} + \beta_2 Y_{t-1} + \beta Y_t \qquad (6.4)$$

式（6.4）中，C_t 为现期消费，C_{t-1} 为前期消费，Y_{t-1} 为前期收入，其他为待估参数。

可以看到，霍尔在模型中不但引入了收入同时也引入了消费因素，他认为过去收入和过去消费对现期消费都会产生一定的影响。我们这里采用山西省农村居民 1995—2010 年有关收入和消费的资料代入模型，得出如下结果：

$$C_t = 97.64 + 1.131 C_{t-1} + 0.128 Y_{t-1} + 1.106 Y_t$$
$$(2.63)\ (3.91)\qquad (1.132)\qquad (5.516)$$
$$R^2 = 0.872 \quad \overline{R^2} = 0.865 \quad S.E. = 84.61 \quad DW = 1.624$$

---

① （美）多恩布什，费希金，斯塔兹. 宏观经济学 [M]. 王志伟，译. 北京：中国人民大学出版社，2000.

各参数能通过显著性水平为5%的检验，方程总体回归效果良好。结果显示，过去收入对现期消费的影响不是很大，滞后一期的消费水平对现期消费的影响很大，过去消费每增加1元，将导致居民的现期消费增长1.131元。这说明山西省农村居民由于消费的"不可逆性"，导致现期消费对过去消费的依赖性较强。

6.4 非收入因素与农村居民消费行为的关系分析

居民消费不但受到收入因素的影响，还受到其他经济因素和非经济因素的影响。显然与收入因素相比，其他因素的重要性不如收入因素，但这些因素会从另一方面影响居民消费水平，在一定条件下，甚至会超越收入因素而变成制约消费的首要因素。因此，在研究收入因素对消费行为的影响时，对非收入因素也必须给予足够的重视。

在分析了收入因素的影响后，我们进一步对其他因素，如利率的变动、价格的预期、税费增长率等作分析，以揭示它们对山西省农村居民消费行为产生的影响。

6.4.1 利率

一般认为，利率对消费的影响是确定的，利率的变动会引起平均消费倾向的反方向变化，即利率上升，消费相对减少；利率下降，消费相对增加。按照西方古典经济学派的观点，利息率是影响储蓄数额最主要的因素，储蓄率的高低会导致消费的上涨和下跌。

但在我国居民对利率的敏感性并不是很强的情况下，利率的高低，能够在多大程度上对居民特别是农村居民的消费行为产生影响呢？近几年，中国人民银行连续多次降低利率，试图拉动储蓄向消费的转化，但成效并不是很显著。原因可能是多方面的，但我国居民特有的消费习惯是其主要因素。

为了考察利率的变动与山西省农村居民消费之间的关系，我们这里采用下面的双对数模型进行实证分析：

$$\ln C = \alpha + \beta_1 \ln Y + \beta_2 \ln R \qquad (6.5)$$

式（6.5）中，C 和 Y 分别为人均消费支出和人均纯收入；R 为一年期储蓄存款利率；一年中若有多次利率变动，则按简单平均法计算平均值。这里利率采用年名义利率，不考虑各年通货膨胀率。分别代入 1995—2010 年山西省农村居民的相应数据进行 OLS 回归，结果为：

$$\ln C = -0.079\,34 + 0.945 \ln Y + 0.164 \ln R$$

$$(-0.131) \quad (31.163) \quad (3.914)$$

$$R^2 = 0.987 \quad \overline{R}^2 = 0.986 \quad S.E. = 0.041 \quad F = 567.27$$

$$DW = 1.472$$

上式中，$\ln R$ 的系数表明：①$\ln R$ 的系数比 $\ln Y$ 的系数小得多，即利率每变动 1%，将会影响消费水平变动增加 0.164%；而收入水平每变动 1%，将导致消费水平增加 0.945%。两相比较，可以说明农村居民消费对利率的敏感性比对收入的敏感性要弱得多。②利率的系数为正数，说明消费与利率呈正相关关系，同方向变动，即利率上升，消费将增加而不是下降；反之，利率下降，消费也随之下降。这是与传统利率理论相违背的。

上述分析的结论在一定程度上支持了夏皮罗、阿克利等人认为的利率对消费的影响具有不确定性的论点，即山西省农村居民的消费行为对利率的敏感性较弱，利率的变动对消费的影响具有很强的不稳定性和变动性，通过利率来调节消费的愿望并不现实，这也是为什么多次大幅降低利率，却难以刺激和促进内需的原因的另一种解释。

6.4.2 价格

改革开放以来，山西省由于消费品价格及其相关商品的价格逐渐放开，价格形成机制逐步走向市场，波动的幅度比较大。价格成为农村居民消费需求的重要因素之一。调查显示，农村居民的消费需求受价格因素的影响较大。从山西省的实际情况来看，农村居民消费总体上还处于初级阶段，价格对其购买行为有重要的影响作用，他们倾向于购买经济、实用的消费品，而不大讲究花色、款式或品牌，农村居民日常消费的烟、酒等都是较便宜的低档商品。在购物不方便的地方，他们不倾向于一次性大量购买其喜爱而且价廉的商品。

我们用 1995—2010 年居民消费支出和滞后一期的价格指数进行回归分析价格对消费支出的效应，得如下结果：

$$C = 157.82 - 4.439 P_{t-1}$$

$$R^2 = 0.813 \quad S.E. = 39.64 \quad F = 6.8 \quad DW = 1.814$$

上式中，C 为 1995—2010 年山西省农村居民消费支出，P_{t-1} 为 1995—2010 年的零售物价指数。

回归结果表明，价格每变动 1 个单位，将影响消费水平反方向变动 4.439 个单位，即当价格上涨 1 元，人们的消费需求将下降 4.439 元，两者呈负相关。这从另一层面反映了山西省农村居民对价格的反应较敏感，说明在当前大多数农民收入总体水平还较低的情况下，消费品大多是价格较为便宜和低档的生活必需品，至于一些高档消费品，由于农民支付能力的限制，还没有能力消费。

6.4.3 税费增长率

随着切实解决农民增收问题的逐渐深入，山西省政府采取了一系列的优惠农民政策，出台的减税政策的确发生了一定的效力，但是这项政策对于解决农村居民消费不足问题是否有推动力，动力多大，就需要对农民消费支出与税费支出进行回归相关分析。由于税费支出变化率更能反映整个税费发展的走向趋势，所以选取其为自变量进行分析。

$$C = 1483.762 - 13.629Y$$

$$(18.612) \quad (-1.483)$$

$$F = 2.214 \quad R^2 = 0.195 \quad S.E. = 262.03$$

上式中，C 为 1995—2010 年山西省农村居民消费支出，Y 为 1995—2010 年的农村居民税费支出变化率。

回归结果表明，农村居民税费支出率每变动 1 个单位，将影响消费水平反方向变动 13.629 个单位，即当税费支出率上涨 1 个单位，人们的消费需求将下降 13.629 个单位，两者呈负相关。这从另一层面反映了山西省农村居民对税费支出率的反应较敏感，说明在当前农民收入总体水平还较低的情况下，国家税率政策的变动对于山西省农村居民而言具有一定的影响力。所以要想切实解决农民消费问题，从减少税费的角度进行政策改革的方式应该存在一定的效果。

6.4.4 劳务输出比率

由于农村就业人口的不断增多，再加上可耕种土地的日益减少，许多农村居民为了养家糊口都纷纷在外从事其他劳动，或者在乡村企业中从事非农业生产，这部分农村居民的资金来源也对整个农村居民消费有一定的影响。因为对于许多外出打工人员而言，在外背井离乡、辛苦赚钱就是为把在外赚的钱汇往农村家中，以期通过自己的劳动解决亲人乃至整个家庭的温饱问题，所以出外打工人员的多少和比率对于农村消费会产生一定的影响。

现在，我们采用在外从事其他劳动和乡村企业从业人员人数为自变量，分析其对农村居民消费支出的影响程度。

$$C = 587.568 + 14.814X_1 + 238.498X_2$$

$$(3.252) \quad (7.298) \quad (2.157)$$

$$F = 27.513 \quad R^2 = 0.856 \quad S.E. = 148.54 \quad DW = 1.178$$

回归结果表明，农村每百人在外从事其他劳动和乡村企业从业人员人数都对农村居民消费有一定影响，特别是每百人乡村企业从业人员人数的影响较高，即乡村企业从业人员每百人增加1个，则会使整个农村消费增加238.498元。所以从数据中可以看出，大力加快乡村企业的发展，增加农村自己消化吸收农村就业人口的途径是解决农村消费不足问题的有效途径。

6.4.5 城镇化程度

伴随着一国工业化的推进，产业、城乡、地区之间经济发展和收入差距不断扩大，在比较利益机制引导下，农村劳动力在城乡之间和地区之间大规模流动，农村劳动力大量转移，城镇化发展进程将加快，城镇化水平也将提高，这是产业结构变迁引起就业结构变迁的结果。由于多种原因，我国城镇化滞后于工业化，就业结构变动滞后于产业结构的变动，大量劳动力被滞留在农村，被排斥在参与工业财富创造的领域之外。而工业化的本质就是社会财富创造由传统的以农业部门为主，转向以工业部门为主。如果仍维持现有的城乡二元格局，将农村居民禁锢在农村，其实就是剥夺了农村居民在工业部门的就业权，使他们难以分享工业创造的社会财富，阻碍了他们非农业收入的增长，从而限制了他们消费需求的增加。

在城镇化过程中，城镇化水平的提高会对收入、资源配置、消费带来多方面的影响，这里我们分别称之为城镇化的收入效应、资源配置效应、消费效应。

$$C = -14\ 478.49 + 187.894X$$

$$(-8.198)\quad (8.791)$$

$$F = 77.183 \quad R^2 = 0.841 \quad S.E. = 217.78 \quad DW = 0.236$$

从回归结果中可以看出，农村居民消费支出与城镇化率显著正相关，即城镇化水平越高，农村居民人均消费支出越多，相应地，消费结构升级也越快。结果表明，山西省城镇化水平每提高1%，农村居民消费支出将增加187.894元，城镇化消费效应的影响力较强。2010年山西省城镇居民人均消费支出是9792.7元，农村居民人均消费支出是3663.9元，这意味着农村居民转变为城镇居民后，消费支出的绝对值平均说来将会增加6128.8元，光是增加的部分就是农村居民原有消费支出的1.67倍，可见，城镇化有助于扩大城乡居民消费需求。不仅如此，如果考虑到农村居民转变为城镇居民后对基础设施和住房投资的需求，城镇化所产生的需求则更多，从而产生出持久增长的消费需求，促进国民经济稳定快速发展。

6.4.6 货币发行量

流通中货币的数量与居民消费之间的关系比较复杂。我们从以下三个方面进行分析：①货币的流通速度。货币流通速度越快，居民实现等量的消费品所必需的货币量就会越少。②如果保持货币的流通速度不变，给定一定时期内货币的发行量，则货币发行量与消费品的可供量之比，显然就成为影响居民消费的重要因素。当流通中货币的发行量与消费可供量之比大于1时，即流通中的货币量超过了流通的商品数量，就会引发通货膨胀、消费品的价格上涨。当流通中货币数量的增加同消费品可供量的增加保持相同速度时，在货币数量的增加使居民可支配收入增加的条件下，居民消费支出会增加。③货币幻觉的影响。这是与货币数量对消费支出的影响相关的问题。如果消费者在其可支配的货币收入增加时，没有觉察到消费品的价格同时也上涨了，这时货币幻觉就会发生。这时，消费者往往倾向于认为自己的实际收入增加了，而实际上由于通货膨胀等原因的影响，其实际收入增加幅度很小或没有增加，甚至还下降了。由于高通货膨胀率导致许多农村居民认为自己的收入大幅增加，这样就会促使消费支出的大幅上升，产生"货币增加的幻觉"。在假定消费者普遍受"货币幻觉"支配的前提下，货币数量的增加就会使居民可支配货币收入增加，这种增加使居民的消费支出也同时增加。

6.4.7 农村居民的收入预期

近几年来，由于国际和国内经济形势的变化，农村居民的收入增幅下降。收入增势的减弱使农民的消费心理预期较为悲观。

由于受到 2008 年全球金融危机风暴的影响，山西省经济增长速度出现下跌。而且自 2007 年后，农副产品的收购价格也同时持续下降，这使农村收入增加的前景比较暗淡，从而人们对未来的收入预期值较低，许多农民的消费心理变得异常消极。尤其是以农业收入为主要来源的消费群体，农副产品价格的下降，更大程度上冲击了他们的消费热情，大大降低了其实际购买能力。

不同收入层次的农村居民的消费心理也存在着明显差别，低收入的农村居民比高收入的农村居民更加珍惜手中的现金。农村居民手持现金占结余购买力比重呈现与纯收入相反的格局，即纯收入越低的农户，其结余购买力中手持现金的比例就会越高。这一比重从另一方面也反映了不同收入层次的农村居民消费心理明显的不同，收入越高越敢于消费。

6.4.8 农村公共产品

由于现行的农村公共产品供给制度存在着许多问题，农村居民家庭耐用物品消费不足以及文教娱乐服务负担过重等现象较为严重。所以，对农村公共产品的供给体制进行总体变革，从根本上解决农业生产问题与农村居民消费滞后问题已成为各地方政府函待解决的事情。

农村公共产品是用于满足农村公共需要，是具有非竞争性与非排他性的社会产品。根据农村公共产品在消费过程中的性质不同，其又可区分为纯农村公共产品与准农村公共产品。纯农村公共产品是指在消费过程中具有完全的非竞争性与非排他性的产品，如农村基层政府行政服务、农村环境保护、农业发展综合规划及信息系统、农业基础科学研究、大江大河治理等。纯农村公共产品同其他纯公共产品一样应由政府免费提供。然而，现实中的纯农村公共产品是屈指可数的，绝大多数农村公共产品是以准农村公共产品的形式存在的。准农村公共产品的性质是具有不完全的非竞争性与非排他性。根据准农村公共产品的性质及其在排斥性、竞争性与外部性的表现不同，准农村公共产品包括以下几方面：①在性质上接近于公共产品的准农村公共产品如基础义务教育、农村公共卫生、农村社会保障、小流域防洪防涝设施建设、农业科技成果的推广、农田防护林、病虫害的防治等。②一般的准农村公共产品，如农村高中、农村职业教育、农村水利灌溉系统、中低产田改造、农村医疗、农村道路建设、乡村电网建设、农村文化馆等。③在性质上接近于私人产品的准农村公共产品，如农村电信、电视、成人教育、自来水、农业机械设备投入等。根据公共财政理论，对于准农村公共产品的提供，市场机制可以发挥一定的作用，但由于准农村公共产品的基础性、效益的外溢性特征，政府仍然应发挥着主导的作用。农村公共产品供给不足，会对农村经济生活有着不同程度的负面效应。

首先，影响了农村居民收入稳定增加。从实践看，投资兴建农村基础设施类公共产品，对于改造传统农业，实现农村产业的转型升级，改变农村居民的生存状态，都具有极其重要的作用。建设农村基础设施类公共产品会降低包括生产成本、运输成本、储藏成本、销售成本、风险成本和决策成本在内的总生产成本，从而提高农村经济活动的经济效率。如现代化的仓储设施会减少农产品的产后储藏损失，起到保值、增值、保温和保鲜的作用。发达的农产品市场流通和销售设施还会降低销售成本和流通费用，并能加速农产品的资金周转，提高资金使用效率。而且，建设农村基础设施类公共产品会降低农村居民面临的自然风险和经济风险。如发达的水利设施可以提高农业抵抗自然灾害的能力，发达的病虫害防治和预测、预报系统可以减少病虫害造成的损失。发达的农产品市场体系可以降低农村居民进入市场的风险。

其次，农村居民对耐用物品的消费不足，其中农村公共物品供应不足是主要原因之一。

基础设施类公共物品与多种私人物品间存在着高度的互补性，前者的有效供给是后者消费的前提条件，因而公共物品的供给不足会直接制约农村居民对某些私人物品的消费。随着农村居民收入的增加、消费观念的更新以及消费质量的提高，过去那种独立的个人消费品消费已远远不能满足个人消费增加的需要，必须依赖非独立的消费品即公共物品的供给而实现其扩大的消费需求。

6.4.9 其他因素

分析中还发现，农村居民家庭结构对消费也有一定影响，农村居民家庭结构是指农村家庭规模和劳动力分布及负担情况。由于计划生育的巨大成效和示范效应，许多居民家庭观念、生育观念发生了一定的变化，由传统的"多子多福"、"养子送终"等旧观念，逐步过渡到"多生孩子是负担"，开始考虑优生优育和为下一代的综合素质着想。反映到家庭消费上，单一家庭结构和综合家庭结构的表现截然不同。山西省农村居民家庭规模与消费水平和收入水平的关系呈现"前高后低"的现象，即单一家庭不论是收入还是消费水平均高于其他类型的家庭，家庭结构单一与复杂程度基本上与收入高低呈正比。2000年呈现的规律是农村居民思想观念、家庭观念发生悄然变化的标志，表现在具体形式上即单一型家庭结构越来越符合一些人，特别是年青人追求时尚的新思想。

此外，文化程度对居民消费行为也产生一定影响。一般而言，文化程度的高低与家庭收入呈正比例关系变化。山西省70%的人口属农业人口，农村劳动力基本上以初中文化程度为主，初中以上文化程度的人数较少。文盲及小学文化程度的农村家庭，其收入与消费水平低于初中文化程度的农村家庭，而高中、中专及以上的农户收入则明显偏高较多。可见，文化程度越高，对收入和消费水平的促进作用越大。

通过利率、价格、城镇化程度、货币发行量等非收入因素的分析，可以发现，虽然它们不是决定消费行为最直接和起重要作用的影响因素，但它们可以间接地、起缓和作用地从其他方面对农村的消费行为产生影响，在一定条件下，甚至会左右一个地区居民的消费行为的变动，成为主导因素。因此，在研究和解决农村居民收入因素的同时，对非收入因素也必须给予一定的重视。非收入因素要根据各地农村经济发展的具体情况、人文、社会环境等综合做出判断，具体问题具体对待。

7 城乡居民消费水平和消费 结构的比较分析

山西省作为中部地区的一个资源型省份，近年来，全省经济稳步健康发展，城乡居民消费能力和消费水平也大幅度提高，但城乡居民的生活消费水平的差距却日益拉大，农村居民的消费支出远低于城镇居民，消费支出直接反映出生活水平和生活质量的差距。城乡差距过大，不仅极大地阻碍城乡一体化的进程，也容易造成社会的不公平和激发矛盾，必然会影响社会的和谐发展和可持续发展。因此，积极寻找原因，缩小城乡差距，是山西省经济和社会发展中的一个突出问题。

7.1 城乡居民消费水平差异的比较

7.1.1 城乡居民生活消费支出差异的比较

从生活消费支出额来分析，山西省城镇居民人均生活消费支出由 1995 年的 2640.7 元提高到 2010 年的 9792.73 元，年均增长率为 8.54%；农村居民人均生活消费支出由 928 元增加到 3663.9 元，年均增长率为 8.96%。虽然从名义消费水平上看，

城乡居民人均生活消费支出比由 1995 年的 2.846 演变为 2003 年的
3.496，又演变为 2010 年的 2.673。城乡居民人均生活消费支出年
均增长率都是在 8% 以上，但山西省城乡居民的消费水平的差距由
1993 年的 1712.7 元扩大到 2010 年的 6128.83 元（见表 7 - 1）。

表 7 - 1　　　　　城乡居民消费支出一览表

年份	城镇（A）（元）	城镇居民边际消费倾向	农村（B）（元）	农村居民边际消费倾向	差距（元）	
					A - B	A/B
1995	2640.7	0.800	928	0.77	1712.7	2.846
1996	3035.59	0.820	1174.29	0.75	1861.3	2.585
1997	3228.71	0.81	1145.42	0.66	2083.29	2.819
1998	3267.7	0.797	1056.45	0.57	2211.25	3.093
1999	3492.98	0.804	1047.18	0.59	2445.8	3.336
2000	3941.93	0.834	1149.01	0.6	2792.92	3.431
2001	4123.01	0.765	1221.58	0.62	2901.43	3.375
2002	4710.96	0.756	1354.64	0.63	3356.32	3.478
2003	5105.38	0.729	1430.18	0.62	3675.2	3.496
2004	5654.15	0.716	1636.5	0.63	4017.65	3.455
2005	6342.63	0.712	1877.7	0.65	4464.93	3.378
2006	7170.92	0.715	2253.3	0.71	4917.62	3.182
2007	8108.82	0.701	2682.6	0.73	5426.22	3.023
2008	8806.63	0.671	3097.75	0.76	5708.88	2.843
2009	9355.14	0.668	3304.76	0.78	6050.38	2.831
2010	9792.73	0.626	3663.9	0.77	6128.83	2.673

7.1.2　城乡居民平均消费倾向差异的比较

平均消费倾向是指任一收入水平上消费在收入中的比率，
反映生活支出与收入的比例，一般来说它应该是递减的。山西

省城乡居民的平均消费倾向基本符合这一规律（见图7-1）。

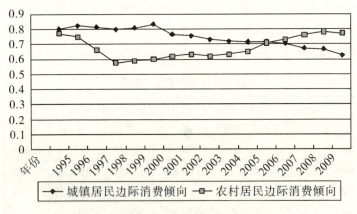

图7-1　山西省城乡居民平均消费倾向趋向图

7.1.3　恩格尔系数差异的比较

恩格尔系数是国际上通用的衡量居民生活水平的指标。根据国际通用标准，将恩格尔系数与居民生活、消费水平关系定义如下：

EC＞0.6，居民生活消费处于绝对贫困状态；0.5＜EC≤0.6，居民生活消费处于温饱阶段；0.4＜EC≤0.5，居民生活消费处于小康水平；EC≤0.4，居民生活消费处于富裕状态。

从表7-2可以看出，山西省城乡居民的恩格尔系数总体都是呈现下降的趋势，山西省城镇居民1999年恩格尔系数为0.402，2000年为0.349，说明山西省城镇居民在2000年已经进入富裕阶段。山西省农村居民恩格尔系数一直大于城镇居民恩格尔系数。可见，城乡消费水平和生活状况依然存在较大的差距（见图7-2）。

表 7 - 2　1995—2010 年山西省城乡居民恩格尔系数（%）

年份	城镇居民	农村居民	年份	城镇居民	农村居民
1995	47.99	63.2	2003	33.54	43.27
1996	46.13	58.39	2004	33.92	45.76
1997	43.29	57.03	2005	32.43	44.23
1998	43.25	56.05	2006	31.4	38.5
1999	40.26	51.55	2007	32.1	38.5
2000	34.91	48.64	2008	33.8	39.0
2001	34.27	47.56	2009	32.8	37.1
2002	32.51	43.86	2010	31.2	37.5

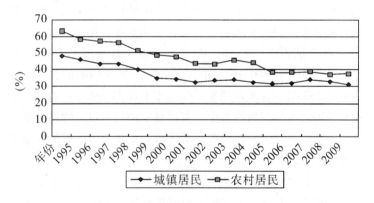

图 7 - 2　山西省城乡居民恩格尔系数趋向图

7.1.4　不同地区消费水平差异的比较分析

山西省不同地区的消费水平差异较大，拉低了山西省平均消费水平。

2010 年山西省城乡居民人均消费支出为 8159 元，其中最低的吕梁市城乡居民人均消费支出为 5427 元，最高的太原市为

15 620 元，后者为前者的 2.88 倍，全省 11 个地市中有 6 个城乡居民人均消费支出低于全省平均水平，不发达地区的消费水平落后成为拉低山西省整体消费水平的重要因素。2005 年以来，山西省城镇居民收入增长放缓、收入来源显得单一，并且城市房价和一些生活服务价格不断飙升。虽然这对城镇高收入人群影响较小，却使得城镇低收入阶层居民生活压力加大，不同收入水平的地区间消费差距也逐渐拉大。可见，山西省各地市中消费水平低于全省平均水平的地区占多数的现状和山西省不同地区城镇居民消费水平差距逐渐扩大的现实都在一定程度上拉低了山西省城乡居民整体消费水平。

山西省产业结构失衡使居民消费结构升级困难。山西省是全国重要的能源化工基地，资源型产业结构特征明显，重型结构特征突出。2008 年山西省生产总值构成中，第一、第二、第三产业分别占 7.2%、59.2%、33.6%，而全国平均水平为 11.3%、48.6%、40.1%。山西省第三产业占 GDP 的比例比重工业低 25.6%，比发达国家 75% 的水平低 41.4%。产业结构不合理甚至严重失调制约着山西省消费结构的升级，特别是第三产业落后，造成山西省服务产品供给的短缺和居民服务性消费需求受到抑制。

山西省各地区消费水平差距大，大同市城乡消费水平最落后，2010 年大同市农村居民人均消费水平为 2190 元，是全省最低，而城镇居民消费支出却高达 10 141 元，城乡差距高达 7951 元。相比而言，晋城市的农民是最富裕的，2010 年消费支出为 5060 元，高于其他地级市水平。比较 2001—2005 年期间和 2006—2010 年期间各地市城镇和农村的平均消费水平，发现城镇支出增幅在 5000 元以上的只有太原市和长治市，增幅在 4000 ~ 5000 元之间的有晋城市和忻州市，其余地市的增幅都在 4000 元以下，大同市和运城市的增幅最小，只有 2813.6 元；农村支出增幅相对城市来说比较小，增幅在 1500 元以上的只有晋城市，忻州市增幅最小，只有 1023.2 元。晋城市的农村居民消费水平是全省最高的，其城镇居民消费水平略低于太原市；大同市的城乡居民消费水平最落后，虽然消费水平增幅很大，但是与全省平均水平和发达地市的差距仍然很大。另外，2010 年山西省内各地市城镇消费水平在万元以下的有吕梁市、忻州市和运城市，农村消费水平在 5000 元以上的只有太原市、晋城市。可以看出，山西省内大部分地区消费水平都较低，并且不同地市消费水平差别很大，严重拉低了山西省城乡居民整体的消费水平。

大同市、忻州市城乡消费差距问题最严重，阳泉市城乡消费差距最小。大同市的城乡消费比是最高的，每年都在 4.5 以上，其城乡消费差距最大，但消费差距在逐年变小；阳泉市城乡消费差距最小，可是差距在慢慢扩大。所以相应地市政府应注意到这种变化趋势，采取措施继续保持发展好的趋势，抑制不良趋势的发展。

7.2　城乡居民消费结构的比较

消费水平决定消费结构，城乡居民消费水平的差异决定了城乡居民的消费结构也必然存在一定的差异。城乡居民消费不仅在量上存在差异，而且在质上也有差异。

7.2.1　食品消费差异

山西省城乡居民的食品支出从 1995 年的 2.16 倍（1267.17：586.03）变动到 2009 年的 2.50 倍（3071.93：1224.6），城镇居民增长了 2.41 倍，农村居民增长了 2.34 倍，但从食品支出占生活消费支出的比重（即恩格尔系数）变化看，随着收入的增长和消费的提高，食品支出的比重总体呈下降趋势。按照恩格尔定律，说明山西省城乡居民的生活水平在逐步改善（见表7-3）。

表7-3 1995—2010年城乡居民消费结构构成（1） 单位：元

年份	纯收入		食品		比重(%)		衣着		比重(%)	
	城镇(A)	农村(B)	城镇(A1)	农村(B1)	A1/A	B1/B	城镇(A2)	农村(B2)	A2/A	B2/B
1995	3301.9	1208.67	1267.17	586.03	38.38	48.49	473.46	103.02	14.34	8.52
1996	3702.69	1557.19	1400.26	685.68	37.82	44.03	529.73	130.91	14.31	8.41
1997	3989.92	1738.26	1397.69	653.25	35.03	37.58	573.45	120.87	14.37	6.95
1998	4098.73	1858.6	1413.23	592.19	34.48	31.86	470.04	114.35	11.47	6.15
1999	4342.61	1772.62	1406.33	539.83	32.38	30.45	477.77	108.27	11.00	6.11
2000	4724.12	1905.6	1375.97	558.86	29.13	29.33	511.19	113.37	10.82	5.95
2001	5391.05	1956.05	1412.95	580.92	26.21	29.70	518.1	118.15	9.61	6.04
2002	6234.36	2149.82	1531.32	594.2	24.56	27.64	657.44	137.93	10.55	6.42
2003	7005.03	2299.4	1712.13	620.62	24.44	26.99	725.81	149.73	10.36	6.51
2004	7902.86	2589.6	1917.75	748.9	24.27	28.92	747.43	171.68	9.46	6.63
2005	8913.92	2890.7	2056.79	830.48	23.07	28.73	933.03	202.35	10.47	7.00
2006	10027.72	3180.9	2252.5	867.65	22.46	27.28	1016.69	227.61	10.14	7.16
2007	11565.01	3665.7	2600.37	1033.68	22.48	28.20	1064.61	260.88	9.21	7.12
2008	13119.13	4097.24	2974.76	1206.69	22.67	29.45	1137.71	276.23	8.67	6.74
2009	13996.63	4244.1	3071.93	1224.6	21.95	28.85	1162.00	283.2	8.30	6.67
2010	15647.74	4736.3	3052.57	1372.49	19.51	28.98	1205.89	315.78	7.71	6.67

资料来源：根据历年《山西统计年鉴》相关数据整理计算。

7.2.2 衣着支出差异

随着消费水平的提高，城乡居民的衣着支出也会有一定程度的提高，城镇居民衣着支出由1995年的473.46元上升到2010年的年的1205.89元，农村居民衣着支出由1995年的103.02元上升到2010年的315.78元，城乡居民的衣着支出之比由1995年的4.60：1变化为2010年的3.82：1（见表7-3）。

7.2.3 居住消费差异

居住消费是我国实施住房制度改革的必然产物，它的变化与构成是人们生活质量提高的标志之一。城镇居民居住消费由1995年的151.48元上升到2010年的1245元，增长了7.22倍。农村居民在居住消费方面开始在房屋的耐用性、内部装修等方面增加投入，由1995年的77.62元上升到2010年的614.7元，增长了6.92倍。从表7－4来看，在居住方面农村居民支出明显快于城镇居民。城乡居民居住支出比由1995年的1.95∶1发展到2010年的2.03∶1。

表7－4　1995—2010年城乡居民消费结构构成（2）　单位：元

年份	纯收入		居住		比重（%）		家庭设备		比重（%）	
	城镇（A）	农村（B）	城镇（A1）	农村（B1）	A1/A	B1/B	城镇（A2）	农村（B2）	A2/A	B2/B
1995	3301.9	1208.67	151.48	77.62	4.59	6.42	195.08	42.95	5.91	3.55
1996	3702.69	1557.19	163.29	108.59	4.41	6.97	202.2	58.8	5.46	3.78
1997	3989.92	1738.26	201.23	108.82	5.04	6.26	237.72	58.74	5.96	3.38
1998	4098.73	1858.6	235.39	96.38	5.74	5.19	236.39	54.31	5.77	2.92
1999	4342.61	1772.62	281.84	102.47	6.49	5.78	290.15	51.98	6.68	2.93
2000	4724.12	1905.6	343.03	143.9	7.26	7.55	356.05	48.77	7.54	2.56
2001	5391.05	1956.05	391.06	171.52	7.25	8.77	316.99	51.05	5.88	2.61
2002	6234.36	2149.82	534.96	171.22	8.58	7.96	284.4	64.64	4.56	3.01
2003	7005.03	2299.4	561.49	169.55	8.02	7.37	314.34	55.03	4.49	2.39
2004	7902.86	2589.6	614.2	179.22	7.77	6.92	314.82	59.27	3.98	2.29
2005	8913.92	2890.7	727.91	200.56	8.17	6.94	359.44	68.93	4.03	2.38
2006	10027.72	3180.9	830.38	305.02	8.28	9.59	414.82	98.29	4.14	3.09
2007	11565.01	3665.7	991.77	392.78	8.58	10.72	477.74	120.86	4.13	3.30
2008	13119.16	4097.24	1250.87	486.75	9.53	11.88	571.65	138.26	4.36	3.37
2009	13996.63	4244.1	1319.45	584.07	9.43	13.76	563.82	156.21	4.03	3.68
2010	15647.74	4736.3	1245	614.7	7.96	12.98	612.59	173.62	3.91	3.67

资料来源：根据历年《山西统计年鉴》相关数据整理计算。

7.2.4　家庭设备、用品及服务消费差异

　　由于受生活服务设施和收入水平制约，农村居民消费节奏比城市慢。由于城镇居民收入增长较快，收入水平较高，因而城镇居民家庭设备、用品及服务支出及其与消费支出的比重较农村居民高。由表7-4可以看出，1995年人均家庭设备、用品及服务支出城镇为195.08元，农村为42.95元，比例为4.54：1，到2010年城镇居民人均家庭设备、用品及服务支出为612.59元，农村为173.62元，二者的比例较逐年呈现下降现象，为3.53：1。最近几年，城镇居民家庭设备、用品支出占居民整个消费支出比重下降较大，这是因为城镇主要耐用消费品逐步饱和，因而城镇居民家庭用品消费特别是购买耐用品支出（如传统电器）增长势头逐年减缓。尽管如此，城镇居民在家庭设备上的支出仍然远高于农村。这是因为一些新兴的耐用品正在取代传统电器的位置成为现阶段城镇居民的消费热点，如电脑、空调等。与此同时，农村居民对传统电器拥有量仍然很低，城乡居民在家庭设备用品的消费档次上存在明显差距。

7.2.5　医疗保健支出差异

　　医疗保健的支出在城乡居民消费支出的比重呈上升趋势，但比较城乡医疗保健支出，无论在数量上还是在质量上都存在明显的差距。1997年以前，由于城镇职工享有公费医疗制度和劳保医疗制度，因而城镇医疗保险支出与居民消费支出的比重低于农村。1993年我国开始实行医疗改革试点工作，1996年5月，国务院办公厅转发了《关于职工医疗保障制度改革扩大试点的意见》，试点范围进一步扩大。医疗制度的改革导致城镇居民用于医疗的支出增加，1995年城镇居民医疗保健支出84.59元，农村医疗保障支出31.09元，此后，城镇医疗保健支出比

重开始超过农村，二者的差距逐年扩大，2006 年以后随着农村合作医疗的开展，差距才开始有下降趋势（见表 7 - 5）。

表 7 - 5　1995—2010 年城乡居民消费结构构成（3）　　单位：元

年份	纯收入		医疗保健		比重（%）		交通通信		比重（%）	
	城镇（A）	农村（B）	城镇（A1）	农村（B1）	A1/A	B1/B	城镇（A2）	农村（B2）	A2/A	B2/B
1995	256.07	62.8	84.59	31.09	2.56	2.57	95.03	14.05	2.88	1.16
1996	316.73	93.88	145.89	44.85	3.94	2.88	144.96	22.08	3.91	1.42
1997	322.08	93.65	167.41	46.44	4.20	2.67	166.02	41.45	4.16	2.38
1998	365.99	100.73	195.1	47.43	4.76	2.55	137.11	31.88	3.35	1.72
1999	414.72	120.6	208.57	58.3	4.80	3.29	201.5	46.27	4.64	2.61
2000	501.78	135.39	300.81	60.35	6.37	3.17	285.25	48.82	6.04	2.56
2001	567.85	142.39	347.49	59.15	6.45	3.02	317.83	56.67	5.90	2.90
2002	781.8	176.64	364.8	64.44	5.85	3.00	406.2	103.23	6.52	4.80
2003	799.35	213.15	367.47	81.22	5.25	3.53	478.09	119	6.82	5.18
2004	901.4	235.01	401.75	84.2	5.08	3.25	587	130	7.43	5.02
2005	932.53	102.9	538.7	160.27	6.04	5.54	604.35	279.54	6.78	9.67
2006	1007.92	142.66	589.97	224.23	5.88	7.05	825.18	339.75	8.23	10.68
2007	1054.05	170.85	640.22	268.75	5.54	7.33	1027.99	370.97	8.89	10.12
2008	1041.91	210.32	769.96	328.18	5.87	8.02	931.33	380.7	7.10	9.29
2009	1070.6	240.94	789.92	324.89	5.64	7.66	1095.77	416.94	7.83	9.82
2010	1229.68	420.21	774.89	328.92	4.95	6.94	1340.9	357.74	8.57	7.55

资料来源：根据历年《山西统计年鉴》相关数据整理计算。

7.2.6　交通通信支出差异

随着山西省全面实施"村村通"工程，交通通信取得了前所未有的发展。从交通通信支出占消费支出的比重来看，城镇居民用于交通通信的支出增速超过农村，尤其是 2002 年以来，随着居民收入水平的提高及电子通信、家用汽车价格的下调，移动电话、家庭轿车成为城镇居民近几年的消费热点，再加上居民生活由温饱型向发展型、享受型转变，闲暇消费增多，旅游出行增加，导致城镇居民近几年消费支出中用于交通通信的比重迅速提高。2005 年以后农村居民的交通通信支出中，消费增加较多的主要是移动电话、摩托车，还有部分富裕农民开始购置家用轿车，消费出现新热点。

7.2.7　文教娱乐用品及服务消费支出差异

从城乡居民文教娱乐用品及服务消费支出绝对数量来看，城乡差距很大，2010 年城镇居民人均文教娱乐支出 1229.68 元，是农村居民人均支出 420.21 元的 2.93 倍。以在各自总消费支出中的比重来看，城镇居民对于文教娱乐用品及服务的消费支出比重要高于同期农村居民。

利用 SPSS 软件对 2010 年山西省城乡居民人均收入（城镇居民为人均可支配收入、农村居民为人均纯收入）和人均消费总支出及其构成因素的截面数据进行回归分析，得到扩展线性支出系统模型（ELES）的各参数估计值。可以看到城镇居民的消费结构优于农村居民，城镇居民更注重享受型、发展型消费，而农村居民受收入低的影响，仍然以生存型消费为主。因此，增加农民收入、缩小城乡差距是促进农民消费的关键。

7.3　城乡居民消费差异影响因素的理论分析及计量模型验证

城乡居民消费差异的影响因素众多，既有经济因素、地理因素、行为因素，又有政策因素、历史因素；既有影响城镇居民消费的因素，又有影响农村居民消费的因素。这些因素对城乡居民消费的作用强度和作用时间又迥然不同，这样就加大了分析城乡居民消费差异的难度。要准确把握所有影响山西省城乡居民消费差异的因素是不可能的，本节的目的在于通过分析找到影响作用较大的主要因素，揭示不同影响因素对城乡居民消费差异的影响程度，采用定性和定量相结合的方法对城乡居民消费差异时间序列变化进行对比分析。经过综合权衡考虑，选择以下几个影响因素：

7.3.1 城乡居民收入水平的差异

消费经济学认为，收入是居民消费因素中的制约因子，居民的一切消费都必须以其收入水平为依据。收入的高低直接影响着居民消费活动的开展，两者呈正向变化关系。消费支出受居民收入水平的制约，是居民消费水平的直接体现。按照西方经济学的消费函数理论，消费支出和居民收入两者存在着稳定的函数关系：消费支出会随收入的上升而上升，但上升数量会小于收入上升的数量。因此收入的差异对消费需求有着巨大影响，收入水平的差距在某种程度上决定着消费水平的差距。分析城乡居民消费差异的原因，首先应当从收入水平方面入手。从表7-3至表7-5可看出山西省城镇居民可支配收入与农村居民人均纯收入仍存在比较明显的差距。

7.3.2 城乡市场化程度的差异

市场化程度是指市场经济活动的发达程度，包括三个方面的含义①：一是市场体系、机制的健全程度，市场功能的发挥程度，市场规则的规范程度；二是市场主体对市场经济活动的规律、特点、要求和方法的接受、认识、理解和运用的程度；三是市场经济活动在运行过程中所体现的开放性、自主性、竞争

---

① 樊丽淑. 中国经济转型期地区间农民收入差异研究 [M]. 北京：中国农业出版社，2006.

性、创新性的表现程度。市场化程度反映了市场经济发达、成熟的程度，市场化程度越高，市场经济就越发达、越成熟。"目前我国各地的市场化程度不一，导致经济发展水平也不同。一般而言，东部发达地区高于中西部地区，城市高于农村。"① 在市场化进程阶段，由于产权制度、垄断力量的存在，居民的受教育水平、与市场进入有关的基础设施的不同以及居民的观念等多种因素的综合作用，导致居民的消费存在明显差异。市场化发达程度决定着不同地区产业结构升级的实现程度，制约着产品结构调整、升级的广度和深度，为产业结构调整、升级的实现提供供给条件，为产业结构调整、升级的实现提供竞争机制。

对市场化程度进行测度是比较困难的，定量的评价方法主要是通过对政府财政收支运用构成来评判其行为方式。在这里，我们进行了简化，运用有关统计指标，借鉴上海社会科学院经济研究所周振华在其论文《我国市场化的现实基础重构、进程特点及程度衡量》中关于对市场化衡量值的公式，即"非税收收入占财政收入的比重"进行量化比较。② 从表 7 - 6 可看出，山西省城乡市场化程度分别由 1995 年的 0.263、0.479 演变到 2010 年的 0.050、0.071，相对差距从 1995 年的 0.55 拉大到 2010 年的 0.70。

7.3.3　城乡基础设施建设投入的差异

城乡基础设施建设的完善是推进城镇化进程的重要保障，

---

① 钱伯华. 在市场化进程中提高国际竞争力 [N]. 学习时报，2003 - 01 - 20.

② 周振华. 我国市场化的现实基础重构、进程特点及程度衡量 [J]. 上海经济研究，1998 (9)：4 - 11.

一些学者也认为，城乡统筹发展是打破城乡二元结构，以工促农、以城带乡，形成城乡协调发展的重要机制。目前，城市基本建设支出由国家免费供应，而农村的基本建设则基本由农民自己承担，国家只给予部分补贴。在城市实行的是政府为主导的公共产品供给制度，农村则由农民自己解决，这也是导致城乡居民消费差异拉大的又一主要原因。

表 7-6　1995—2010 年城乡居民市场化程度及人均基本建设投入

年份	市场化程度			人均基本建设投入（元/人）		
	城镇	农村	差距	城镇	农村	差距
1995	0.263	0.479	0.55	25.62	3.13	8.18
1996	0.253	0.458	0.55	67.34	3.96	17.0
1997	0.218	0.407	0.54	96.42	4.73	20.38
1998	0.197	0.393	0.50	116.44	5.62	20.72
1999	0.164	0.324	0.51	131.22	7.89	16.63
2000	0.147	0.284	0.52	183.42	8.91	20.59
2001	0.132	0.223	0.59	273.34	10.23	26.72
2002	0.127	0.202	0.63	304.9	11.34	26.89
2003	0.113	0.189	0.60	349.73	15.46	22.62
2004	0.111	0.172	0.65	389.96	22.36	17.44
2005	0.105	0.159	0.66	377.63	28.78	13.12
2006	0.096	0.114	0.84	393.2	36.36	10.81
2007	0.083	0.101	0.82	368.9	38.47	9.59
2008	0.076	0.097	0.78	411.4	40.16	10.24
2009	0.061	0.088	0.69	433.51	52.43	8.27
2010	0.050	0.071	0.70	445.63	57.80	7.71

资料来源：根据历年《山西统计年鉴》相关数据整理计算。

7.3.4 相关性分析及模型建立

根据 1995—2010 年《山西统计年鉴》上的有关统计数据，以 Y 作为因变量（被解释变量），X_1、X_2、X_3 作为自变量（解释变量）进行多元线性回归分析，建立多元回归模型：

$$Y = C + \alpha X_1 + \beta X_2 + \gamma X_3$$

其中，Y 表示城乡居民生活消费支出相对差距；X_1 表示城乡居民收入水平相对差距，用城镇居民人均可支配收入与农村居民人均纯收入之比表示；X_2 表示城乡市场化程度的相对差距；X_3 表示城乡公共产品（基本建设公共支出）的相对差距。

运用因子分析法就是要衡量这些因素对被解释变量的影响程度，即我们考虑这三个因素与消费支出相对差距的相关性，这里运用 OLS 法（普通最小二乘估计）做分析，如表 7-7 所示。

表 7-7　城乡居民收入差距与其影响因素相关关系矩阵

相关系数	Y	X_1	X_2	X_3
Y	1			
X_1	0.179	1		
X_2	0.594	0.031	1	
X_3	0.564	-0.436	0.687	1

1. 各解释变量与被解释变量的相关性分析

由表 7-7 可看到，三个因素中，城乡市场化程度的相对差距（X_2）与城乡居民生活消费支出差距（Y）的相关性最强，其次是城乡基本设施投入差距（X_3），最低的是城乡居民收入水平相对差距（X_1），相关系数分别为 0.594、0.564 和 0.179。

2. 建立多元线性回归模型

$$Y = 1.583 + 0.416X_1 + 0.161X_2 + 0.004X_3$$

$$t = (2.563)(1.726)(0.221)(1.924)$$

$$R = 0.548 \quad Adjust.\ R^2 = 0.399 \quad F = 3.596$$

通过多元线性回归分析建立的多元线性回归模型中，可以看出：导致山西省城乡居民消费差异的主要因素是城乡居民收入水平的差异，而城乡市场化程度的差异也是不容忽视的重要因素，基本建设支出差异对城乡消费差异的影响最小。

3. 减小城乡居民消费差距首先必须提高农民收入

从上述模型分析中，我们可以看到城乡居民收入水平差距（X_1）回归系数为 0.416，这表明山西省城乡居民收入水平的相对差距每缩小 1 个单位，城乡居民消费差距将降低 0.416 个单位，缩小城乡差距的重点在于扩大农民收入。

4. 农村市场化程度的日益完善是缩小城乡居民消费差距的重要方面

上述模型分析中，城乡市场化程度相对差距（X_2）回归系数为 0.161，表明山西省城乡市场化程度相对差距每缩小 1 个单位，就会使城乡居民消费差距降低 0.161 个单位，这说明加快农村市场化进程将有效缩小城乡居民消费差距。

5. 必须确保基础建设投入向农村倾斜

城乡基本建设支出差距（X_3）回归系数为 0.004，表明山西省城乡基本建设的相对差距每缩小 1 个单位，就会使城乡居民消费差距降低 0.004 个单位，说明如果政府财政投入向农村倾斜，将极大缩小城乡居民消费差距。

7.4 城乡居民消费对经济增长影响的实证分析

生活消费需求的增减直接影响和波及经济发展的周期，满足人们日益增长的生活消费需求是实现经济可持续发展的基础。扩大国内需求是一项长期的战略，也是应对国际金融危机和经济下滑、实现增长目标的根本途径。山西省在很长一段时间内支援了全国的经济发展，但倚重单一的经济结构、粗放型的经济增长模式，使自身陷于发展大起大落、环境污染的困境。近年来，山西省政府提出产业转型，以"再造一个新山西"为目标，走出资源型经济转型新路的探索。为此，应研究居民消费问题对经济增长的影响，充分挖掘城乡居民的消费潜力，形成以居民消费为中心的新的经济增长点，为"十二五"规划的战略研究提供一定的参考。

7.4.1 居民消费需求对经济增长影响的分析

1. 居民消费需求的现状分析

（1）需求总量分析

社会经济的增长取决于供给的增加和有效需求的实现，消费需求也决定着社会生产的规模、范围和发展方向，无论发达国家还是发展中国家，消费在一国的国内生产总值中所占的份额最大（一般在60%以上），见表7-8所示。

表 7 - 8　1995—2010 年山西居民消费与 GDP 变化情况

年份	支出法国内生产总值（GDP）	资本形成总额	最终消费支出	政府消费支出	居民消费支出	农村居民消费支出	城镇居民消费支出
1994	857. 63	385. 71	494. 91	116. 34	378. 57	183. 15	195. 42
1995	1090. 29	412，42	627. 23	140. 71	486. 52	235. 36	251. 16
1997	1473. 45	570. 09	852. 46	231. 99	620. 47	291. 42	329. 05
1998	1596. 1	770. 69	791. 3	211，95	579. 34	262. 59	316. 75
1999	1501. 33	685. 15	857. 14	272. 74	584. 40	256. 19	328. 21
2000	1638. 03	746. 23	946. 04	294. 20	651. 84	283. 48	368. 36
2001	1787. 76	800. 27	1046. 43	318. 75	727. 68	281. 94	445. 74
2002	2042. 14	919. 23	1184. 01	343. 00	841. 01	268. 74	572. 27
2003	2516. 38	1230. 34	1374. 17	404. 90	969. 27	312. 14	657. 13
2004	3138. 85	1601. 79	1581. 58	434. 31	1147. 27	356. 32	790. 95
2005	4103. 32	2178. 45	1955. 19	559. 46	1395. 73	424. 39	971. 34
2006	4785. 93	2594. 56	2251. 87	622. 29	1629. 58	473. 02	1156. 56
2007	5730. 99	3204. 43	2586. 56	716. 99	1869. 59	547. 33	1322. 26
2008	6993. 09	4002. 04	3002. 67	898. 00	2104. 67	617. 24	1487. 43
2009	7438. 2	4910. 7	3385. 3	1042. 0	2343. 3	689. 8	1653. 5
2010	9200. 86	6341. 25	4030. 03	1178. 82	2855. 21	833. 96	2021. 25

结合表 7 - 8 的数据，从图 7 - 3 可看出，1995 年以来山西省居民消费支出总量呈上升趋势，但农村居民消费支出增长速度远低于城镇居民消费支出的增长速度，城乡居民消费差距越来越大。其主要原因在于低收入群体消费欲望较强，但消费能力不足；而城镇居民中的高收入人群虽然有较强的消费能力，但目前消费欲望基本得到满足，尚无新的消费项目，因此当前解决山西省居民消费不足的着力点应在提高居民整体消费水平

的前提下重点解决农村居民的消费问题。

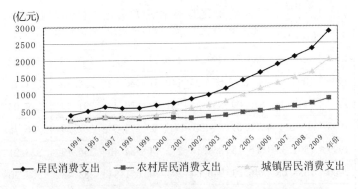

图 7 - 3   1995—2010 年山西省城乡居民消费总量变化趋势

（2）消费所占 GDP 的比重角度分析

结合表 7 - 8 的数据，计算投资率、居民消费率、政府消费占最终消费比率、居民消费占最终消费比率的比较，如图 7 - 4 所示。

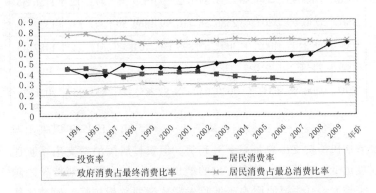

图 7 - 4   1995—2010 年山西省各项消费占 GDP 的比重

①居民消费率偏低、投资率偏高。按照钱纳里"当人均国民生产总值达到 1000 美元左右时，世界各国平均居民消费率应

为61%"的理论，山西省的居民消费率呈逐年下降趋势，从1995年的44.14%降到2010年的32.1%，远低于世界平均水平。与投资和出口增速相比，居民消费增长相对较慢。

②投资和居民消费占GDP比重失衡。按照钱纳里的理论，只有投资率与消费率保持一个经济增长所需要的特定比例，经济才能达到最优增长状态。山西省目前正处于工业化中期，消费率应为80%，投资率应为20%，而目前的情况是投资率偏高，消费率偏低，投资与消费比例失衡。

③居民消费率稳中有降，政府消费率稳中有升。

2. 居民消费对拉动经济增长的作用分析

通常用定量分析的方法来探讨居民消费与经济增长之间的关系。利用双对数模型对山西省1995—2010年投资、居民消费的绝对数进行了回归分析，建立模型如下：

$$\ln GDP = 0.581 + 0.563\ln C + 0.423\ln I$$
$$(8.96)\ (14.36)\quad (11.18)$$

$$R = 0.9996 \quad F = 49\,926$$

因为这三者各自的相应的价格指数每年变化不是很大，所以用价格指数平减之前与平减之后的差别不是很大，所以本书采用了按当年价格计算的数据。由上面双对数回归模型可看出：居民消费、投资都与经济增长呈正向关系，相关系数为0.9996，相关密切。居民消费平均每增长1个百点，GDP则相应平均增加0.563个百分点；投资平均每增加1个百分点，GDP则相应增加0.423个百分点。这就说明居民消费对经济增长的影响大于投资对经济增长的影响。

通过对城乡居民消费贡献率的比较分析，还可以看出城镇居民消费对经济增长的贡献率和对经济增长的拉动百分点都大于农村居民。农村居民消费对经济增长的贡献率亟待提高，要充分重视和挖掘农村居民的消费潜力。

3. 居民消费对经济增长的边际分析

通过数据分析，最终消费需求平均每增加 1 个单位，GDP 将增加 1.0102 个单位。在居民消费需求中，城镇居民消费平均每增加 1 个单位，GDP 将增加 0.8997 个单位；农村居民消费平均每增加 1 个单位，GDP 将增加 1.4972 个单位，农村居民消费比城镇居民消费对 GDP 的影响大。而政府消费每增加 1 个单位，GDP 将增加 1.0011 个单位，而居民消费每增加 1 个单位，GDP 增加 1.0762 单位，居民消费比政府消费对 GDP 的影响作用大。可见提高居民消费率，特别是提高农村居民的消费率，才能确保经济的长效增长。

7.4.2 居民消费结构对经济增长的实证分析

近年来，山西省居民生活消费方式和消费观念发生了一系列重大的变化，消费结构逐步升级，农村居民生活消费结构由以生存资料为主开始向享受资料和发展资料转变，各种物品的消费均表现出较为明显的优质化趋向。我们知道，消费支出结构影响产业结构，产业结构使得资源配置率发生变动，从而影响经济增长。因此，只有合理的消费支出结构才能为提高经济增长水平创造条件和奠定基础。

1. 城乡居民消费结构现状分析

山西省城乡居民的恩格尔系数总体都是呈现下降的趋势，城镇居民 1999 年恩格尔系数为 0.402，2000 年为 0.349，说明山西省城镇居民在 2000 年已经进入富裕阶段。农村居民 2000 年以前尚处于温饱阶段，2006 年以后进入富裕阶段。农村居民恩格尔系数一直大于城镇居民恩格尔系数。可见，城乡消费水平和生活状况依然存在较大的差距。

城乡居民的衣着支出之比由 1995 年的 4.60∶1 变化为 2010 年的 3.82∶1。在居住方面，农村居民支出明显快于城镇居民，

城乡居民居住支出比由 1995 年的 1.95：1 发展到 2010 年的
2.03：1。1995 年人均家庭设备用品及服务支出城镇为 195.08
元，农村为 42.95 元，比例为 4.54：1；到 2010 年城镇居民人
均家庭设备用品及服务支出为 612.59 元，农村为 173.62 元，两
者的比例较逐年呈现下降趋势，为 3.53：1。医疗保健的支出在
城乡居民消费支出的比重呈上升趋势，但比较城乡医疗保健支
出，无论在数量上还是在质量上都存在明显的差距。2006 年以
后随着农村合作医疗的开展，城乡医疗保健差距才开始有下降
趋势。从交通通信支出占消费支出的比重来看，城镇居民用于
交通通信的支出增速超过农村，2005 年以后农村居民的交通通
信支出中，消费增加较多的主要是移动电话、摩托车，还有部
分富裕农民开始购置家用轿车，消费出现新热点。城镇居民对
于文教娱乐用品及服务的消费支出比重要高于同期农村居民。

总之，城镇居民的消费结构优于农村居民，城镇居民更注
重享受型、发展型消费，而农村居民受收入低的影响，仍然以
生存型消费为主。

2. 恩格尔系数与经济增长之间关系的分析

根据 1995—2010 年山西省城乡居民恩格尔系数与 GDP 的数
据，令经济增长的对数为 Y，城镇居民与农村居民恩格尔系数分
别为 X_1、X_2，城镇居民与农村居民的消费取对数后分别为 X_3、
X_4。利用 Eviews5.0 软件包建立回归方程如下：

$$Y = 3.180\,089 - 0.700\,976X_1 + 0.938\,7543X_3 + 0.164\,738X_4$$
$$- 3.028\,673X_2$$

$$R = 0.997966 \quad F = 3521.384$$

由上面对数回归模型可看出：城镇与农村的相关系数为
0.997 966，相关密切。城镇居民恩格尔系数每下降 1 个百分点，
GDP 就会相应的增加 0.700 976 个百分点；农村居民恩格尔系数
每下降 1 个百分点，GDP 就会相应的增加 3.028 673 个百分点。

农村的恩格尔系数的下降对经济增长的影响要比城镇恩格尔系数下降对经济增长拉动的影响更明显，这也进一步说明提高农村居民的生活水平、挖掘农村居民的消费潜力，是扩大农村居民消费需求的重要方向。

3. 居民消费结构与经济增长的横向因子分析

2010 年山西省城乡居民人均消费支出为 8159 元，其中最低的吕梁市城乡居民人均消费支出为 5427 元，最高的太原市为 15 620 元，后者为前者的 2.88 倍。全省 11 个地市中有 6 个城乡居民人均消费支出低于全省平均水平，不发达地区的消费水平落后成为拉低山西省整体消费水平的重要因素。山西省作为全国重要的能源化工基地，资源型产业结构特征明显，重型结构特征突出。2010 年山西地区生产总值构成中第一、第二、第三产业分别占 7.2%、59.2%、33.6%，而全国平均水平为 11.3%、48.6%、40.1%。山西省第三产业占 GDP 比重工业低 25.6 个百分点，比发达国家 75% 的水平低 41.4 个百分点。产业结构不合理且严重失调制约着山西省消费结构的升级，特别是第三产业落后，造成山西省服务产品供给的短缺和居民服务性消费需求受到抑制。

山西省各地区消费水平差距大，其中，大同市城乡消费水平最落后。2010 年大同市农村居民人均消费水平为 2190 元，是全省最低，而城镇居民消费支出却高达 10 141 元，城乡差距高达 7951 元。相比而言，晋城市的农民是最富裕的，2010 年消费支出为 5060 元，高于其他地级市水平。比较 2001—2005 年期间和 2006—2010 年期间各地市城镇和农村的平均消费水平，发现城镇支出增幅在 5000 元以上的只有太原市和长治市，增幅在 4000～5000 元之间的有晋城市和忻州市，其余地市的增幅都在 4000 元以下，大同市和运城市的增幅最小，只有 2813.6 元；农村支出增幅相对城市来说比较小，增幅在 1500 元以上的只有晋城市，忻州市增幅最小，只有 1023.2 元。晋城市的农村居民消费水平是全省最高的，其城镇居民消费水平略低于太原市；大同市的城乡居民消费水平最落后，虽然消费水平增幅很大，但是与全省平均水平和发达地市的差距仍然很大。另外，2010 年山西省内各地市城镇消费水平在万元以下的有吕梁市、忻州市和运城市，农村消费水平在 5000 元以上的只有太原市、晋城市。可以看出，山西省内大部分地区消费水平都较低，并且不同地市消费水平差别很大，严重拉低了山西省城乡居民整体的消费水平。

因子分析的结果表明，交通通信、食品、文教娱乐、家庭设备、居住和杂项的消费主要集中在第一因子 F1 上，表示为生存和享受型因子，说明居民基本生活水平提高，由生存型消费转向精神型消费。医疗保健消费和衣着支出主要集中在第二因子 F2 上，其中医疗保健因子高于衣着因子，这就说明城乡居民日益关注健康，也说明医疗改革收效明显。山西省各地级市居民消费的得分因子如表 7 - 9 所示。

表 7 - 9 　　山西省各地级市居民消费的得分因子

地区	F1	F2	地区	F1	F2
太原	3.53095	0.08482	忻州	0.02748	0.18173
大同	0.43761	- 2.1047	吕梁	0.63742	0.153
朔州	2.30434	- 0.70132	晋中	0.82073	1.03451
阳泉	1.13702	- 0.5196	临汾	0.2734	- 1.5209
长治	1.03821	2.30724	运城	0.03023	0.44197
晋城	1.2936	0.87396			

从表 7-9 分析，太原市、朔州市、晋城市、阳泉市排名靠前，说明这几个地区的居民的消费重点会发生转移，享受型消费将是发展的趋势。临汾市、运城市、忻州市的城乡居民消费结构仍处于较低层次，只有它们之间的比例协调了才能保证整体消费水平的提高。F2 得分靠前的有长治市、晋中市、晋城市，说明这些地区居民的医疗保健支出比例较高。其余分值较低的区域有待进一步考察原因。

上述分析说明，目前山西省大部分地区还是呈现出消费结构的低层次与不平衡，整体消费水平只靠个别高消费水平的城市和地区拉动，要实现经济可持续发展的动力必须将整体的消费结构层次进行提升。

7.4.3 增强居民消费拉动经济增长的对策建议

根据上述分析，山西省城乡居民的消费需求是影响经济可持续健康发展的主要动力。居民的消费水平和消费结构与经济增长之间存在着长期均衡的关系。根据山西省的实际情况，提出以下几点对策与建议。

1. 提高城乡居民收入

居民的实际购买力决定了消费的需求量，取决于收入水平和价格水平。1995 年以来山西省城乡居民收入和消费都有所提高，然而日益拉大的城乡收入差距，影响了居民的实际购买力水平。农村居民的边际消费倾向较高，只有切实增加农村居民的收入才是启动农村市场的重要前提。价格因素也是影响居民消费的一个主要因素，近年来，农产品价格、房价的一路上扬使得一些居民消费信心不足，从而出现高储蓄、低消费的现象，因此必须完善宏观经济的调控，规范市场秩序，引导居民转变消费观念。

2. 缩小城乡差距

收入分配差距过大时就会制约有效需求的扩大。从古至今，人们都是"不患寡而患不均"，社会财富集中在占人口比重很小的高收入者手中，这些人的需求已基本达到饱和，边际消费倾向很小；而占人口比重很大一部分的低收入者具有很高的边际消费倾向，但缺乏足够的支付能力，从而造成总需求的萎缩。因此在构建和谐社会的前提下，必须抑制收入差距过大，确保收入的公平性。如可以发挥税收对收入分配的调节作用；对金融保险业、邮电通信业及电力煤气等垄断性行业的职工工资建立垄断利润调节税和资源税；从源头上治理灰色收入和非法收入。

3. 稳定居民未来预期，减少预防性储蓄动机

完善的社会保障体系可以稳定和纠正市场机制本身的缺陷，目前山西省的社会保障体系尚不够健全，还不能充分发挥保障功效。收入越低的居民储蓄动机越强烈。因此，增加财政支出结构中社会保障基金的预算安排，确保社会保障基金的专款专用是有必要实行的；此外还可以有计划地拓宽劳动力市场，扩大就业渠道，缓解就业矛盾，促进经济增长。

4. 进一步拓展消费领域，鼓励和引导居民合理消费

当前，山西省居民的消费行为中存在非理性、不合理的现象，既有追求奢华、盲目攀比的消费行为，又有过度节俭、一味增加储蓄的行为。因此，应加强宣传教育，培养广大居民科学和合理的消费观念，形成好的消费习惯，理性消费；同时挖掘高层次的消费需求。旅游消费、住房消费、居民汽车消费等，都会在很大程度上拉动居民的消费，这些新的消费热点会吸引居民更多的消费，从而拉动经济增长。尤其是房地产业应加大经济适用房的投资力度，促进住房消费。

5. 完善消费信贷市场体系建设

我国消费信贷的发展仍然远未达到普及的程度，消费信贷市场蕴藏着巨大的发展潜力，完善的消费信贷法律制度可以促进消费信贷市场健康、有序地发展。因此，扩大消费信贷的覆盖面，加强对较低档次消费品的信贷支持有利于减少消费信贷对消费的挤出效应；还要引导居民中在证券市场上以长期价值投资为主，减少投机行为。

6. 培育优良和谐的居民消费环境

近年来出现的假冒伪劣产品、有毒有害产品，极大地打击了居民的消费信心，使得人们不敢消费，产生"一朝被蛇咬三年怕井绳"的心理。构建和谐的消费环境就要从源头上保证产品的质量和安全性，同时要加强法制建设，严格执法，维护好消费者的权益，维护好消费品市场正常公平的市场秩序。

总之，构建和谐的消费环境才能增强居民消费的信心，促进社会的稳定，才能确保居民消费市场的稳定发展。

8 晋东南地区城乡居民的消费问题研究

晋东南是指今天的中国山西省的东南部。因为山西省在春秋时期是晋国的属地，故而简称"晋"，东南表示方位区域，晋东南由此得名。山西省行政区划上曾有过"晋东南专区"，晋东南专区包括今天的长治市、晋城市。

长治市，东倚太行山，与河北、河南两省为邻，西屏太岳山，与临汾市接壤，南部与晋城市毗邻，北部与晋中市交界；为太行山和太岳山所环绕，构成高原地形，通称"沁潞高原"，又称"上党盆地"。

晋城市，位于山西省东南部的太焦铁路线上，是山西省下辖的一个地级市，中国煤炭工业基地，面积9490平方千米，人口约200万，以汉族为主。

本章对晋城市、长治市的城乡居民消费进行研究，以对山西省的居民消费研究做针对性说明和补充。

8.1 晋城市城乡居民消费研究

晋城市是一个以煤铁为主的资源型城市。党的十六大以后，特别是十七大提出转变经济发展方式的战略以来，全市积极开展以工补农、以城带乡，有力地推进城乡统筹和经济社会协调发展。全年城镇居民人均可支配收入为 17 353 元，比上年增长 14.5%；城镇居民人均消费性支出 10 586 元，比上年增长 11.8%。农村居民人均纯收入 5899 元，比上年增长 12.2%；农村居民人均生活消费支出 3853 元，比上年增长 5.5%。城镇占调查总户数 20% 的低收入家庭人均可支配收入 6379 元，比上年增长 9.8%；农村占人口 20% 的低收入者收入 3122 元，比上年增长 12.8%。城镇居民家庭恩格尔系数（即居民家庭食品消费支出占家庭消费支出的比重）为 27.5%，农村居民家庭恩格尔系数为 38.8%。城镇单位在岗职工年平均工资 40 029 元，比 2009 年增长 17.0%。2010 年全市生产总值 730.5 亿元，比 2009 年增长 13.7%。其中，与 2009 年相较，第一产业增加值 30.7 亿元，增长 13.7%；第二产业增加值 464.6 亿元，增长 15.6%；第三产业增加值 235.2 亿元，增长 10.5%。第三产业中，金融保险业增加值 26.9 亿元，增长 11.0%；交通运输、仓储和邮政业增加值 56.3 亿元，增长 8.1%；批发和零售业增加值 38.5 亿元，增长 12.4%；房地产业增加值 13.4 亿元，增长 10.2%。第一、第二和第三产业增加值占全市生产总值的比重分别为 4.2%、63.6% 和 32.2%。系统、深入地研究居民的消费状况、消费函数等问题，对准确把握居民消费需求、找准开拓消费市场的切入点、促进居民消费等具有重要意义。

8.1.1　与本课题相关的应用研究

1. 消费与经济增长的关系

消费与经济增长的关系包括消费对经济增长的促进作用和制约作用。促进作用方面，国家统计局课题组（2002）通过对中国居民购买力水平的实证研究，得出"提高城乡居民购买力水平是扩大内需的关键"的结论；河北经贸大学课题组（2000）通过实证分析，得出推动经济增长的主要因素是内需的增长，投资对经济增长的贡献小于消费对经济增长的贡献率。与促进作用相对应的是，现阶段的需求疲软，制约了经济的发展。常欣（2002）认为，目前中国经济增长的格局已由"资源约束"转为"需求约束"，尤其是消费需求的约束。

2. 消费需求状况研究

刘国光（2002）通过深入研究后提出，我国消费率偏低是消费需求不足的重要原因。他认为，我国消费率不仅过低，而且呈长期下降趋势。与此相联系的消费倾向即平均消费倾向和边际消费倾向也长期呈下降趋势。国家统计局城市社会经济调查总队（2002）指出：从目前我国城市居民的消费现状来看，生存消费早已得到满足，正处在享受层次上。我国居民生活从总体上看已达到小康水平。但是，尹世杰（2003）指出，我国居民消费差异很大，不仅城乡居民有差距，而且城市居民之间、农村居民之间也有很大差距。

对于消费结构方面，吴凤庆（2001）通过研究，得出当前我国的消费结构正处于结构转型时期，我国居民的消费开始进入住、行为主的时期。我国居民消费结构正由生存型向享受型和发展型转变。

3. 消费函数研究

陈伟彦（2000）根据不同历史时期的数据，在持久收入假说的基础上，做出了中国城乡居民的分段消费函数。减旭恒在《中国消费函数分析》（1994）中，通过数学模型，把收入、消费、储蓄和资产之间的关系刻画出来，并分析了不同时期消费函数的变动。

4. 消费疲软的原因

消费疲软的原因包括：①收入。袁钢明（2002）指出，目前全国消费增长缓慢主要与居民收入增长缓慢、收入差距的加大有关。②利率。有相当一部分学者通过定性分析认为，利率过高是制约城乡居民消费的重要因素，应适当降低利率。③消费者预期。尹世杰认为，由于教育、医疗等改革的实施，增加了居民的预期支出，迫使居民压缩即期消费，以应对不测。④供需结构不匹配。常欣认为，随着居民消费结构的转变，一方面，一些质量不高、货不对路的商品大量积压；另一方面，一些高科技、高附加值且适应现代消费的产品严重短缺。⑤消费信贷发展滞后论。李少兴（1999）主张应加快消费信贷的发展，通过信贷规模的扩展来刺激需求。⑥支持消费的基础设施供给不足。持这种观点的人以林毅夫（2001）为代表，他认为消费需求不足的原因在于支持消费的基础设施供应不足。

5. 刺激消费需求的措施

范剑平（2002）认为，进一步启动消费需求应从以下三个方面入手：①千方百计扩大就业，以制度创新破除农村劳动力就业的城乡"栅栏"。②适时降低利率，扩大消费信贷。③减轻农民负担，扩大政府对农村教育、交通等方面的投入。

林毅夫（2002）则强调存量需求是解决内需问题的新思路。存量需求是指有消费的意愿却没有支付能力和有投资意愿而因为体制原因无法实现的状况。

以上这些研究，为本书的研究提供了思路和方法，更重要的是为本书的研究提供了方向：①对于消费问题，全国和其他部分省份都有研究，以研究全国消费为最多。目前对于晋城市的研究尚属空白。②对于消费需求不足的原因，大多停留于若干因素如收入等分析，很少有人从深层角度寻求原因。③对于消费函数研究，很多人借助于持久收入假说，我们借鉴数量经济学模型对晋城市消费需求进行分析。④在对策研究中，目前集中从增加收入等需求方面找对策，我们主张从多方面寻找对策。

8.1.2 晋城市居民消费需求的特征

长期以来，由于晋城市在全省特殊的经济地位以及受传统消费观念的影响，在经济发展中存在着"重积累、轻消费"的现象，这在日常生活中则存在着"重储蓄、轻消费"的现象，这在一定程度上影响了居民消费水平的提高。与此同时，教育、医疗、住房三大消费的压力，更使居民的预期支出大增，进一步导致了晋城市消费需求的不足，城乡消费水平差距进一步拉大，其突出表现为以下六个方面：

1. 经济发展形势良好，居民收入稳步增加

晋城市城镇居民人均可支配收入由 1978 年的 300 元，增长到 2006 年超过 10 000 元、2010 年达 17 353 元，在全省 11 个地级市中排名第二，30 多年来年均增长 17.2%，其中 2006—2008 年平均增长 11.7%。农民人均纯收入由 1978 年的 114 元增长到 2007 年超过 4000 元、2010 年达到 5899 元，在全省 11 个地级市中排名第四，30 多年来年均增长 6.9%，其中 2006—2008 年期间平均增长 7.2%，各项经济指标均位于山西省前列（见图 8 - 1）。

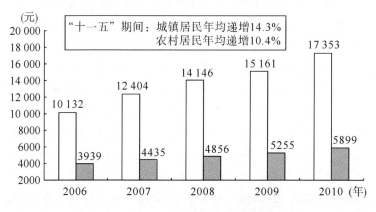

图 8 - 1 "十一五"期间城乡居民收入

2. 最终消费率略有增长，但低于全省平均水平

最终消费率即最终消费占 GDP 的比重，表明单位劳动成果可供消费的部分，是衡量一个地区最终消费水平的主要指标。2000 年至今，晋城市的最终消费率在不断震荡中逐步抬高，2000 年为 41.76%、2005 年为 41.84%、2010 为 46.2%，低于全国 48.6%（2010 年）的平均水平，远低于世界 79.2%（2006 年）的平均水平，更低于发达国家 80%（2006 年）的水平。大多数国家的消费率在 70% 以上，素以高储蓄率闻名的东亚国家消费率最低时也在 65% 以上。从晋城消费对经济增长的拉动角度看，除个别年份外，2000 年以来消费对经济增长的拉动率均低于投资对经济增长的拉动率，显示出"十二五"期间晋城市应在扩大内需，尤其是扩大居民消费、加大消费需求在促进经济增长的贡献比重等方面不断增强。

3. 人均消费水平明显提高，城乡消费水平差距进一步拉大

纵向比较，随着经济的不断发展，晋城市最终消费规模不断扩大，人均消费水平也在不断增加。2010 年晋城市城镇居民消费水平高出全省人均消费水平 115 元。但城乡消费水平差距进一步拉大，2000 年城乡消费水平差距为 2.4∶1（以农村人均消费水平为 1），2008 年进一步扩大到 2.6∶1（见图 8-2）。

4. 社会消费品零售额占 GDP 的比重在波动中上升

消费品市场是实现消费的主要载体，因此由它所完成的社会消费品零售额，在相当程度上体现着消费的总体规模和发展水平，它占 GDP 的比重也基本能够说明消费需求在 GDP 中份额的多寡。2000 年晋城市社会消费品零售总额占 GDP 的比重达 29.92%，2005 年只有 23.77%，2006 年比重略有回升，占 24.04%，2008 年是 28.5%。2010 年晋城市全年社会消费品零售总额 182.3 亿元，比 2009 年增长 21.4%，人均生产总值 27 108 元，增长 6.8%，按 2010 年平均汇率（6.831）计算达到

3968 美元，社会消费品零售总额占 GDP 的比重达 30.1%。

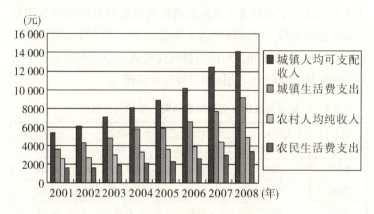

图 8-2　城乡居民消费差距

5. 居民存款量逐年上升

由 2005—2009 年晋城市城乡居民人民币储蓄存款及其增长速度（见图 8-3）可以看出，晋城市居民存款量正在逐年上升。

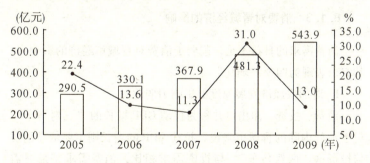

图 8-3　2005—2009 年晋城市城乡居民人民币储蓄存款及其增长速度

6. 边际消费倾向、平均消费倾向分析

消费倾向分为平均消费倾向和边际消费倾向。平均消费倾向指居民每单位收入中用于消费支出的份额。一般而言，一个人的收入越高，消费占其收入的比重越小，平均消费倾向与收入水平呈反向变动趋势。边际消费倾向是把增加的消费与增加的收入进行比较，反映每增加 1 元收入中，用于增加消费的份额。由表 8 - 1 可得知，居民消费倾向在波动中不断降低，平均消费倾向呈下降趋势，边际消费倾向波动较大。

表 8 - 1　城镇居民历年边际消费倾向、平均消费倾向

年份	人均可支配收入(元)	人均生活消费支出(元)	平均消费倾向	边际消费倾向
1995	3091	2394	0.77	0.69
2000	4842	3284	0.68	0.82
2005	8911	5882	0.66	0.23
2006	10 132	6605	0.65	0.59
2007	12 404	7637	0.62	0.45
2008	14 146	9233	0.65	0.92
2010	15 161	9470	0.62	0.23

8.1.3　消费对晋城经济的影响

消费需求的日益不足，削弱了消费对晋城市经济的影响力。其突出表现为四个"弱化"。

1. 对加快经济发展速度的影响力弱化

消费、投资、净出口并称为拉动 GDP 增长的"三驾马车"。对于地处内陆的晋城市来说，拉动 GDP 的增长则主要依靠消费与投资这"两驾马车"。与投资需求相比，消费需求是最终需求，是推动经济增长的原动力，因而对经济产生的影响力更大。据测算，在现阶段国内需求中，消费需求每增长 1%，相当于投资增长 1.5% 对经济增长所产生的拉动作用。"十一五"时期晋城市消费对 GDP 增长贡献率在 2000 年达 41.90%，同期投资需

求对 GDP 增长的贡献率达 50.45%，消费贡献率比投资贡献率低 8.55%；而到 2010 年全市消费需求对 GDP 增长的贡献率为 43.85%，同期投资需求对 GDP 增长的贡献率则达 52.62%，消费贡献率比投资贡献率低 8.77%。其原因固然是多方面的，而消费需求不足的影响是非常重要的诱因之一。

2. 对优化经济结构的影响力弱化

优化经济结构、促进经济协调均衡发展一直是晋城市经济力图实现的战略目标。消费需求不足直接导致了消费与投资比例的失调，这是显而易见的，其中最主要的就是第二产业与第三产业的比例失衡问题。由于以现代服务业为主的第三产业所提供的服务，基本上是取决于社会与居民对服务的消费需求，因此第三产业的发展在很大程度上是依靠消费来拉动的。而晋城市经济发展的一大"软肋"就是第三产业发展速度较慢，在 GDP 中的份额较小，而且这一趋势呈现不断加剧趋势。2000—2005 年，第三产业平均增速为 11.97%，比第二产业增速低 9.41%，占 GDP 比重由 2000 年的 38.6% 下降为 2005 年的 31.2%，下降了 7.4%。不仅如此，与全省相比，晋城市第三产业发展差距也十分明显。到 2010 年，晋城市第三产业比重为 31.2%，比同期全省水平低 6.2%。不可否认，最近几年，第二产业特别是工业的高速增长有力地推动了晋城市整个国民经济的快速发展，但是从另一方面讲，我们在关注工业迅速拉动国民经济增长的同时，也要警惕第三产业发展滞后对国民经济的负面影响。特别是从目前及长远，以及从当前国家宏观调控的着力点及资源环境对晋城市经济发展的制约来看，加快发展第三产业、进一步提高第三产业对晋城市经济的带动作用显得尤为紧迫和必要，因而扩张消费需求对拉动第三产业的发展更是有着非同寻常的意义。

3. 对提高经济增长质量和效益的影响力弱化

消费率的持续走低就意味着投资率的不断走高，这个趋势必然会导致投资需求与投资比例的失调。因为投资需求既是当期需求，又是下期供给，其持续增长取决于消费需求的增长。如果投资需求长期快于消费需求，消费就越来越难以实现产品的价值，投资进一步扩大就会受到制约，导致生产能力闲置、企业效益下降、失业人员增加等问题，严重影响经济增长质量和效益。从经济效益水平看，2010 年，晋城市煤炭、化工、电力三大行业的利润总额占到全部利润总额的97%左右，而其余20 多个行业只分享3%的利润份额，利润率水平分化严重。

4. 对提升居民消费结构的影响力弱化

近年来晋城市城乡居民消费水平迅速提高，消费结构不断趋于优化，消费转型节奏正在加快，这一点是毋庸置疑的。但不容忽视的是，由于晋城市消费需求的日益不足，经济总量用于消费领域的部分相对较少，居民消费结构的提升进程依然比较缓慢。从城镇看，2010 年晋城市城镇居民人均消费性支出为5882 元，比全省平均水平的6343 元低461 元，其中食品和衣着两项基本支出占了52.58%，比全省平均水平的47.1%高5.48%。从农村看，2005 年晋城市农村居民的人均生活费支出为2375 元，比全省平均水平的1878 元高497 元，其中食品和衣着两项基本支出占了48.5%，比全省平均水平的55%低6.5%，而趋于发展和享受型的居住、交通通信等方面的支出分别比全省平均水平低2.01%和0.67%。这一较低层次的消费结构，充分说明晋城市因消费不足而影响了消费结构的提升进程，兼之行业之间、地区之间、城乡之间消费水平差异还较大，在相当程度上抑制了人们生活质量的提高。

8.1.4 "十一五"时期居民消费的新热点

"十一五"时期，晋城市城市居民收入逐步增长，渠道日益拓宽；消费结构不断优化，品味不断提升，消费领域不断拓展。在收入增长的同时，居民手中越来越多的钱花在了教育、旅游、保健、服装、交通、通信、保险等方面。居民的生活越来越富裕，由"温饱型"向"发展型"和"享受型"乃至"富裕型"转变。

1. 花钱买健康

健康消费已经成为人们消费的新时尚。为了强身健体，提高生活质量，晋城市城市居民对自身健康倍加重视，市场上体育用品热销，"绿色"商品受宠，保健品的广告随处可见；各种先进的健身器材逐渐进入普通百姓家庭；牙齿保健、减肥等这些在过去可有可无的保健活动，也被提上居民消费日程。2010年，晋城市城市居民人均购买保健器具 9.13 元，同比增长 36.63% 。随着健康意识的逐步提高，人们更愿意通过运动来维护身心健康，于是大大小小的健身俱乐部不断涌现，各大健身场所都可以看到络绎不绝的人们前来健身。

2. 花钱买方便

出门打车不再是少数人的专利，在饭店和饮食摊点吃饭、请客成为晋城市城市居民家庭经常性的消费内容，越来越多的人习惯花钱买方便。2010 年，晋城市城市居民人均在外饮食消费支出 567.93 元，同比增长 57.791% 。近两年，家政服务业应运而生，家政服务公司数不胜数。尤其是春节前，家政服务人员成了"抢手货"，要提前半个月左右预定。2000 年，晋城市城市居民人均用于家政服务的支出为 8.26 元，同比增长 28.63% ；自动化程度越来越高的洗衣机、微波炉、吸尘器、饮水机等家用电器的普及也使人们从繁琐的家务劳动中得到解脱，以投入更具效益的工作，实现更高的劳动价值。2010 年，晋城市城市居民人均服务性消费支出 1742.47 元，占消费性支出的比重为 23.28% 。

3. 花钱买休闲

休闲时间的增加，使人们享有了充分发挥爱好、兴趣、才能和力量的广阔空间，为自身的全面发展提供了保障，休闲逐步成为人们重要的生活方式之一。诸如旅游度假、休闲娱乐、外出购物、探亲访友等，晋城市城市居民有了越来越多的休闲方式，出现"假日经济"持续火爆的可喜局面。尤其是市民在五一劳动节、十一国庆节、春节黄金周等假日纷纷走出家门，到旅游胜地参观游览，既可以开阔眼界、增长学识，又可以放松和调节身心。2010 年，晋城市城市居民平均每百人旅游 57 人次，人均旅游花费 131.68 元。旅游直接带来的交通、购物、餐饮、娱乐及住宿等方面的繁荣兴旺，已成为居民消费领域的一种景观。

4. 花钱买时尚

随着市场经济体制的逐步形成，世界经济一体化的日益显现，信息成了人们的宠儿。无论是在日常生活中还是经济生活中，都已离不开信息的交流。以电话、电脑消费为特征的"信息消费"，近年来成为晋城市城市居民新的消费热点。曾经象征"富有"的手机逐渐趋于普及，2010 年，每百户居民家庭移动电话拥有量为 173 部，同比增长 15.92% 。家用电脑拥有量每百户达到 66 台，并全部使用互联网；每百部移动电话中有两部接入互联网。这些便捷的通信方式极大地方便了人们的日常交往和对各种信息的需求。现如今可以坐在家里，甚至走在街上就可以与外省乃至国外联系，人们的联络方式变得越来越多样、便捷，电话、网络、短消息几乎无处不在。从个人或者家庭的消费情况看，信息消费需求档次不断提升，消费内容更具广泛性和动态性。人们每时每刻都享受着瞬息万变的信息技术给生活带来的方便和舒适，信息技术革命已经成为人们由传统生活向现代生活迈进的重要标志。

5. 花钱买保障

随着晋城市社会保障水平的不断提高，居民家庭保障意识不断增强，社会保障支出日益增加。2010 年，晋城市城市居民人均社会保障支出 1043.75 元，同比增长 91.21%。其中，人均缴纳养老基金 520.04 元，同比增长 91.02%；缴纳住房公积金 413.66 元，同比增长 98.29%；缴纳医疗保险基金 113.93 元，同比增长 87.46%。居民生活安全度和社会稳定性得到进一步的提高。

8.1.5　晋城市城镇居民消费结构的对比分析

消费结构比较是指在一定的社会经济形态下，居民在消费过程中对消费资料（包括服务）消费的数量、比例和相互关系的研究对比。晋城市城镇居民的消费结构对比分析如下：

1. 横向比较

现将 2010 年山西省晋城市城镇居民的消费状况同全国城镇居民的消费状况作比较，结果见表 8-2、表 8-3。

2010 年晋城市社会消费品零售总额为 150 亿元，在全省 11 个地级市中排名第 7 位，与经济总量的地位相比位次相对落后，从表 8-2 可看出，晋城市城镇居民人均消费水平偏低。

从表 8-3 可看出，2010 年晋城城市居民食品消费占消费支出的比重为 29.53%，这表明该年晋城市的恩格尔系数（联合国粮农组织依据恩格尔系数数值，大体上将居民生活水平划分为贫困为 0.6 以上、温饱为 0.5~0.6、小康为 0.4~0.49 和富裕为 0.3~0.39 四个层次）低于全国平均水平、太原市、北京市等。晋城市城镇居民的消费支出结构部分优于全国平均水平，如娱乐文教服务类、衣着类、交通和通信类、医疗保健类、居住类商品的消费比重均高于全国平均水平；但是以娱乐教育文化服务为代表的提升型、享受型消费则低于太原市、北京市。由此可见，消费结构仍需提升。

表 8-2　　2010 年晋城市城镇居民消费额比较　　单位：元

项目	全国平均水平	北京市	太原市	晋城市
消费性总支出	13 471.45	19 334.48	12 106	10 586
食品	4804.71	6392.90	4090.6	3126.05
衣着	1444.34	2087.91	1516.1	1652.47
设备用品及服务	908.01	1377.77	806.26	508.13
医疗保健	871.77	1327.22	1150.1	825.71
交通和通信	1983.7	3420.91	1686.37	1367.71
娱乐文教服务	1627.64	2901.93	1752.95	1325.37
居住	1332.14	1577.35	945.48	1475.69
杂项商品和服务	499.15	848.49	518.14	302.76

表 8-3　　2010 年晋城市城镇居民消费状况比较　　单位：%

项目	全国平均水平	太原市	北京市	晋城市
消费性总支出	100	100	100	100
食品	37.89	34.65	33.79	29.53
衣着	10.37	11.65	9.55	15.61
设备用品及服务	6.15	5.33	6.66	4.80
医疗保健	6.99	10.35	9.50	7.80
交通和通信	12.60	9.67	13.93	12.92
娱乐文教服务	12.08	13.67	14.48	12.52
居住	10.19	12.36	7.81	13.94
杂项商品和服务	3.72	2.30	4.28	2.86

2. 纵向比较

通过已有数据分析，晋城市城镇居民消费情况有以下特点：

（1）消费能力显著提升。城镇居民人均可支配收入由 1978 年的 300 元，增长至 2006 年超过 10 000 元、2010 年达 15 161 元，在全省 11 个地级市中排名第二，30 多年来年均增长 17.4%，其中 2006—2008 年平均增长 11.7% 。随着收入的不断增长，居民消费能力明显增强。

（2）消费支出日益扩大。城镇居民人均消费性支出从 1978 年的 230 元增长到 2008 年的 9470 元，年均增长 16.6%，其中 2006—2008 年平均增长 11.8%。

从图 8-4 可以看出：

1985—1987 年收入消费支出基本持平，说明达到了温饱阶段。

1988—1997 年收入与消费逐渐有差距，说明逐渐过渡到小康阶段。

1997 年后差距在拉大，说明从小康阶段过渡到了富裕阶段。

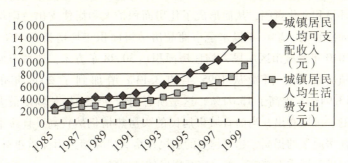

图 8-4　晋城市城镇居民收入—消费变动图

3. 居民消费结构序列优化

由表 8-4 可知：

表 8 - 4   城镇居民消费结构序列优化表

排位	1995 年	2000 年	2010 年
1	食品	食品	食品
2	衣着	衣着	衣着
3	家庭设备用品及服务	教育文化娱乐服务	居住
4	医疗保健	医疗保健	交通和通信
5	交通和通信	交通和通信	教育文化娱乐服务
6	教育文化娱乐服务	居住	医疗保健
7	居住	其他商品和服务	家庭设备用品及服务
8	其他商品和服务	家庭设备用品及服务	其他商品和服务

（1）居民住房成为消费的新亮点。随着收入的增加，居民在满足温饱之后，最迫切的需求就是改善居住条件，提高居住质量，2010 年城市居民人均用于居住的消费比 2001 年增长 2.3 倍，年均增长 17.8%。居民购房不仅注重面积、功能，更注重环境和文化氛围，从而形成了住房面积扩大和居住支出急剧增加的状况。2001 年以来全市商品房销售面积年均增长 18.4%，2010 年晋城市区居民人均住房面积达 30.28 平方米。晋城市城镇居民居住消费从 1995 年的 3.13% 增加到了 2008 年的 13.94%，提高了 13.71%，这是所有消费支出中增长幅度最大的。可以看出，当前晋城市居民的买房热情仍然较高，且注重住房质量的提高，越来越多的居民建房买房开始选用优质建材，追求房屋内部装饰，部分富裕居民住进别墅。

（2）衣着消费水平和质量有所提高。随着消费水平的提高，晋城市居民衣着消费支出额绝对数不断增加，其中晋城市城镇居民平均每人衣着支出额 1995 年为 627 元，2010 年为 1440 元，增长了 2.3 倍。从相对数来看，其消费支出占的比重有明显下

降趋势。晋城市城镇居民衣着消费的比重从 1995 年的 26.19%
下降到了 2008 年的 15.61%，下降了 7.3%。

（3）文教娱乐、交通通信等发展型、享受型支出比重不断
增加。2010 年晋城市城市居民人均文教娱乐支出 2219 元，2001
年以来，年均增长 12.8%；人均交通和通信支出 1714.7 元，年
均增长 18.7%；人均医疗保健支出 835.3 元，年均增长 14.5%。
其中，交通通信和医疗保健的支出比重在 1995—2008 年增长了
5.64% 和 12.39%，是所有消费支出中仅次于住房支出的，增长
幅度最大。因为经济的发展，居民越来越注重交通的便利和通
信的快捷。摩托车、汽车大量进入家庭，给居民出行带来了便
利和快捷，电话的普及与手机的使用让生活变得更方便。

（4）出现新的消费热点。近几年，汽车消费成为城镇居民
消费的时尚，城镇每百户居民拥有的家用汽车量由 2004 年的 1
辆上升到 2010 年的 7.2 辆。2010 年年末全市居民家庭拥有私家
轿车 5.8 万辆。同时科技类产品也成为居民消费的新宠，城镇
每百户居民家庭拥有移动电话由 2000 年年末的 4 部上升到 2010
年年末的 153 部；城镇每百户居民家庭家用电脑拥有量由 2001
年的 4 台上升到 2010 年的 62 台；对网络通信的需求也与日俱
增，全市因特网宽带接入户达到 15.4 万户。

4. 不同收入组居民消费的对比

从图 8－5 可以看出，收入等级低与高的消费支出的主要差
别在于食品、医疗、其他和交通，低收入城镇居民主要是食品
支出比重较高，而收入较高的居民是医疗、其他商品和服务及
交通支出比重较高，因此要促进消费转型、扩大消费规模主要
是提高低收入居民的收入，增加中等收入的比重。

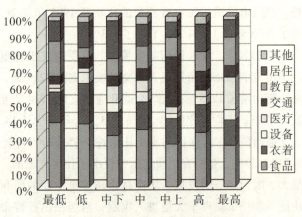

图 8 - 5　不同收入组城镇居民消费结构对比

8.1.6　城镇居民消费需求的影响分析

1. 边际消费倾向、平均消费倾向分析

消费倾向分为平均消费倾向和边际消费倾向。平均消费倾向指居民每单位收入中用于消费支出的份额。一般而言，一个人的收入越高，消费占其收入的比重越小，平均消费倾向与收入水平呈反向变动趋势。边际消费倾向是把增加的消费与增加的收入进行比较，反映每增加 1 元钱收入中用于增加消费的份额。由表 8 - 5 可得知，居民消费倾向在波动中不断降低，平均消费倾向呈下降趋势，边际消费倾向波动较大。

表 8 - 5　城镇居民历年边际消费倾向、平均消费倾向

年份	人均可支配收入（元）	人均生活消费支出（元）	平均消费倾向	边际消费倾向
1995	3091	2394	0.77	0.69
2000	4842	3284	0.68	0.82
2005	8911	5882	0.66	0.23

表8-5(续)

年份	人均可支配收入（元）	人均生活消费支出（元）	平均消费倾向	边际消费倾向
2006	10 132	6605	0.65	0.59
2007	12 404	7637	0.62	0.45
2008	14 146	9233	0.65	0.92
2010	15 161	9470	0.62	0.23

2. 居民收入影响分析

收入是影响消费需求的重要因素之一，收入的变动将会引起不同类别的商品发生不同的变动。其经济含义为：在价格不变的条件下，消费者收入 Y 每变动 1 个百分点引起的第 i 类商品的需求量变化的百分比。

由收入弹性值可以看出，食品、居住、医疗保健、衣着、娱乐文教类的收入弹性都小于1，说明这些消费品在日常生活中都是必需的，而且必需程度的高低依弹性值从低到高排序。而交通通信、设备用品收入弹性大于1，这意味随着城镇居民收入水平的提高，人们愿意花更多的钱来购买设备用品、交通通信这些类别的商品，以提高生活水平。晋城市城镇居民在消费上向享受型、发展型等高层次需求方向发展。由表8-6中的数据可以看出，所有消费品类的价格弹性均为负值，说明无论是自身价格上涨还是其他类别消费品价格的上涨，都将不同程度地影响该类消费品的需求下降，它们之间具有一定的替代性。在自身价格弹性中，设备用品的弹性绝对值最大，其他类次之，说明这两类消费品的需求受自身价格变化的影响最大，而食品、居住、医疗保健类的自身价格弹性较小，说明这几类消费品的需求受自身价格的影响较小。

表 8 - 6　　2010 年城镇居民各类消费品的需求弹性

消费品类别	收入弹性	价格弹性							
		食品	衣着	设备用品	医疗保健	交通通信	娱乐文教	居住	其他
食品	0.046	-0.360	-0.003	-0.001	-0.001	-0.001	-0.0028	-0.002	-0.001
衣着	0.802	-0.160	-0.530	-0.011	-0.024	-0.014	-0.043	-0.032	-0.012
设备用品	1.522	-0.290	-0.080	-0.877	-0.041	-0.032	-0.075	-0.054	-0.022
医疗保健	0.798	-0.142	-0.038	-0.011	-0.447	-0.025	-0.041	-0.028	-0.011
交通通信	1.111	-0.210	-0.058	-0.015	-0.031	-0.647	-0.055	-0.040	-0.017
娱乐文教	0.895	-0.173	-0.050	-0.011	-0.024	-0.018	-0.543	-0.034	-0.013
居住	0.634	-0.118	-0.033	-0.008	-0.018	-0.012	-0.031	-0.385	-0.009
其他	1.132	-0.215	-0.054	-0.013	-0.035	-0.022	-0.057	-0.042	-0.653

8.1.7　居民消费对经济增长拉动力分析

消费比重是各年消费支出额与地区生产总值的比值，拉动率是各年生产总值增长速度与贡献率的乘积。这个公式的含义是：在地区生产总值增长率中，有百分之多少是由消费拉动的。投资比重与拉动率也是同样计算。

从晋城市消费对经济增长的拉动角度看，除个别年份外，2000 年以来消费对经济增长的贡献率均低于投资对经济增长的贡献率（见表 8 - 7）。

表 8 - 7　　　　各年份消费比重和拉动率

年份	消费在地区生产总值中所占比重（%）	投资在地区生产总值中所占比重（%）	消费拉动率（%）	投资拉动率（%）
2000	41.0	59.2	4.4	3.7
2005	46.2	52.6	3.1	13.9
2006	41.9	56.5	10.0	7.7

表8-7(续)

年份	消费在地区生产总值中所占比重（%）	投资在地区生产总值中所占比重（%）	消费拉动率（%）	投资拉动率（%）
2007	44.9	55.7	8.7	6.1
2008	46.6	53.7	12.6	13.2
2010	46.2	54.3	11.9	12.8

可以利用统计学中的对数模型计算出该时期内的弹性系数。模型形式为：

$$\ln Y = a + b\ln X$$

这里 Y 表示生产总值，X 表示消费，则计算出的 b 值为消费需求弹性系数。样本数选取样本时期是1985—2008年，数据来源是历年《晋城统计年鉴》。用统计软件 EVIEWS 3.0，设 LY 为晋城地区生产总值的对数，LX 为晋城最终消费支出的对数，则模型的具体方程为：

$$LY = -0.475 + 1.221 LX$$
$$(-0.496\,312)\ (43.003\,86)$$

从该模型结果来看，该回归方程可决系数较高，回归系数均显著，但是 DW 值偏低，说明存在一阶正相关。

$$LY = -0.475 + 1.221 LX$$
$$(-4.245\,995)\ (29.724\,00)$$

从模型参数来看，晋城市的居民消费每增长1个百分点，则晋城的人均生产总值就会增长1.261个百分点。这说明提高消费对经济增长作用较大，所以我们需要提高消费对经济增长的刺激作用。

8.1.8 居民消费结构变动预测

本书先对城镇居民的收入做出预测，然后利用收入弹性分析的结果去预测不同类别商品的消费需求，从而对未来三年的消费结构做出预测。

依据收入变动预测结果和弹性分析的结果，将 2012 年、2013 年、2014 年内不同类别商品的消费需求情况预测如表 8 - 8 所示。

表 8 - 8　　　　　　ARIMA 模型预测收入结果

年　　份	2012 年	2013 年	2014 年
预测值（元）	19 634.5	22 012.8	24 069.5

表 8 - 9　　　　　　消费结构变动预测

项目	2012 年		2013 年		2014 年	
	绝对值（元）	结构（%）	绝对值（元）	结构（%）	绝对值（元）	结构（%）
食品	5694	29	6163.6	28	6980	29
衣着	2748.8	14	2861.7	13	3129	13
家庭设备	2945.2	15	3301.9	15	3369.7	14
医疗保健	981.7	5	1320.8	6	1444.2	6
交通通信	1374.4	7	1761	8	1925.6	8
文教娱乐	2945.2	15	3522	16	3851	16
居住	1767.1	9	1981.2	9	2166.3	9
杂项	1178.1	6	1100.6	5	1444.2	6

由表 8 - 9 中的数据来看在未来三年内，城镇居民消费中用于食品方面消费的比重（即恩格尔系数）将逐年下降近 1 个百分点，家庭设备用品及服务类商品、交通通信类、娱乐文教类、杂项商品与服务类需求将呈现出缓慢上升的趋势，衣着消费比例下降，居住方面的消费基本不变。

8.1.9 晋城市农村居民消费情况分析

2010年，农村居民人均纯收入5899元，较2009年增长12.2%；农村居民人均生活消费支出3853元，较2009年增长5.5%；农村占人口20%的低收入者收入3122元，较2009年增长12.8%。农村居民家庭恩格尔系数为38.8%。截至2010年年末，全市农村贫困人口为4.7万人，比2009年减少1.1万人。随着农民收入的增加，农民的生活品质提升，不仅讲究吃的质量、穿的风格、住的档次，而且注重身体的保养、文化素质的提升，追求精神上的享受。

（1）食品支出增速回落，恩格尔系数下降。2010年，人均食品消费支出1366元，增加78元，较2009年增长6.1%，增幅下降18.6%；占生活消费支出的比重（即恩格尔系数）为37.4%，比2009年下降0.6%。

（2）居住面积继续扩大，住房类型更加优化。2010年，农民人均居住支出418元，比2009年增加7元，增长6.8%；农民人均居住面积35.0平方米，比2009年增加1.2平方米，增长3.5%。其中楼房与砖瓦平房的面积达34.7平方米，占99.2%，比重比2009年提高0.1%。

（3）家庭耐用消费品拥有量不断增多，并且档次提高。随着农民收入的增加和消费观念的更新，加上家电下乡补贴政策的刺激，农民家庭耐用消费品更新换代的速度加快，并且日趋高档化、时尚化。2010年农民人均家庭设备用品支出167元，比上年增加17元，增长11.6%。与2009年相比，2010年农民每百户拥有电冰箱29.6台，增长2.2%；洗衣机88.8台，增长0.9%；抽油烟机2.3台，增长17.4%；家用计算机10.6台，增长32.4%；手机109.8部，增长4.6%。

（4）衣着支出、交通通信支出、文教娱乐支出和医疗保健支出明显增加。与 2009 年相比，2010 年衣着消费人均 490 元，增加 78 元，增长 19.1%；交通通信支出人均 431 元，增加 17 元，增长 4.0%；文教娱乐支出人均 372 元，增加 14 元，增长 4.0%；医疗保健支出人均 292 元，增加 39 元，增长 15.5%。

（5）农民消费结构日趋合理。作为农村居民生活水平改善标志的生活消费结构序列，由满足基本生存需要的"一吃二穿三住房"变化为更高层次丰富的享受性支出大幅度提高。消费结构也明显表现出生存资料比重大幅减少，发展资料和享受资料比重大幅提高的趋势。1978 年，生活消费结构序列为基本生存型的吃、穿、住、用品及其他。其中吃的比重高达 68.4%、穿占 16.8%、居住占 7.9%、用品及其他占 6.9%。到 1984 年，以农民的恩格尔系数降到 60%（50%～60% 为温饱）以下（52.4%）为标志，消费结构序列越过了一个质的界限，农民整体生活跨入温饱阶段。吃的比重大幅下降，其他消费比重快速提升，其中吃占 52.4%，降低了 16%；穿占 18.4%，文化娱乐用品及服务性其他支出占 18.4%，分别提高了 1.6% 和 13.5%。到 1997 年，随着农民整体生活水平的进一步提高，恩格尔系数继续下降到 40.6%（40%～50% 为小康），标志着晋城市农民生活已跨入总体小康水平，生活消费结构序列进一步优化为吃占 40.6%，文化娱乐用品服务性及其他支出占 34.5%，穿占 18.1%，居住占 5.4%。进入 21 世纪，全面建设小康社会进程的加快，农民生活水平全面提升，到 2010 年，恩格尔系数下降到 37.4%（30%～40% 为富裕）。从这个层面上来看，农民已进入富裕阶段，农民消费向更高的领域扩展，吃的占 35.3%，衣着占 12.6%，居住占 15.7%，家庭设备用品占 1.0%，交通通信占 11.3%，文化教育娱乐占 10.6%，医疗保健占 7.1%，其他商品和服务占 3.9%。

8.2 晋城市县域农民收入差距问题的实证研究

从数据表面来看，晋城市农村居民的生活是富足的，但也存在区域经济发展不平衡、收入差距大等问题，这也给"十二五"时期新农村建设带来一定的压力。解决好县域农民收入差距问题，对于推动区域以及全市经济发展、维护社会稳定、构建社会主义和谐社会具有十分重要的现实意义。

1. 农民收入区域差异的极值指标体系测定

通过分析2006—2010年五年间晋城市农民人均纯收入差异的统计资料，并以各县区为基本单位将农民人均年纯收入进行排序，可以得出全市农民人均年纯收入的最值统计表，见表8-10。

表8-10　2006—2010年晋城市各县区农民人均纯收入最值比较

年份	最高值（元）	最低值（元）	全市均值（元）	绝对差距（元）	相对差距（%）	极值差率（%）
2006	3976	2839	3593	1137	40.0	31.65
2007	4698	3186	4435	1512	47.46	34.09
2008	5517	3378	4856	2130	63.06	43.86
2009	5968	3618	5255	2350	65.0	44.72
2010	5057	3200	5899	1857	58.03	31.48

资料来源：根据历年《晋城统计年鉴》的相关数据计算整理。

表8-10中，绝对差距是各年最高值与最低值之差；相对差距是各年绝对差距与同期最低值之比；极值差率是各年绝对差距与同期全市均值的比率。

由表 8 - 10 可以看出，"十一五"期间，其最值间的绝对差距（全距）总体上呈逐年扩大的趋势，即农民纯收入水平由相对较集中向不断分散发展。年收入最低的县区是陵川县，经济增长速度缓慢；高平市和城区经济发展态势良好，尤其是高平市取得很大进步；沁水县由于煤层气的开发带动经济发展，农民收入有较大幅度的增加。其最值间的相对差距总体上呈逐年扩大的趋势，这也反映晋城市县域经济发展不平衡，县域经济之间差距呈逐年上升趋势。农民纯收入最高值偏离同期全市均值的程度较大，而最低值偏离程度较小，这也说明造成农民纯收入相对差距波动的主要因素是农民人均纯收入的最高值。

2. 农民收入区域差异的标准差、变异系数体系测定

反映区域间农民人均纯收入绝对差距的另一个指标是标准差，其计算公式为：

$$S = \sqrt{\frac{\sum (x - \bar{x})^2}{n - 1}}$$

其值越大，则表明区域间农民人均纯收入绝对差距就越大。利用现有数据，可以计算出各县区农民纯收入的标准差；同时，还可利用变异系数（标准差系数）来测定地区间的收入差距。由于它可以消除单位和（或）平均数不同对两个或多个资料变异程度比较的影响，因而能更能好地反映地区间的收入差距。变异系数的计算公式为：

$$C \cdot V = \frac{S}{\bar{x}} \times 100\%$$

如表 8 - 11 所示，总体上晋城市农民人均纯收入县区间标准差呈较明显的趋势逐步扩大，从 2006 年的 488 元扩大到 2010 年的 728 元，5 年间扩大了 1.49 倍，这说明晋城市各县区的农民纯收入在绝对差距上呈不断扩大的态势。

表 8-11 2006—2010 年农民人均纯收入均值、标准差和变异系数

年份	均值（元）	标准差 S(元)	变异系数 CV
2006	3378.231	488.0629	0.135 779
2007	3833.231	558.3215	0.138 549
2008	4230.538	617.8618	0.140 634
2009	4854.308	692.8569	0.138 292
2010	5206.914	728.8964	0.139 992

资料来源：根据历年《晋城统计年鉴》的相关数据计算整理。

3. 农民纯收入的基尼系数变化趋势分析

基尼系数的经济含义是指在全部居民收入中，用于进行不平均分配的那部分收入占总收入的百分比。基尼系数反映了居民之间贫富差异程度的数量界线，可以较客观、直观地反映和监测居民之间的贫富差距，预报、预警和防止居民之间出现贫富两极分化。联合国有关组织规定：若低于 0.2 表示收入绝对平均；0.2~0.3 表示比较平均；0.3~0.4 表示相对合理；0.4~0.5 表示收入差距较大；0.6 以上表示收入差距悬殊。

我们根据 2001—2010 年晋城市五县一区农民人均纯收入及相应人口数的资料，对各县市区按农民人均纯收入从小到大排列，利用 EXCEL 计算出了各年的基尼系数，计算结果见表 8-12。根据表 8-12 画出农民纯收入的基尼系数在时间上的变动趋势图（见图 8-6）。

表 8-12 2000—2010 年晋城市农民纯收入的基尼系数

年份	2001	2002	2003	2004	2005
基尼系数	0.379 12	0.344 05	0.320 94	0.334 64	0.290 26
年份	2006	2007	2008	2009	2010
基尼系数	0.329 89	0.389 84	0.360 60	0.392 06	0.396 88

资料来源：根据历年《晋城统计年鉴》的相关数据计算整理。

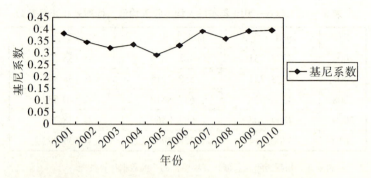

图 8-6　2001—2010 年晋城市农民纯收入基尼系数

从图 8-6 中可以看出，各县域之间农民收入的基尼系数总体上是呈现先降后升、再趋于缓和的趋势。这 10 年来晋城市各县域之间农民纯收入的基尼系数处在 0.3～0.4 相对合理的范围内，但总的上升趋势预示着收入差距有进一步扩大的可能。

4. 各县域农民纯收入的变动情况分析

由图 8-6 可以看出，2006—2010 年，随着农村经济的发展，农民纯收入也有了大幅度的提高。但就各个县区来看，增幅并不一致。

高平市（县级市）的农民收入的增长幅度是较大的，呈逐年递增趋势。陵川县与其他各县区的差距越拉越大，未来还有继续扩大的趋势。沁水县农民收入在 2010 年取得质的飞跃，与排名始终处于第一位的泽州县的差距比 2009 年缩小许多。相对于其他县区大幅度的收入缩水现象，沁水县比较平稳，主要原因是 2010 年全市进行资源整合，一些村办或镇办煤矿停业，在很大程度上影响了泽州县、高平市和城区农民的收入。从图 8-7 中我们还可以看出，2008 年席卷全球的金融危机对晋城市农民的纯收入也形成很大冲击，出现一个较大的"U"形口。

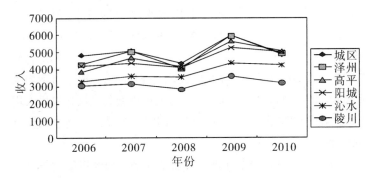

图 8 - 7　2006—2010 年晋城市各地区收入变化图

5. 农民收入区域差距成因分析

区域差异作为一个国际性的问题，其存在有着长期性和自然性的特点。影响晋城市农民收入的因素是多方面的，除历史和自然因素外，结合晋城市产业结构的特点，主要还是结构性因素、劳动力转移因素和科技生产力因素等方面的问题。

农民人均纯收入只是一个平均数，代表全市 167 万农民人均纯收入水平。而在不同乡村、同一乡村不同农户之间，农民收入差距同样在不断拉大。

表 8 - 13　晋城市 2010 年低、中、高农民人均纯收入分布情况

	全市	低收入	中低收入	中等收入	中高收入	高收入
人均收入（元）	5255	2541	3397	4231	5347	8178
常住户（万户）	50.51	9.15	9.26	9.79	10.73	11.58
常住人口（万人）	166.69	33.78	32.95	33.87	32.86	33.23

从表 8 - 13 可以看出，处于全市农民人均纯收入平均水平以下的有 28.2 万户、100.6 万人，分别占全市总户数的 55.8%、

总人口的 60.4%；处于全市平均水平以上的有 22.31 万户、66.09 万人，分别占全市总户数的 44.2%、总人口的 39.6%。20% 低收入户的收入水平（2541 元）比全市平均水平低 47.7%，而 20% 高收入户的收入水平（8178 元）比全市平均水平高 68.4%，两者相差 5637 元。晋城市阳城县皇城村农民人均纯收入达 30 000 多元，而在一些贫困村，农民人均纯收入仅有 2000 多元。

（1）产业结构因素分析。自然条件是一切经济活动赖以进行的物质基础。一个地区的经济发展与气候、地形、地貌、交通运输、自然资源分布等都有密切的关系。晋城市作为一个资源型城市更能真实体现这一点。在 20 世纪 90 年代初期，晋城市的经济是"村村点火，处处冒烟"的景象，泽州县的部分农民率先富了起来。"十一五"期间以来，晋城市加速传统农业向现代农业的转型步伐，呈现出"一县一特、一乡一业、一村一品"的产业特色。阳城县以产业化带动规模化，其中蚕茧产量已达 536 万千克，收入超亿元，为华北蚕茧产量最高的县。全市形成了 30 万亩中药材、88 万亩小杂粮、22 万亩干鲜果、15 万亩蔬菜的规模，农民收入大大增加。该县有"中国十大小康村"之一的皇城村，已有较成熟的集团运营模式，村民人均收入突破 3 万元。高平市大力发展冶金工业，民营企业吸纳农民就业，大大增加了农民的收入。泽州县的巴公镇现在是晋城市最大的工业园区，拉动了农村经济的发展。东四义等村依托煤炭经济，实现了农民小康奔富裕的发展。而陵川县由于资源匮乏、交通不便、气候寒冷，当地没有强有力的民营经济，因此农民收入始终处于全市最低。

（2）农民素质与劳动力转移因素分析。美国芝加哥大学经济系教授盖尔·约翰逊指出："中国农民接受的低水平教育是影响他们收入的重要因素。首先，农民接受的教育会影响他们的生产率；其次，教育也会影响农民移民到城市后适应城市生活的能力。中国农村地区的教育回报是，在校时间每增加一年，收入增长 3.5% ~ 5.5%。"① 由此可见，农民的文化程度越高，对收入的促进作用越大，农民教育素质的提高不仅关系到农民对采用新技术、新品种的接受能力，还关系到农民对市场信息的把握能力和对市场的决策水平。

科学文化素养水平是与农民收入呈正相关关系的，因此，要提高农民的收入，必须提高农民科学文化素养。据第二次农业普查，全市农村劳动力中，文盲占 1.7%，小学文化程度的占 30.7%，初中文化程度的占 62.8%，高中文化程度的占 4.6%，大专以上文化程度的占 0.2%。外出从业劳动者中，男劳动力占 79.5%，20 ~ 50 岁的劳动力占 77.3%。对农村职业技术教育和成人教育的投入较少等都会影响农民收入的增加。

6. 增加农民收入、缩小农民收入差距的对策探讨

（1）转变农业经济发展方式，发展现代农业。发展现代农业、繁荣农村经济是农民增收的重要基础。要跳出就农业抓农业、就农村论农村的思维方式和发展方式，用工业化理念抓农业发展，用城镇化思路抓农村发展，促进产业融合、城乡融合，真正转变农村经济农业发展方式；同时，围绕"高产、优质、高效、生态、安全"的总体要求，推进传统农业向现代农业的转型发展，提高土地产出率、资源利用率、农业劳动生产率和农产品市场竞争力。调整优化农业结构，加快推进六大特色农业的区域化、规模化发展，形成特色鲜明的现代农业产业带。推进农业标准化建设，加快发展无公害农产品、绿色食品和有机农产品。推进农业产业化经营，做大做强农业产业化龙头企

---

① 陈柳钦，程可胜. 多管齐下促进农民增收 [J]. 河南经济，2002（8）：12 - 13.

业，引导龙头企业与合作社、农户建立风险共担、利益共享的紧密联结关系，不断拉长产业链，提高农产品附加值，实行规模化种养、标准化生产、品牌化销售。

（2）促进农民转移就业。工资性收入是目前及今后晋城市农民人均纯收入的重头。2010年，晋城市农民工资性收入占到农民人均纯收入的53.6%。确保农民收入持续快速增长，关键是要促进农村富裕劳动力的转移就业，这是农民实现增收最现实、最根本的途径。要在破解城乡二元结构，推进新型工业化、特色城镇化、城乡一体化进程中，加快推进北留周村电化工业园、巴公化工工业园区、高平西部化工工业园区、南村铸管工业园区、阳城建瓷工业园区、端氏嘉峰清洁能源工业园、金匠工业园区的建设和专业物流园区建设，充分发挥大型企业、工业园区和产业集群对农民就业增收的促进作用，抓好润城—郑庄沁河流域、北留—周村、环城高速环内等7个城乡一体化发展示范片区建设，为农民转移就业创造更多机会，引导和促进农民进城进镇、就业创业，以减少农民来富裕农民，以转移就业来促进增收。

（3）加大职业培训，促进农民充分就业。晋城市农民受自身文化素质低等条件的限制，绝大多数外出务工的农民从事的都是苦、脏、累的体力活，不仅工资水平偏低而且就业增收的稳定性较差。受煤炭资源整合、淘汰落后产能等产业政策调整，一大批乡村煤矿被整合。2009年年底，全市地方煤矿由262座减少到129座，农民转移就业受到很大影响。在"十二五"期间，在促进农村劳动力充分就业的措施上，一是要围绕创业型城市的建设，建立创业促就业小额担保贷款融资平台，完善创业资金支持体系，鼓励和支持农民自主创业，以创业来带动就业。二是要强化政府组织、引导、协调、服务和管理，努力扩大劳务输出规模，不断提高劳务经济质量和效益，促进农民收入稳定增长。三是以转移农民为出发点，大力推进农民的职业技能培训，推动农村劳动力转移由"体力型"向"智力型"、"技能型"、"管理型"转变，提高农民的就业竞争力和自主创业能力。四是充分利用晋城市独特的太行自然景观和人文古迹等丰富的旅游资源，大力发展乡村游、生态游、观光游、采摘游、休闲游以及"农家乐"等特色旅游业，促进农村经济多元化发展，不断拓宽农民就业增收渠道。

8.3　长治市城镇居民消费研究

目前对于长治市城乡居民消费的研究尚属空白，本书通过对统计资料的整理，力图运用统计学方法对长治市城镇居民的消费结构进行实证分析，分析其未来发展趋势，并提出促进居民消费结构升级、扩大居民消费的政策和建议。

8.3.1　"十一五"时期城镇居民消费情况分析

1. 城镇居民收入较快增长，收入来源多样化

长治调查队百户居民抽样调查资料显示，"十一五"期间长治市城镇居民人均可支配收入由"十五"末的 9126.65 元增长到"十一五"末的 17 122.74 元，增幅达 87.6%，年均增速达 13.4%，居民收入呈现多元化增长态势。

（1）工资性收入平稳增长。"十一五"期间长治市城镇居民人均工资性收入由"十五"末的 7359.94 元增长到"十一五"末的 11 831.27 元，增幅达 60.8%。"十一五"期间长治市的经济基本保持又好又快的发展趋势，多数企业实现增产增收，促进财政收入稳步增长，为居民工资性收入的不断提高奠定了基础。除国家出台的增长政策如公务员工资改革和事业单位工资

改革等以外，还出台了多项增资办法，如行政单位人员发放地方补贴，提高最低工资标准，2010年取暖费翻倍发放等。还有就是随着改革开放的不断深入，人民群众的观念也在发生着改变，从事第二职业、兼职及零星劳动的人数越来越多，促进了收入增长。在国家和地方政策的共同作用下，"十一五"期间城镇居民人均工资性收入平稳增长。

（2）个体市场繁荣稳定。"十一五"期间城镇居民人均经营净收入由"十五"末的448.24元增长到"十一五"末的929.43元，增长1.07倍。长治个体经营市场的发展实现了历史性跨越，市场规模成倍扩大，消费结构升级换代，商品供给丰富充足，市场秩序日渐规范，消费者购物心态成熟，在国民经济持续、稳定、快速发展的大环境下，个体市场始终保持着繁荣活跃、稳定增长的良好运行态势，个体户在活跃市场、方便居民生活等方面发挥着越来越重要的作用。

（3）转移性收入增幅突出。"十一五"期间长治市城镇居民人均转移性收入由"十五"末的1666.59元增长到"十一五"末的5823.35元，增长2.49倍。城镇居民人均离退休金收入大幅增加，由"十五"末的1083.47元增长到"十一五"末的4038.83元，增幅达2.73倍；实现"养老金七连涨"，真正把扩大内需战略落到实处。

2. 城镇居民消费领域不断拓展，生活质量显著提高

"十一五"期间城镇居民人均消费收入由"十五"末的6194.05元增长到"十一五"末的10 829.5元，增幅达74.8%，年均增速达11.8%。在城镇居民收入大幅度增长的同时，居民消费支出也全面增加。各类消费支出均呈增长态势，消费结构趋于优化。作为基本生存需要的食品、衣着和家庭日用品类等消费占消费支出的比重逐年下降和趋于稳定；电脑、液晶电视、家用小汽车等，逐步进入百姓家庭；服务性消费成为"十一五"

时期城镇居民消费的热点和亮点，居民生活质量显著提高。

（1）食品消费由量的满足转向质的提高，恩格尔系数持续下降。"十一五"时期，城镇居民在吃饱吃好的基础上，更加注重膳食结构，追求科学的、平衡的和合理的膳食。"十一五"末城镇居民人均食品支出3361.94元，比"十五"末增长61.9%，年均增长10.1%。食品支出占消费支出的比重从"十五"末的33.5%下降至"十一五"末的31.0%，减少了2.5%。恩格尔系数持续下降，标志着城镇居民生活质量的进一步提高。从主要食品消费量看，肉禽蛋水产品类、鲜菜、干鲜瓜果类、奶及奶制品等食品消费显著增加，营养结构有所改善。随着居民消费观念的更新，在外用餐支出迅速增长。"十一五"末城镇居民人均在外用餐支出548.75元，比"十五"末增长73.3%，年均增长11.6%。

（2）衣着消费稳步增长，消费理念出现转变。"十一五"末人均衣着类消费1489.95元，比"十五"末增长46.1%，年均增长7.9%。随着城镇居民生活水平的提高，人们衣着消费观念发生了一系列变化，逐步由数量和质量型消费发展到品牌和文化型消费，不再单纯关注服饰商品价格的高低，而是更加注重品牌、时尚、品位与个性，更加讲究着装的整体搭配效果。

（3）居住支出增加，居住质量提高。"十一五"时期，随着住房改革的全面推进，出现了购新换旧以及购房投资的热潮。"十一五"末人均居住类消费1111.35元，比"十五"末增长48.9%，年均增长8.3%，住宅中房屋产权私有率为89.11%，比"十五"末提高了6.11%，离实现"居者有其屋"的目标更近了一步。随着城市居民生活水平的不断提高，居民对住房的需求开始从"有房住"向"住好房"慢慢转变。居民住房的配套设施、使用面积和住宅式样都发生了质的飞跃。"十一五"末期，城镇居民人均建筑面积为28.21平方米，比"十五"末增

加了 1.12 平方米；同时，住宅的配套设施得到明显改善。"十
一五"末住宅内有浴室的家庭比重为 55.45%，比"十五"末
上升 30.45%；有 79.21% 的家庭使用管道煤气和天然气，比
"十五"末提高了 6.21%。

（4）家庭设备更新换代速度加快，居民支出稳步增长。随
着城镇居民生活水平的不断提高，家庭设备更新换代的速度在
加快，大屏幕液晶电视、全自动洗衣机、空调、微波炉等往日
的高端家用电器正在慢慢普及，进入寻常百姓家。"十一五"末
人均家庭设备用品及服务类消费 581.58 元，比"十五"末增长
81.2%，年均增长 12.6%。其中，耐用消费品人均支出 261.77
元，比"十五"末提高了 88.3%；床上用品人均支出 66.38 元，
比"十五"末提高了 1.66 倍。

（5）居民保健意识增强，医疗保健支出增长迅猛。生活水
平的提高，以及生活方式的改变使得城镇居民对自身的保健越
加重视，各类健身器材、保健器材和滋补保健品迅速进入普通
居民家庭，使保健消费支出迅猛增长。"十一五"末城镇居民家
庭人均医疗保健支出为 609.61 元，比"十五"末增长了 3.83
倍，年均增长率为 37.0%。

（6）交通设施和通信网络快速发展，交通与通信消费成为
亮点。"十一五"末长治市城镇居民人均交通和通信支出
1902.49 元，比"十五"末增长 2.25 倍，年均增长率为 26.6%。
一是私家车迅速进入普通百姓家，交通相关费用支出明显增长。
随着城镇居民生活水平的提高以及城市道路状况和交通设施的
不断改善，城镇居民出行更加方便、快捷，加上节日期间居民
外出旅游、走亲访友人数增加，居民交通费用支出明显增长。
"十一五"末城镇居民人均交通费用支出 1212.65 元，比"十
五"末大幅增长 7.38 倍。二是随着信息产业的快速崛起，计算
机与通信技术的不断创新，极大地刺激了居民的信息消费需求，

使城镇居民通信消费和网络消费保持着旺盛的购买力和较高的增长水平。"十一五"末城镇居民人均通信费用支出 689.85 元，比"十五"末增长 56.3%。每百户城镇居民移动电话拥有量达173 部，比"十五"末增长 74.7%。

（7）教育文化娱乐服务支出平稳增长。收入的增长和人民精神文化需求的增多促进了文化事业和文化产业在"十一五"时期的繁荣，城镇居民教育文化娱乐服务支出稳步增长。"十一五"末城镇居民人均教育文化娱乐服务支出 1342.55 元，比"十五"末增长 81.5%，年均增长 12.7%。其中用于文化娱乐服务的支出从 2000 年的 88 元猛增至 2005 年的 246 元，年均增幅达到 22.8%。近几年来，城镇居民家庭对教育越来越重视，在子女教育方面的支出逐年增多。伴随着居民生活质量的提高，以及教育改革的推进，居民家庭教育投资观念不断加强，居民在教育方面如家教费、培训班费和参考书等的支出增长显著。同时随着城市居民收入水平的快速提高，人们有更多的经济能力来享受文化娱乐服务。文娱耐用消费品档次不断提升，液晶大屏幕彩电、电脑、数码相机、影碟机、摄像机等高档电子产品也进入寻常百姓家。而随着国家法定节假日的增多和带薪休假制度的不断完善，人们越来越注重休闲娱乐，文化娱乐服务消费成为新亮点。一方面随着社会竞争的日趋激烈和生活节奏的加快，人们更加注重适当地娱乐放松一下身心；另一方面越来越注重生活个性化，通过开展健身、垂钓、养花、绘画、跳舞、旅游等有益身心健康的活动，满足不断增长的精神文化生活需求。

（8）其他商品和服务类支出稳步增长。人们不仅越来越重视生活质量，而且更加注重体现自身容颜的美丽，梳妆打扮已成为百姓生活消费新的特征。另外，由于近几年国际金融形势动荡，而国际金价却水涨船高，黄金的增值保值功能越来越得到居民的认可。"十一五"末城镇居民用于其他商品和服务支出人均430.03元,比"十五"末增长1.07倍,年均增长15.6%。其主要表现在购买金银珠宝饰品、化妆品和美容三个方面,支出分别比"十五"末期增长47.1%、1.02倍和57.3%。

8.3.2 长治市城镇居民消费结构的实证分析

改革开放以来,长治市的经济取得较大发展,城镇居民的消费水平逐步提高,消费结构有了很大的变化。

1. 近年来城镇居民收入和支出情况分析

1978—2010年,城镇居民家庭年人均可支配收入由348元增加到17 122.7元,增长49倍,年平均增长12.9%。1990年后,城镇居民人均可支配收入每年以13%的速度递增,进入一个收入增加的黄金时期。从1978年至今,先后经历了"增长且平等"、"不平等且不增长"、"增长但不平等"三个阶段。2010年城镇居民家庭恩格尔系数为31.0%,说明长治市城镇居民已接近富裕状态。收入的大幅度增加和收入结构的变化为居民消费结构的转变创造了前提和可能。从表8-14中我们可以看出,近几年无论从名义性收入和支出还是实际收入和支出来看,城镇居民人均消费性支出增长慢于收入增长,这就必然出现消费倾向下降,而储蓄倾向上升的局面。

根据历年统计年鉴资料,城镇居民的恩格尔系数近年在31%~37.6%之间徘徊,总体呈下降趋势。根据联合国粮农组织的标准,城镇居民的生活水平已接近富裕状态。恩格尔系数的下降,是消费水平和生活质量提高的重要标志。这说明,城镇居民在满足基本的生存需要之后,逐步注意到消费质量的提高和消费结构的优化。

表 8 - 14　　　　　　长治市城镇居民人均收支情况

项目 \ 年份	2002	2003	2004	2005	2006	2007	2008	2010	2010
平均每人全年实际收入（元）	6398	7569	8894	1123	1249	1456	16 907	18 499	19 896
可支配收入（元）	6185	7072	8136	9127	10 160	12 419	14 286	15 494.4	17122.7
平均每人消费性支出（元）	5072	5516	6590	7119	8128	9687	11 714	12 550	13 527
消费倾向	0.82	0.78	0，81	0.78	0.80	0.78	0.82	0.81	0.79
恩格尔系数（%）	32.5	34.5	35.2	33.5	33.95	33.74	37.6	33.7	31.0

2. 消费结构分析

根据山西省城调队对家庭收支的调查资料，城镇居民家庭的消费支出分为八大项：①食品支出；②衣着支出；③家庭设备用品及服务支出；④医疗保健支出；⑤交通通信支出；⑥文教娱乐支出；⑦居住支出；⑧杂项商品和服务支出。近年来，长治市城镇居民消费结构实现了由"温饱型"向"小康型"的转变。

表 8 - 15　　　　　　各项消费在生活支出比重排序

年份	食品	衣着	家庭设备用品和服务	医疗保健	交通通信	文教娱乐	居住	杂项
2002	1	2	4	7	8	3	5	6
2004	1	2	3	7	8	4	5	6
2006	1	2	5	6	7	3	4	8
2008	1	2	7	3	6	5	4	8
2010	1	2	7	5	6	3	4	8

从表 8-15 可看出，消费结构呈现从传统型向现代型转变的态势，消费结构序列为"吃—穿—文教娱乐—住"型。首要支出仍是吃、穿等基本生活需求，这与我国仍属于发展中国家的国情相一致。而文教娱乐和居住排在第三位和第四位，说明城镇居民在子女教育上投入较大花费，并积极改善居住条件；同时，还可看出，交通通信类、医疗保健类消费支出呈上升趋势，这也说明经济收入的增加使得居民消费出现新热点。

3. 居民消费对长治市经济拉动作用分析

居民消费需求作为国内消费需求的一部分，对拉动经济增长发挥了重要的作用。通常用居民消费的贡献度和对经济的拉动度来衡量居民消费对一地区经济增长的作用（贡献度 = 消费的增加量/GDP 的增加量×100%；拉动度 = 贡献度×GDP 的增长率）。居民消费率是一个国家或地区在一定时期内居民消费总额占国内生产总值的比重。从表 8-16 可看出，居民消费在经济发展中的作用还有待进一步激发。

表 8-16　居民消费对经济增长的贡献分析

年份	消费额（亿元）	增加值（亿元）	贡献度（%）	拉动度（%）
2006	214.0	456.3	46.89	8.94
2007	165.3	558.7	29.59	5.59
2008	188.2	696	27.04	4.59
2010	292.4	775.3	37.72	7.10
2010	357.7	920.2	38.87	5.71

4. 居民消费结构的 ELES 模型分析

实证分析消费结构就要用到扩展线性支出系统。所谓扩展线性支出系统，是在线性支出系统基础上扩展的需求函数模型系统。其模型形式为：

$$Vi = PiXi + \beta i(y - \sum PkXk) \qquad i = 1,2,3,\cdots,n$$

根据国家统计部门城镇住房调查的分类方法，不同收入家庭占总户数的比重分别为：最低收入家庭占10%，低收入家庭占10%，中等偏下收入家庭占20%，中等收入家庭占20%，中等偏上收入家庭占20%，高收入家庭占10%，最高收入家庭占10%。根据2010年《长治统计年鉴》提供不同收入分组的城镇居民人均消费支出结构的数据（见表8-17），可以进行横截面居民家庭消费支出结构变化与收入变化的关系分析，揭示居民在家庭消费支出结构的总体特征。

表8-17　2010年城镇居民不同收入家庭消费支出比重 单位:%

项目	食品	衣着	家庭设备	医疗保健	交通通信	文教娱乐	居住	杂项	平均消费倾向
最低收入家庭	53.34	3.42	4.46	3.52	8.48	7.11	17.0	2.67	0.943
低收入家庭	50.85	4.25	4.42	5.43	11.18	8.12	13.44	2.3	0.886
中等偏下家庭	48.07	4.91	5.23	5.88	11.75	8.55	12.92	2.7	0.844
中等收入家庭	41.29	6.27	5.79	5.5	15.68	11.64	10.80	3.02	0.821
中等偏上家庭	36.37	6.73	6.57	6.06	17.70	12.65	10.07	3.85	0.766
高收入家庭	32.04	7.08	6.72	4.86	20.50	14.20	10.62	3.99	0.773
最高收入家庭	27.37	7.05	6.63	4.88	20.68	16.52	10.96	5.92	0.715

从表8-17可以看出，恩格尔系数随收入的提高而下降。消费支出比重随着收入增加而明显上升的有衣着、交通通信、文教娱乐、家庭设备四项，说明目前城镇居民收入提高对衣着、耐用消费品（家庭设备、文教娱乐两类）、交通通信等方面消费有明显促进作用。

从表8-18可看出，2010年长治市城镇居民边际消费倾向是0.613，这意味着每增加100元的收入，其中就有61.3元用于消费，剩下的39.7元则用于储蓄；在增加消费的61.3元中，

表 8 - 18　　　　扩展线性支出系统的估计值

项目	α_i	β_i	α_i 的 t 检验	β_i 的 t 检验	F 检验	DW 检验	P_iX_i
食品	978.745	0.149	14.389	13.017	169.445	1.382	1442.345
衣着	32.537	0.042	2.284	8.402	70.600	1.513	93.102
家庭设备	41.309	0.023	5.510	16.426	269.829	2.028	104.627
医疗保健	34.620	0.037	1.339	7.581	57.478	2.762	136.480
交通通信	-3.862	0.159	0.425	51.516	2653.91	2.136	241.152
文教娱乐	150.508	0.048	3.516	5.908	34.914	1.161	282.651
居住	133.574	0.103	7.074	23.064	531.967	1.668	362.071
杂项	26.397	0.049	2.693	10.226	104.575	2.344	78.703
合计	1393.829	0.613					2741.041

用于增加交通通信的消费支出最多，为 15.9 元，其他依次是食品支出（14.9 元）、居住支出（10.3 元）、杂项支出（4.9 元），接下来是衣着支出（4.2 元）、医疗保健支出（3.7 元）、家庭设备支出（2.3 元）等。这说明随着医疗体制、教育和住房制度的改革及相应的价格变动所引起的支出增加，随着人们生活水平的提高，这些将成为城镇居民消费的增长点。

此外，我们还可以通过弹性分析从不同角度来反映人们对各类商品和服务的需求变化情况，进而反映消费结构的变化。将扩展的线性支出系统模型进行变换，可以得到消费支出的收入弹性系数的具体求解公式：

$$\eta = (b_iX)/Y_i$$

表 8 - 19　　　　城镇居民的收入需求弹性系数

项目	食品	衣着	家庭设备	医疗保健	交通通信	文教娱乐	居住	杂项
需求收入弹性	0.5339	1.063	1.0386	0.7963	1.3015	1.2998	0.8233	1.4393

从表 8 - 19 可以看出食品、居住和医疗保健三类弹性值较低，说明这三类商品对居民来说有刚性，基础性较强。弹性值接近 1 的有衣着、家庭设备，说明这两类商品的消费增长和收入增长基本同步。收入弹性较高的消费项目是交通通信、文教娱乐和杂项的消费，这些商品在城镇居民消费中是富有弹性的商品，居民对这些商品支出的增长率高于收入的增长率，这说明随着人们收入的增加，生活水平的提高，交通、文教娱乐和服务类消费将会是未来长治市城镇居民消费增长的方向。在交叉价格弹性分析中，食品价格的变动对其他商品的消费需求影响最大，这说明食品价格的稳定，对居民增加其他方面的消费量非常重要。

5. "十二五"时期城镇居民消费可能存在的问题

（1）不同收入群体间收入差距扩大。"十一五"时期，城镇居民中不同收入阶层收入差距呈逐年扩大之势。"十一五"末城镇居民 10% 的最高收入户人均可支配收入为 47 337.39 元，10% 的最低收入户家庭人均可支配收入为 4776.29 元。最高 10% 与最低 10% 收入户的人均可支配收入之比从"十五"末的 7.4 倍扩大为 9.9 倍。"十一五"时期最高 10% 收入户的收入名义增长 137%，最低 10% 收入户的收入名义增长 76.8%，最高 10% 收入户的收入增长明显高于最低 10% 收入户。

（2）物价的持续上涨使低收入家庭生活质量下降。物价持续上涨，尤其是与居民生活密切相关的食品类价格的上涨，在一定程度上加重了低收入家庭的生活负担。"十一五"期间，居民消费价格指数累计上涨 20.3%，尤其是食品价格累计上涨 58.1%，特别是油、肉、禽蛋、水产品、蔬菜、干鲜瓜果等具有刚性特点的消费品价格上涨过快，影响了低收入居民的生活质量。调查显示，占调查总数 20% 的低收入户人均食品消费比上年增长 9.3%，食品消费占消费支出的比重（恩格尔系数）

达 39.0%。食品价格的过快增长，压缩了其他消费需求的增长空间。

8.3.3 长治市城镇居民消费结构优化的具体对策

结合上述分析，我们看到长治市城镇居民消费还存在一些不合理之处：首先是居民间的较大收入差距问题制约着居民消费结构的升级；其次是居民消费心理不成熟，超前消费意识不强，储蓄倾向较大；再次是城镇居民住房比重虽然在近几年显著增加，但仍偏低；最后是劳务消费，特别是交通通信、文化教育在消费结构中的比重还比较低。

因此，针对优化长治市城镇居民消费结构，笔者提出以下几点建议：

（1）大力发展生产力，推动全市经济快速发展。首先，完善并落实就业优惠政策，千方百计扩大就业。增加居民收入的最好途径就是增加就业机会。"十二五"时期要进一步完善并坚决贯彻落实好就业、再就业政策和税费减免、小额信贷等各项优惠政策措施，全面加强政府在职业介绍、职业指导、职业培训等方面的作用，切实提供优质就业服务，让更多的失业人员充分就业。大力消除影响居民消费的各种障碍，努力拓宽消费领域，在促进消费的同时，创造出更多的就业机会，进而增加居民收入，扩大消费需求。只有收入水平提高，才能实现消费结构升级。因此要注重提高城镇低收入阶层的收入，加强对收入分配的合理调节，缩小内部收入分配的差距，逐步加大城镇职工福利性工资，进而转化为商品化、货币化消费。

（2）调整产业结构，适应消费需求升级的要求。长治市工业不发达的问题近年来日益严重，第三产业发展滞后，在山西省 11 个地级市的排名中并没有太大优势。因此必须加快第三产业发展和结构调整，逐步提高居民劳务消费水平；引导居民把更多的购买力投入国家当前急需鼓励发展的消费热点上去，如住房消费、信息消费、旅游消费、文化教育消费等方面，使其成为国民经济新的经济增长点。

（3）完善消费市场，拓宽消费领域。政府要尽可能增加对文化教育的投入，培养消费者提高文化教育消费在消费结构中的比重，以适应知识经济发展的要求。另外，还应倡导重视旅游消费、家政服务消费、绿色食品消费等新的消费领域。

（4）发展和完善消费信贷，刺激居民消费积极性以及转变消费观念。政府要加强宏观管理和法制建设，完善个人信用管理制度，加大信贷消费宣传，适度倡导信贷消费。

（5）完善社会保障体系，确保消费需求稳步增长。社会保障制度不完善，是影响消费的主要制约因素。消费者的未来预期主要取决于消费的信心，因此只有形成了庞大的社会保障体系，才能消除顾虑、扩大消费空间。其关键是要抓好落实，一方面要把符合条件的困难群众纳入保障范围，做到应保尽保。另一方面要尽可能地完善最低生活保障的运行机制，认真解决好低收入群体在住房、医疗、就业和子女就学等方面的难题；出台有利于低收入群体的政策措施，保障低收入人群的切身利益；要针对物价上涨过快这一现实，合理提高低保补助标准，使低收入群体的生活质量不因物价上涨而下降。

（6）提高消费者素质，倡导新型消费理念。消费者的素质和消费心理在一定程度上能优化消费结构，提高消费质量。马克思也曾说："一个人要多方面享受，他就必须有享受的能力，因此他必须是具有高度文明的人。"因此要提高消费力，首先就是要加速发展科学文化教育，不断提高人的科学文化素质；还要正确导向居民的闲暇消费，提高消费质量；同时运用科学的社会主义价值观、消费观、幸福观引导消费者文明消费、合理消费，促进社会的全面进步。

（7）要把控制物价上涨放在更突出的位置。在国内外因素的综合作用下，我国物价水平持续上涨，通货膨胀压力不断加大。因此，政府应把控制物价上涨放在更突出位置，体现对民生问题的持续关注。物价关乎民生，民生涉及社会和谐与稳定。物价的持续上涨，不仅可能影响经济的平稳运行，而且关系群众的生活质量，尤其是中低收入人群。"十二五"时期各级政府要切实保障生活必需品供应，并加大对低收入群体的生活补贴，打击囤积居奇，努力减少价格上涨所带来的不利影响。

总之，研究消费结构的目的是为了优化消费结构，促进经济发展，改善居民消费生活。目前由于制度、体制的不完善，长治市城镇居民消费结构升级中存在着不协调的现象，因此必须采取措施提高居民的收入，从而拉动居民消费。

8.4 长治市农村居民消费现状分析

8.4.1 现状分析

1. 农村收入持续稳定增长

2011 年《长治统计年鉴》显示：2010 年全年农村居民人均纯收入 5960 元，比 2009 年增长 11.7%；平均每人全年纯收入 6118.77 元，分别比 2009 年增长 6.72%。其中工资性收入比 2009 年增长 10.23%，家庭经营收入比 2009 年增长 3.65%，非生产性收入也比 2009 年增长 22.30%。

2. 农村消费结构得到优化

恩格尔系数从 2005 年的 39.97% 降低为 2010 年的 39.8%。随着 2007 年长治市家电下乡试点的开始，农村居民耐用消费品也出现大幅度增长，2009 年长治市每百户农村居民家庭拥有彩色电视机 85.74 台，比 2006 年增长了 10.29%；拥有冰箱 46.95 台，比 2006 年增长了 54.64%；拥有洗衣机 71.86 台，比 2006 年增长了 47.96%。到目前为止，家电下乡产品已经增加到手机、空调等九类，有利于进一步优化农村消费结构和提高农民生活水平。

3. 支持农村力度不断强化

长治市通过推进农村税费改革，实行粮食、良种、农机购置、农资综合补贴政策，加快农村基础设施建设，使得农村生产生活条件不断改善，农村村镇建设发展迅速。2010 年投资完成 1050 亿元，比 2009 年增长了 51%。一是农村路水电气建设步伐加快，拨发专款推进村村通建设。截至 2009 年年底，长治市共累计改造农村公路 12.82 万千米，村镇道路硬化率已经达到 61%。二是开展家电与汽车、摩托车下乡工作。截至 2010 年 10 月 31 日，全省已累计销售家电下乡产品和汽车、摩托车下乡产品 137.64 亿元，兑付补贴资金 15.95 亿元。不仅有效地拉动了农村需求，也有力地促进了农村居民生活条件的改善。

8.4.2 存在的问题和制约因素

1. 农村居民整体收支有待提高

农村消费规模很大程度上取决于购买力的高低，增长速度取决于购买力的增长速度。而直接决定购买力水平的因素就是农村居民的收入水平，就目前来讲，农民的收入水平决定了农村消费品市场没有足够的购买力作支撑。一方面，农民收入明显低于城镇。2000—2009 年，农村居民人均纯收入年均增长 12.81%，比同期城镇居民人均可支配收入年均增幅低 4.43%，城乡收入之比由 2000 年的 2.56：1 扩大到 2009 年 2.91：1（农民纯收入基本上反映了农民收入的真实水平，而城镇居民可支配收入中没有包括城市居民在医疗、住房等方面间接得到的福利性收入部分，用这两个指标计算出的城乡收入差距要小于实际差距），城乡居民收入差距仍在扩大。另一方面，长治市农村居民收入同山西省其他地市仍有很大差距。

2. 农村居民收支结构有待完善

2009 年长治市农村人均总收入中，家庭经营收入占比为 51.14%，其中来源于第一产业的收入占比为 75.73%，第三产业收入占比为 17.73%；工资性收入为 2496.57 元，占总收入比重的 40.80%。从收入结构来看，长治市农村人均收入过度依赖于家庭收入，而且收入主要来源于第一产业，第三产业收入比重低且发展落后。从支出结构看，2009 年长治市农村人均生活消费支出占总支出比重的 59.54%，食品支出仍是最主要的支出；家庭经营费用支出中第一产业生产费用支出占比为 88.04%，而第二产业生产费用支出占比为 6.49%，比 2008 年略有下降（下降了 5.15 元），第三产业生产费用支出占比为 4.90%，仅比 2008 年增加了 14.48 元。从中可以看出，第三产业投入很少，农村的第三产业发展仍然处于较低层次，不利于农村消费市场的发展。

3. 农民收支的地域差距明显

从收入来看，长治市农村人均收入和支出都存在着较大的地域差距。

4. 农村消费环境相对较差

从农村消费环境的角度来看，当前还存在一些问题制约着农村消费的扩大，主要表现在：一是农村流通基础设施相对滞后，影响农民购买积极性。部分农村基础设施比较落后，制约着市场容量的扩大，一些耐用消费品的使用，缺乏必要的配套设施，供水条件、供电设施以及道路交通条件差。二是还没有形成有效的商品供应体系，农村的"购买难"问题在许多地方并没有得到解决。对于农村居民来讲，购买大件商品和价值相对较高的商品，一般都会选择到城市购买，这主要是基于在城市购买有更多的选择空间以及对当地商家的不信任，这使得本来就不够充足的农村购买力大量地流入城市。三是农村市场销售网络建设不健全。农村缺少规模大、信誉高、制度健全、管理措施到位的商业企业，以及农村市场监管等方面还存在不少问题，造成假冒伪劣商品充斥农村市场，农村市场商品质量没有保障，消费者对农村市场没有信任感，市场的发展不健康。

5. 农村金融服务相对落后

农村金融作为为农村经济发展服务的部门，直接影响了农村经济发展。目前长治市农村地区的金融服务尚不够完备，农村金融体系相对落后，农村居民能享受的金融服务局限于储蓄，缺乏灵活多样的资金融通途径和获取资金的来源。欠发达的金融服务体系和落后的消费信贷意识，使广大农村居民难以实现基于生命周期假说的消费增长。农村地区的金融体系滞后和金融服务的匮乏，严重束缚了农村经济的发展和农民收入的增加，限制了农村居民的长期消费水平，也抑制了农村地区的短期消费倾向。

总之，要加快建立健全社会保障体系，多方面多渠道地解决居民增收问题。

9 拉动居民消费需求的
对策研究

9.1 促进城镇居民消费的对策建议

消费既是经济增长的主要推动力量，也是经济增长的稳定器。改革开放以后，随着城镇居民消费成为我国消费的主要力量，城镇居民消费对经济的平稳增长起着越来越重要的作用。因此，稳定和提高城镇居民消费有利于我国的经济发展。但是，不断扩大的收入差距、制度变迁引发的一系列不确定性，以及消费信贷发展的滞后制约着城镇居民消费需求的进一步扩大，本节提出一些促进山西省城镇居民消费的政策建议。

9.1.1 抑制收入分配差距，提高民众收入水平

在一国经济发展的过程中，收入差距常表现出一定的客观规律性。在经济发展比较落后的时期，经济发展主要受到总供给不足的制约，适当地扩大收入差距，有利于调动人们劳动的积极性，进而提高全社会的生产效率。在这一时期，收入差距不仅是改革和发展的必然结果，同时也是改革和发展的动力之一。随着经济发展水平的逐渐提高，需求逐渐成为制约经济发

展的主要因素，当收入分配差距过大时就会制约有效需求的扩大。由于收入分配差距过大会导致社会的两极分化，社会财富逐渐集中在占人口比重很小的高收入者手中，而这些人对大多数商品和服务的需求已基本达到饱和，他们的边际消费倾向很小；而占人口比重很大一部分的低收入者具有很高的边际消费倾向，但由于缺乏足够的支付能力，因此使其强烈的购买欲望和需求很难成为现实，从而造成总需求的萎缩。要想促进经济发展扩大消费需求，就必须提高居民收入，提倡均匀分配，缩小收入分配差距。

1. 充分发挥税收对收入分配的调节作用

对于任何一个国家来说，税收作为宏观经济调控手段的一个重要作用就是对收入分配进行调节。其中个人所得税通常被看作是调整居民收入分配的重要工具之一。改革开放以后，我国收入分配差距不断扩大，收入分配不平等已经成为中国亟待解决的经济问题和社会问题。由于我国目前的税收体制不健全，个人所得税的收入调节功能没有得到充分发挥，如何充分发挥个人所得税对收入的调控机制是我国宏观经济政策制定的重要任务。我国目前实行的是以流转税和所得税为主，以财产税、行为税和资源税为辅的税制结构。流转税对于组织财政收入方面发挥的作用较大，而在推进社会公平方面发挥的作用则较小。个人所得税对调节收入分配发挥着主要作用。现阶段我国的个人所得税征收还存在一些问题，如税收征管手段落后、公民纳税意识淡薄等。由于我国的个人所得税征收对象主要来自于工薪阶层，而实际上由于我国居民财产性收入差距正不断扩大，高收入阶层的财产性收入远大于工薪阶层，因此个人所得税无法有力地调节高收入阶层的收入，税收对收入差距的矫正作用受到抑制。目前我国个人所得税实行分项课征，纳税人可以通过规避手段将收入分解从而逃避税收，阻碍税收调节作用的发挥。因此，要充分发挥税收的收入调节作用，就必须以个人的全部所得作为税收调节对象，实行全面综合的所得税制，在个人申报的基础上，综合衡量个人全部所得统一征税。西方发达国家具有较完善的税收体系可以很好地调控收入分配状况，不仅以个人所得税为主，同时还配有完善的财产税、遗产税、赠与税和社会保险税等作为辅助和补充。因此我国除了需要完善个人所得税税制之外，还应尽快建立和完善其他税种（如社会保险税、遗产税与赠与税等），最大限度地发挥税收对收入分配的调节作用。

2. 深化垄断行业收入分配制度改革

近年来我国行业之间的收入差距急剧扩大，《中国居民收入分配年度报告（2007）》显示，我国金融保险业、邮电通信业及电力煤气等行业的职工工资增长速度明显高于采掘业、建筑业和农林牧渔业等行业①，同时非国有、集体企业的职工工资增长缓慢。由于垄断行业通过对某种资源的垄断或者对行政权力的占有而获取超额利润，垄断行业的职工收入较高，这种高收入是导致收入分配差距过大的重要原因。针对资源性的垄断行业，通过建立垄断利润调节税和资源税的形式，将这些资源收入实现全民共享。在调整垄断行业收入分配制度时可以采取以下措施：第一，完善垄断性企业资本收益的收缴和使用办法，合理分配国有和国有控股企业利润，提高利润上缴的比例。第二，完善对垄断行业工资总额和工资水平的双重调控政策。第三，严格规范国有企业、金融机构经营管理人员特别是高层管理人员的收入，建立根据经营管理绩效、风险和责任确定薪酬的制度，完善监管办法，并对职务消费作出严格控制。第四，对垄

---

① 项俊波. 结构经济学——从结构视角看中国经济 [M]. 北京：中国人民大学出版社，2009：116.

断行业要积极引入市场竞争机制，通过市场的杠杆调节作用平均分配行业利润，纠正行业之间收入差距过大的问题。

3. 取缔非法收入和灰色收入

改革开放以后，我国的贫富差距逐渐扩大，非法非正常收入现象逐渐蔓延至经济活动的各个领域。潘胜文（2002年）计算了包含非法非正常收入的基尼系数，发现其值远大于正常收入分配的基尼系数，这种灰色收入现象进一步导致社会分配不公加剧、大量税收流失和腐败现象肆虐等问题。2005—2006年，王小鲁及其课题组对全国几十个城镇中的2000多名不同收入阶层的居民进行家庭收支调查，调查结果显示城镇居民收入总额约为12.7万亿元，而实际全国城镇居民收入中仍有4.4万亿元的灰色收入未被统计，相当于当年国内生产总值的24%。灰色收入主要来源于行政许可和审批中的寻租行为、垄断行业的高收入、金融腐败以及地下经济。因此，治理灰色收入可以采取以下措施：第一，努力减少个人获得灰色收入的可能性，全面堵塞分配体制中的漏洞。规范各层级的收入和分配秩序，严格杜绝私设"小金库"的现象，从源头上控制预算外的收入，实行收支两条线，简化工资构成，从最大限度上缩小不公平工资待遇。第二，建立权力制衡机制，防止滥用权力的腐败现象。要进一步完善市场经济体制，彻底转变政府职能，减少权力寻租的可能性；合理分配公共权力，完善干部绩效考核制度，明确各层次的权力职责；健全权力部门之间和部门内部的制约关系，加强群众和媒体监督。

9.1.2 稳定居民未来预期，减少预防性储蓄动机

改革开放以后，由于经济体制变迁，城镇居民对未来的预期不确定性增强，如何减少不确定性，是增加城镇居民消费、减少预防性储蓄的关键。

1. 完善社会保障体系

社会保障体系是一国经济发展和社会稳定的"安全网"和"稳定器"，如果社会保障缺失或不健全，会导致居民对未来收支不确定预期增强，预防性储蓄动机增强，从而抑制有效需求。社会保障体系可以稳定和纠正市场机制本身的缺陷，通过聚集和动员社会力量，政府和社会为那些处于年老、疾病和失业等情况下的公民提供经济援助及相关服务，以保证他们的基本生活。对处于经济体制转轨和结构调整时期的我国而言，完善社会保障体系的意义十分重大。

中国自改革开放以后才逐步建立了社会保障制度，由于社会保障体系不够健全，还不能充分发挥保障功效。收入越低的居民对各类风险预期越高，储蓄动机越强烈，而众多保障功能需要依靠城镇居民自我储蓄积累才能实现。社会保障转移收入对低收入居民的收入效应较大，随着收入水平的逐步提高，社会保障转移收入的"福利效应"才逐步显现。从山西省城镇居民实际情况来看，社会保障的覆盖范围还不够。2010年年末全省参加城镇基本养老保险人数为343万人，其中，非公有制经济单位和灵活就业人员达到80.84万人。要扩大社会保障覆盖面，首先要完善社会保障法制建设，通过法律手段明确国家、用人单位和职工在社会保险方面的权利和义务；防止社会保障制度实施过程中出现"逆向选择"和"道德风险"问题。其次要确定合理的缴费标准，提高企业参保的积极性。最后，增加财政支出结构中社会保障基金的预算安排，并确保社会保障基金的专款专用。

2. 增加就业，提升城镇居民收入增长的稳定预期

提高工资水平、增加居民收入固然能促进消费，但工资水平的提高，意味着企业成本增加，企业会减少对劳动力的需求，如果居民面临失业风险，即使收入增加了，受未来预期收入下

降的影响，城镇居民依然不会增加当前消费。2010 年，山西省劳动力市场供求总量仍相差 16.4 万，说明就业供求矛盾和结构性矛盾仍很突出。山西省经济发展中的不确定、不稳定因素还比较多，经济企稳回升的基础还不牢固，加之就业形势变化滞后于经济形势的发展变化，因此，山西省当前的就业形势依然严峻，且短期内难以改变。因此，山西省政府应该大力发展中小企业和鼓励居民创业，发展符合城镇居民享乐型消费需求的服务性行业，拓宽就业渠道，增加就业机会，完善失业保险制度，提高财政补贴，降低因失业风险而导致的居民对未来收入预期的不确定。

3. 适当提高低收入群体的生活补贴，降低城镇居民对未来价格上涨的预期

当流通中的货币超过了实际购买产品所需要的资金时，物价上涨就会不可避免地发生。不同的群体对物价上涨的承受能力有所不同。在货币超发之初，已经通过提前获得货币而提高了收入的群体对物价上涨的承受能力较强，而收入增长跟不上物价上涨的群体就会感觉生活压力增大，从而对通货膨胀的预期也就更强。因此，政府应适当提高低收入群体的生活补贴，降低由于物价水平上涨而导致居民未来支出不确定性的加大。针对目前的高房价，政府应继续全面推行并不断完善住房公积金制度，减轻城镇居民的住房负担，重点发展经济适用房、廉租房和公租房，加强监管，打击房地产领域违法违规操作、哄抬房价等行为。

4. 加大教育支出和医疗监管，降低城镇居民未来支出预期的不确定性

目前，我国义务教育阶段各校办学条件、教育质量差距很大，优质教育资源不能完全满足社会需求，因此产生了择校问题，从而择校乱收费问题也伴随而生，在一些大中城市尤为突

出。在抓紧制止违规高收费、乱收费现象的同时，政府应加大对教育产业的投入，改造薄弱学校，大力推进义务教育均衡发展。我国目前医疗资源分配不合理，大医院人满为患，社区医院门可罗雀，挂专家号难、看病贵的问题十分严重，而医生收红包也已成为医患之间心照不宣的事实。政府应加大对医疗机构的监管，深化医疗体制改革，继续推进医疗服务价格项目规范与价格改革，坚持合理的收费制度，建立收费管理目标考核责任制，加强医德医风建设，并逐步开放医疗领域，引入社会资金和国外资本，通过竞争机制缓解看病难、看病贵的现象。

5. 稳定房价，释放居民消费需求

近年来，山西省消费率一直偏低，生产与消费失衡的问题比较突出。当前居民消费热点主要集中在住房、汽车、通信、文教、保健医疗五大领域，其中住房消费无疑是消费结构升级的重点。根据美国经济学家李奥的研究，中国的住宅需求收入弹性为0.6~0.9，小于1，说明住宅是一种必需品，缺乏弹性。但是由于房价增长过快、过高，而中低层收入的居民收入没有明显增长，为了购房只能缩减其他消费。这是使山西省城镇居民消费结构失衡的主要原因。解决供求矛盾这个问题要从两方面入手，第一要增加住房的有效供给，第二就是要增强居民的购买能力。

首先，应该推进住宅产业的现代化，增加住房供给。山西省住宅建设周期是发达国家的3~5倍，劳动生产率仅为发达国家的1/2，而住宅的质量却难以让消费者满意。能源、材料和土地资源的消耗更是大大高于国际水平。要改变我国住宅建设高投入、低质量、低效益的粗放增长方式，推进住宅产业的现代化势在必行。这就需要政府、开发企业以及与产业相关的设计、施工、咨询等有关单位协同一致、群策群力；要以科技进步为核心，对住宅建设的规划、设计、招标、施工、验收和物业服务等实施规范化和标准化的运作和管理，禁止无视住宅质量的各种违规行为，加强企业资质管理和从业人员的素质培训；提高劳动生产力水平，开发和推广节能、节约土地、节约资金的新型建筑材料和新型技术；改进政府宏观管理和企业微观管理，加快我国住宅产业的发展。

其次，应该大力推进安居工程，发展经济型适用房。在拉动经济扩大消费的过程中，起重要作用的房地产业与其他产业相比有着阶段性优势。其他产业的各类商品，基本上都处于供大于求或供求平衡状态，而房地产商品还处在供不应求的状态，之所以有大量的空置商品房，主要还是这类商品的价格远远偏离了它的价值，其中人为因素和非经济因素导致了这类商品的价格偏高。在住宅开发中，政府应该认真清理各项税费，对于不合理的地方应该下决心清除掉，这样才能理顺房价，使住房消费尽早成为居民能够消费得起的热点。

最后，政府应该增加居民的实际购买力。据国际比较，住宅价格相当于中层收入家庭收入的 3 ~ 6 倍时，居民才有能力购房；否则，居民只能是心有余而力不足，不但居民的住房需求不能够转化为现实的购买力，而且高房价会对其他消费品产生"挤出"效应，致使消费结构失衡。当前山西省的房价为城镇居民中等收入家庭收入的 9 倍。结合国内外的实践经验，可以实行三项措施来加以改善：一是要建立住房公积金制度，二是要在职工工资中增加住房补贴，三是建立和完善居民房贷制度。

9.1.3　降低流动性约束，释放居民消费潜力

无论是即期流动性约束还是远期流动性约束，流动性约束的存在都会抑制居民消费。改革开放以后，我国城镇居民普遍面临较高的流动性约束，与西方发达资本主义国家相比，由于我国金融体制不健全，个人消费信贷发展滞后使得我国城镇居

民面临的流动性约束远高于资本市场较完善的西方发达国家。因此，完善金融体制建设，发展个人消费信贷是缓解城镇居民面临的流动性约束的主要途径。

1. 完善消费信贷市场体系建设

无论从消费信贷总额在居民总消费中所占比重还是从消费信贷的品种和规模来看，我国消费信贷的发展仍然远未达到普及的程度，消费信贷市场蕴藏着巨大的发展潜力。国有银行为主体的银行体系仍然是消费信贷供给的主力军。信贷市场供给主体的单一性影响了消费信贷的充分发展。从银行金融机构来看，信贷市场供给主体单一不利于消费信贷产品的创新，也不利于消费信贷服务质量和效率的提高；而对于消费者来说，无法选择更好质量的消费信贷服务，不利于消费信贷市场的发展。因此，要发展中国的消费信贷市场，首先应研究和制定新的市场准入规则。在合理的范围内，允许和鼓励更多非国有商业银行、非银行金融机构或专门的信贷金融机构参与到信贷市场竞争中，从而提高行业的整体实力，优化信贷市场供给结构；同时，完善的消费信贷法律制度可以促进消费信贷市场健康、有序地发展。由于消费信贷合同中存在各种不公平条款以及各种欺诈性广告和产品，只有建立与消费信贷市场发展相适应的信贷法律制度，才能使消费者免受侵害，打击消费信贷领域的不法行为，充分发挥消费信贷的正面社会效应。建立中国的消费信贷法律制度要始终将保护消费者利益放在第一位，维持和加强消费者对消费信贷市场的信心，要加强对消费信贷从业者的监督管理，在制定消费信贷法律制度时也应当提出适当的条款以防止消费信贷业务过度膨胀。此外，还要加快完善个人信用体系建设，降低消费信贷业务的办理成本，降低信用风险。

2. 充分发挥消费信贷对消费的刺激作用

消费信贷对消费既有刺激效应又具有挤出效应，因此在发展消费信贷的同时，还要注重消费信贷对消费挤出效应的有效调控，这样才能充分发挥消费信贷对消费的刺激效应，有效促进经济增长。第一，适当地提高贷款比例，降低贷款利率。在经济萧条阶段，提高消费信贷比例和降低贷款利率可以有效提高消费信贷对消费的刺激效应，进而达到拉动经济增长的目的。第二，在不同的宏观经济环境中，应合理把握对消费信贷政策的诱导和宣传力度。避免在经济萧条时期，由于消费信贷政策诱导和宣传力度不当，导致消费者积累首付款的期限不合理变化，从而使信贷消费对非信贷消费过量挤出，削弱消费信贷对消费的刺激效应。第三，扩大消费信贷的覆盖面。由于低收入阶层的边际消费倾向较高，且消费档次较低，因此加强对较低档次消费品的信贷支持有利于减少消费信贷对消费的挤出效应。第四，根据贷款利率水平的调整状况，结合市场利率确定合理的贷款期限结构。第五，根据消费者的实际收入水平确定消费信贷规模。

3. 完善金融体系，稳定证券市场，减少投机行为

完善我国的金融体系，加强消费信贷，可以使消费者在面临暂时的收支失衡时能以较低的成本获得资金援助，提高资产的变现能力，降低居民对自我储蓄的过度依赖，避免因流动性约束而导致居民消费不足。进一步发展和稳定我国证券市场，引导城镇居民中投资者在证券市场以长期价值投资为主，减少投机行为，可以增加城镇居民的持久性收入预期，充分发挥金融资产的财富效用作用，促进城镇居民消费水平的提升。

9.1.4 针对不同收入阶层的居民，采取相应的调控措施

前文通过对山西省城镇不同收入阶层居民消费行为的实证研究表明，不同收入水平居民之间的消费行为及消费结构存在很大差异。从消费结构看，低收入群体（最低收入、低收入、

中等偏下收入）的消费支出主要以满足基本生活消费为主；从消费行为看，低收入群体的消费支出由现期收入决定，不具备跨期消费的能力，消费倾向较高于其他收入群体。很明显，影响这一阶层居民消费的主要原因是收入水平低及收入增长缓慢，提高其消费水平的有效途径是尽快地提高该群体的收入水平。中等收入水平群体（中等收入、中等偏上收入）的消费行为除了受当期收入的影响外，还受收入的不确定性影响，而且暂时收入的变化对这两个收入阶层的消费者消费影响不显著。同时这两个收入水平级别的消费者具备初步的跨期消费的能力，说明这部分消费者在满足基本需要以外有了一定的结余，但是社会保障、就业、住房、医疗等社会制度的改革使这部分消费者对未来收入和支出的不确定性增强，制约其消费水平的提高。其次，从消费结构上看，这部分消费者的娱乐、教育支出和交通通信支出比重较往年有明显的增加，说明除去基本生活即吃穿用的日常开支，中等收入群体的消费逐渐从讲究消费数量向追求消费质量转型。因此，乐观的预期和良好的消费环境是影响该群体消费的关键因素。高收入群体（高收入、最高收入）的消费行为受收入的不确定性影响较弱，且具有较强的跨期消费能力。这部分消费者具有稳定的收入预期，而且他们的住房、医疗和社会保障问题等基本上都得到了妥善解决，因而他们受宏观经济不景气和住房、医疗及社会保障体系改革的影响较小。从消费结构上看，这部分消费者的消费倾向较低于另外两个收入群体。但是该群的消费档次较高，对物质的消费支出比重基本处于较为稳定的态势，而教育、文化等精神消费却有较快的增长，是属于"该有的都有了"的先导型消费群体。对于这部分消费者而言，提高其消费需求的有效途径在于调整供给结构，创造崭新的消费需求。

因此，针对不同收入阶层的居民的政策建议如下：

1. 扩大低收入群体的消费的对策

低收入阶层以基本生活必需品的消费为主，由于购买力有限，有效需求明显不足，消费结构单一。食品的消费支出基本上占据其收入的一半，对衣着时尚基本没有要求，但是居住、教育、医疗却在支出中占有一定的比例，甚至有时某些项目的消费比重超过较高收入阶层居民，说明这些社会福利方面的支出具有一定的刚性，也从侧面反映社会保障制度的不完善给这部分消费者所带来的负担。

因此，提高较低收入阶层居民消费的措施应包括：

首先，加大财政转移支付的比重，缩小居民收入差距。随着经济的发展以及财政体制的改革，财政收入的增长速度甚至超过的山西省 GDP 的增长速度。因此，必须加大财政转移支付比例，适时提高城市低保和失业人员的最低生活保障水平，并对各种直接教育培训提供财政支持。同时，要合理调节收入分配政策，保障社会公平。对低收入者再就业实行税收减免等优惠政策，对高收入和私人资产迅速增加的人群征收财产税和遗产税等，充分发挥税收对个人收入分配差距有效调节的作用。

其次，完善对低收入人群的社会保障，提高最低工资标准。对经常处于收支相抵，甚至出现入不敷出现象的低收入群体来说，社会保障制度的不完善更使其生活雪上加霜，根本无力去改变自己的生活现状。因此，政府应根据当地的经济发展水平和企业经营情况，适时制定和调整本地最低工资标准。同时，政府应该出台针对这部分居民的社会保障措施，如提高住房补贴的标准，增加经济适用房和廉租房的建设投资，解决低收入居民住房困难问题。

最后，在社会保障方面，政府应该建立平价或低价收费的社区医院，解决居民看病贵、看病难问题；进一步完善教育助学贷款管理体制，采取奖学金、困难补助等形式保证经济困难的学生不因贫困而失学。通过这些切实有效的政策减轻低收入人群的心理负担，才能提高其消费水平。

2. 扩大中等收入群体消费的对策

中等收入群体以中等收入阶层、中等偏上收入阶层为主。这部分消费者是处于高、低收入阶层中间的那部分群体，主要是城市中有固定工作，以工资为主要收入的人。这部分消费主体是消费的中坚力量和消费结构升级的主体。这部分消费者有赶上高收入消费者消费水平的欲望，示范性效应在这部分消费群体中有较为明显的体现。而且通过前面的分析，持久收入的变化对这部分消费者的消费支出有明显影响，其消费行为也显示出跨期消费的能力，但是收入的不确定性对其消费影响显著。

因此，提高中等收入阶层消费者的消费水平，应该采取的措施有：

首先，加强社会保障建设，稳定中等收入消费者的收入预期。中等收入阶层由于受未来收入与支出不确定的影响，其消费十分谨慎。造成中等收入者消费行为谨慎的原因包括：一是随着体制改革的深入，市场竞争的风险进一步加强，他们面临着下岗失业的威胁，对未来预期收入的增加缺乏信心；二是由于住房、医疗、职工养老保险和失业保险等制度的改革，同时新的制度框架还未完全形成，其运作方式也不明确，无疑会增加消费者对未来支出预期的不确定性。这些因素都在无形中加剧了他们的谨慎消费心理，使其有钱也不敢花，导致大量的购买力沉淀下来。因此，在刺激其消费上应以增加和改变其心理预期为主，稳定他们的持久性收入。政府应该尽快健全完善城市职工基本养老、基本医疗、失业、工伤等保险制度，减少建设和改革中的风险以及不确定性，努力增加财政对社会保障的投入，解除这部分消费者的后顾之忧，以稳定中等收入阶层的收支预期，使其风险防范型储蓄更多地转化为现实购买力。

其次，发展完善信贷消费，营造良好消费环境，降低流动性约束。对中等收入水平的消费者而言衣食已不成问题，家庭基本建设已初步完成，其基本的消费需求已经满足，但高档次的耐用消费品、住房和家用汽车对他们来说还是奢侈品。金融危机爆发以来，我国陆续出台相关政策维持汽车市场的需求，如减征 1.6 升及以下小排量乘用车车辆购置税，汽车以旧换新的单车补贴金额标准提高到 5000～18 000 元等。这些政策对中等收入群体的汽车购买需求起到了极大的推动作用。同时，家电以旧换新政策和金融消费公司的成立都对这部分消费者需求欲望的释放有明显的作用。

最后，政府可以通过建立合理的消费信贷体制，加快信贷法律法规建设，发展多种方式的消费信贷方式，切实有效地帮助该收入群体解决其住房问题。

3. 扩大高收入群体消费的对策

高收入群体以高收入阶层和最高收入阶层为主，是我国居民消费的领先者。高收入群体的基本生活需要已经得到满足，衣食住三项基本生活需要的消费只占 50% 左右，另外一半的消费支出用于发展和享受资料。这一阶层十分关注生活质量的提高，他们往往是新产品特别是高档商品的最初消费者；同时，教育、文化、通信、旅游等成为他们的消费热点。

因此，提高这部分消费群体的消费水平，应该采取的措施有：

首先，创新消费内容，树立新的消费观念，培养新的消费热点。根据前面的分析，收入的预期变化对这部分消费群体的影响并不大，所以对高收入群体引导消费的着重点不在于提高他们的收入，而在于提高和改变他们的消费倾向。按照西方经济学的理论，消费倾向是相对稳定的，在一定时期内不易改变，因此这是一项长期的工作。

其次，应转变短缺经济时代所形成的节衣缩食的消费习惯，树立消费光荣的观念。另外，山西省居民量入为出的生活作风，使这部分消费者有"隐富"的消费观念。高收入群体由于各种原因经常隐蔽自己的财富而使他们的消费大众化。

最后，企业应加快产品的更新和广告宣传，生产出高质量、高品位的产品，刺激和创造出新的需求，以满足这一阶层人们的高消费需求，使他们的消费结构向更高层次升级，培育出一批真正意义上的收入水平和消费倾向都高的高消费群体和奢侈消费群体。

4. 营造良好资产投资环境，鼓励高收入群体进行投资

由于收入高，储蓄额和金融资产量较大，因而高收入群体的基本消费已经达到饱和。在暂时难以启动消费的情况下，鼓励他们把多余的收入拿出来用于投资也不失为扩大需求的一个良策。因为投资需求也是整个社会总需求的一部分，投资需求不足同样是总需求不足的一个方面。目前，扩大就业是社会稳定，提高消费水平的重要措施。政府应该放宽对电信、交通、教育、文化等行业的行政限制，扩大民间投资，特别是高收入群体对这些新兴产业的投资，由此可以发挥就业"蓄水池"的作用，吸收更多的待业人员就业，增加其收入和消费。政府还应努力地规范资本市场投资体制，营造良好的资产投资环境，使这部分消费者能够以投资于股票和购买有价证券等方式投资于商业和服务业发展。

除了以上所提到的针对各个收入阶层消费行为特征提出的政策建议，政府及有关部门还应该加快发展生活服务业，激发居民发展型、享受型消费；进一步整顿、规范市场流通秩序，为消费者提供安全、放心的市场环境；促进消费便利化完善服务功能，充分挖掘居民消费潜力。

9.1.5 调整产业结构和产品结构，适应消费结构的变化

1. 日用品方面

日用工业品在消费支出中的比重，仅次于吃、穿两项。日用工业品用途广泛，种类繁多，与居民生活密切相关，考虑到山西省目前城镇居民消费结构水平已呈多层次、梯度化，今后应努力提高消费品生产质量和性能，做到中、高档兼顾的原则，满足不同居民的需求。

2. 建筑业方面

民用建筑业是生产住宅的，住宅也是耐用消费品，而且是使用期限最长的耐用消费品。但是，建筑业不能依靠自生的积累发展，而成为国家财政的一大负担，致使住宅生产缓慢，从而阻碍了居民居住条件的改善和消费水平的提高，致使其消费额在总支出额中所占的比重偏低。随着住房商品化进程的加快，这一比重将迅速上升，城镇居民的一部分消费基金将被引导到住房上来形成住房消费与住房建设的良性循环，房地产行业也将成为经济发展的支柱产业。

3. 加快第三产业发展和结构调整，逐步提高居民劳务消费水平

第三产业为居民提供劳务消费，劳务是生活消费中的一个重要部分，是现代化经济的一个重要特征。由于传统经济体制的束缚，我国第三产业长期落后，劳务消费很不发达，制约了居民劳务消费水平的提高。第三产业落后严重阻碍了居民在非商品方面的消费，因此，应当大力发挥第三产业的潜力，推动经济高速增长。具体措施包括：

第一，积极开拓新兴服务消费领域，发展新型服务项目。随着市场经济的发展，人民收入水平的提高和闲暇时间的增加，迫切需要开拓服务消费领域。发展多种新兴服务项目，寻找新

的消费热点。因此，在发展传统服务项目上应加大力度，通过发展与重组，赋予传统项目生机，使它们以更好的经营与服务来满足人民生活需求；同时，应注重发展与扶持新兴消费服务与专项服务，依托资源优势，可以把旅游业、餐饮业作为山西省新的经济增长点，满足城镇居民的享受型消费需求。随着城镇居民生活消费的市场化，横向的人际交往及经济联系越来越广泛，出国、升学、就业、经贸、求职、婚恋、民事纠纷中需要提供的各种咨询服务及信息越来越多。随着人们收入的增加，普通居民涉足股票、债券、期货、房地产交易也日渐增多，这样必然涉及一系列经济事务的法律问题与专业知识问题等，这就为金融业、旅游业信息服务及咨询服务提供了广阔的市场。从提高居民的素质出发大力发展教育事业，促使居民增加教育消费，满足居民的发展型消费需求。

第二，充分调动各方面的积极性，促进第三产业的发展。第三产业中的许多行业具有小型分散、多样、多层次的特点。可以吸纳大量的城镇人口就业，减轻失业的压力，提高居民的收入水平。另外，要加快教育改革的步伐，大力发展技校和职业中学，为第三产业培养专业人才。经济的发展需要各种各样的人才，只有不断地培养出适合时代发展的人才，社会才能进步，人们的生活水平才能进一步地提高。

第三，切实理顺第三产业产品或服务收费的价格体系。我国长期忽视价值规律，不少服务及服务产品的价格既不反映价值，也不反映供求规律。因此，在服务消费价格方面，重点是建立、完善和强化市场机制的作用，通过市场调节供求，建立合理的服务消费价格体系。通过市场优胜劣汰，提高服务质量和效率。对于自然垄断性行业服务价格，要加强政府管制，以市场运行指针为参照建立合理的管制规则和管制价格。既要防止有些服务的自然垄断性质转化为经营垄断，损害消费者利益，又要保持服务企业的合理收益，对于公共产品服务价格，重点是以加强财政补贴、提高服务业内部效率和相对收益水平为基础，解决公共服务部门的效益目标错位和产出少的问题，达到既保护经营者的经营积极性又保护消费者合法权益的目的。

第四，建立健全社会化服务体系，服务业的成本要降低，质量要提高，离不开服务业的社会化、产业化和现代化，因而必须着手建立城镇社会化服务体系。首先要以社会化为方向，逐步改变企事业单位和机关团体封闭式自我服务的状况，现有的内部服务设施要向社会开放，并逐步形成社会化产业。其次，要以产业化为方向，将大部分福利型的第三产业转变为经营性产业，实行企业化管理。最后，要以现代化为方向，加强技术开发和技术改造，在服务中广泛运用高新技术材料和先进的服务设施，运用科学的服务手段来取代落后的手工服务方式，从而进一步提高服务质量。

9.1.6 进一步拓展消费领域，鼓励和引导居民合理消费

理性消费是一种和谐的消费观念，它提倡"节约消费"和"绿色消费"。鼓励消费者从过度追求物质享受的消费观向追求物质和文化生活协调发展的消费观念转变；从过度消耗资源的粗放型的消费模式向追求环保、提高资源利用效率的集约型消费模式转变。倡导消费者在节约资源、保护环境的前提下，获得效用的最大化。

当前山西省城镇居民的消费行为中存在非理性、不合理的现象，既有追求奢华、盲目攀比的消费行为，又有过度节俭、一味增加储蓄的行为。这两种行为都是不可取的。因此，应加强宣传教育，培养广大居民科学和合理的消费观念，培养居民良好的消费习惯，鼓励和引导广大居民理性消费，从而使居民消费水平与我国经济社会发展状况相适应，进而更好地促进经

济的良性健康发展。

另外，还要拓宽个人消费支出领域，优化消费结构。如合理调整居民工作和闲暇时间，扩大服务供给，鼓励居民服务性消费。加快培育和完善依托资源和产品优势建立的大型商品批发市场、劳务市场、旅游消费市场等，促使资源优势、产品优势向产业优势转化，满足不同消费层次的居民的需求，使消费结构合理化①。大力发展文教、旅游及家政服务业，提高非物质消费支出比重。在"十二五"乃至更长一段的时间内，要提高山西省城镇居民非物质消费支出比重，关键要抓住如下四个增长点：

1. 文化教育消费

山西的文化教育消费还远未形成气候，我们必须不失时机地加速发展山西省文化教育产业，引导居民扩大文化教育消费支出，培育出在国内有一定影响的支柱文化教育产业，加大对山西的普通高等院校和中等职业院校及中小学的投入力度。

2. 旅游消费

旅游消费是一种精神文化消费，它的消费对象是一种特殊的商品，即旅游产品。我们认为，山西省旅游产品建设是发展旅游消费的一大增长点。虽然我们说"地上文物看山西"，但山西省景点分散，而且相对而言缺少有特别吸引力的特色产品。发展旅游消费还需要外界力量的引导和社会舆论的宣传，特别是文化上和观念上的引导，改变居民重物质消费轻精神消费，以及重有形消费轻无形消费的现状，营造出一种重视旅游消费、鼓励旅游消费的氛围，让旅游消费成为一种时尚。

---

① 梅胜. 转型时期我国城镇居民消费结构变迁研究 [D]. 武汉：华中科技大学，2004.

3. 家政服务消费

推进家政服务业发展的进程，并使得这一产业健康、稳定地发展，将对提高居民的服务消费比重起到很大的促进作用。我们认为，要尽快使家政服务走入家庭，提高居民的家政消费支出比重，必须做好管理和扶持这两个方面的工作。也就是说，一方面要立足于产业，建立统一的管理机构，出台有关的管理方法和法律法规，使管理工作有章可循，有法可依。另一方面要制定有关的政策，鼓励社会各界投资家政服务产业，促进家政服务业规范化和市场化。

4. 努力发展绿色产品生产，提高绿色消费占物质消费的比重

绿色产品消费包括绿色食品消费和绿色工业品消费。随着国民经济的发展和居民收入水平的提高，环境保护和可持续发展已成为我国的基本国策，社会对居住和生存的环境越来越重视，防止污染已成为不少人的自觉行动。与此同时，清洁生产和清洁消费也日益受到人们的重视，在这种背景下，绿色食品如肉禽蛋鱼、蔬菜瓜果等，以及绿色工业产品，如无氟电冰箱、低噪音的自动洗衣机、绿色建材等应运而生。我们应尽量减少使用、消费涉及生态资源的产品，要从可持续发展的高度调整我们的消费结构，要有计划地保护和使用山西省的生态资源，我们要为保护生态资源而改变消费习惯，绝不能为维持旧的消费习惯而滥用生态资源。

9.1.7 发展低消耗、低污染、高利用、高循环的经济运行模式

目前，山西省粗放式的经济发展模式使得山西省的很多地市空气污染严重、环境恶化。空气等的污染严重地影响了居民的日常生活。因此，大力发展低消耗、低污染、高利用、高循

环经济即现代经济发展模式，构建环境保护、资源节约型的和谐社会就是我们要努力达到的目标，要实现这个目标——"绿色消费"就是我们必然的、不可回避的战略选择。

具体就山西省而言，要从以下方面来着手：

1. 环境污染的问题要得到有效的遏制

山西省是一个煤炭资源大省，工业污染十分严重。一些企业为了自己的经济效益，不顾环境的承受力，将废水、废气、有毒化学废物直接排放，严重地污染了自然环境。虽然有关部门对此加大了整治的力度，但有些地方还是为了经济利益，屡治屡犯，这些问题尚未得到根治。此外，城市垃圾也正在日益严重地包围着城市，不仅影响城市生产环境，也污染了周边的农村，"白色污染"问题严重存在，这些塑料之类的物质在自然界无法降解，造成对自然环境长久性的污染。种种这些问题都要从根本上来解决。

2. 绿色消费品的生产、流通与消费各环节的问题要尽快解决

我国绿色消费品因生产成本太高，价格一时下降不了，这又使得消费者的绿色消费成本加大，影响了绿色消费品的消费。目前真正的绿色消费品只有高收入者才消费得起，成了一种"贵族"式的消费，绿色消费还没有大众化。绿色消费品的生产与消费还没有成为人们的自觉行为，这是一个不容忽视的问题。在这一问题上，有些专家提出，绿色消费有一个"产权"问题。对企业来说，绿色消费品生产带来的是社会效益，发展绿色产品的生产，如果不能为自己带来直接经济效益，它就有可能不会去生产。对消费者个人来说，这个问题就表现在他对消费品的选择上，只要消费品不是直接影响到自己身体健康的，那他首先考虑的就是消费成本的问题。比如在禁止还是继续生产与使用发泡塑料餐具、塑料包装袋等问题上，就明显地表现出了

这样一种倾向。

3. 重视绿色消费问题，建立相关的制度

在发达国家，绿色消费品的种类层出不穷，如"绿色服装"、"绿色住房"、"绿色建材"、"绿色汽车"、"绿色家具"等。许多高科技也大量地应用于绿色消费的生产和流通，对于绿色消费品而言，一些比较成熟的检测制度与检测手段也逐渐形成了，并正向标准化方向发展。相比之下，我国有关绿色消费的科研还相对落后，绿色消费品品种少，生产单位还只是一些中小企业，没有形成生产的规模效应。绿色消费品也没有建立起畅通的流通渠道，系统的检测体系也不够完善。市场管理体系还不够健全，假冒伪劣的"绿色消费品"也时有出现，干扰绿色消费。以上各种问题，都是我们今后需致力解决的方面。

9.2 促进农村居民消费的政策建议

山西省农村居民的消费，处于全国农村消费的大环境之下。山西省农村居民的消费模式与过去相比没有大的改变，消费模式体现在生活方式上，科学、健康、现代的生活方式仍然没有充分展现出来，与山西省的城市社会化程度高、生活质量高的生活方式相比还有相当大的差距。农民消费模式的落后会在一定程度上制约需求的增长，进而制约社会的可持续发展，这与全面实现小康社会的伟大战略的要求不相符。基于前文的研究背景和研究结论，我们可以根据山西省省情和 2010 年中央一号文件《中共中央国务院关于加大统筹城乡发展力度进一步夯实农业农村发展基础的若干意见》（以下简称《若干意见》）的相关内容，提出一些建议。

有必要采取积极有效的措施促进山西省农村居民消费模式

的转变。针对山西省具体情况，根据前面章节的分析结果可知，要提高山西省农村居民的消费水平，改善农村消费结构，推动山西省经济又好又快地发展，笔者认为应该针对不同的问题提出相应的具体改进措施。

首先，应该针对山西省农村居民消费水平给出相应的对策。山西省的农村居民消费水平低下的主要根源在于农村居民的收入水平不高，因此应该针对增加农民收入提出相应的对策。

其次，应该针对山西省农村居民消费结构给出相应的对策。消费结构是一个多因素、多层次、多目标的系统，其结构主要包括食品、衣着、家庭用品、医疗、交通通信、文娱、居住和其他杂项，这些消费结构的发展在某些方面不尽合理或者不协调，必将阻碍山西省农村经济的发展，同时也将影响建设社会主义新农村和现代农业发展。

最后，要针对山西省农村居民的消费行为给出相应的对策，包括构建适度、生态和环保的消费方式，培育理性的消费理念等。因此，要针对山西省农村居民消费结构给出相应的对策。

本节将首先根据山西省的省情和前几章分析后得出的结论，构建一个适合于山西省发展的科学、合理的消费模式，也就是节约、环保、文明的消费模式，以及有益于提高国民的生活水平和生活品质，增进快乐、幸福的农村居民消费模式，然后基于该消费模式和 2010 年中央一号文件《若干意见》的精神，给出针对山西省农村居民的消费问题的解决对策。

9.2.1　构建农村居民合理化的消费模式

由前面各章分析可知，现阶段山西省农村居民消费的类型基本属于先把钱存起来，然后再消费的滞后型消费模式。单纯利用这种消费模式难以适应山西省农村经济的发展，必须构建一个适合于山西省的农村消费模式。因此，构建一个合理的消费模式不仅对人的身心健康有利，而且还有利于人的全面发展；不仅能够适应社会经济的发展，而且还能促进社会经济的发展。合理的支出格局是国民经济良性增长的重要保证。因此，构建一个适合于山西省发展的消费模式，才能促进山西省农村经济的增长。

1. 根据山西省省情，确定合理的消费水平

一般情况下，合理的消费水平要从以下几个方面进行论述：①质量方面。消费应该是符合科学的标准和要求，符合人居环境而且又能够保证全面提高人的体力和智力的合理消费。②数量方面。要确定每个消费品和服务的合理开支限额。判断消费水平是否合理的主要参照标准包括以下四项：第一，合理的物质生活所需要的营养在生理上得到保证，能够有效地促进人们的身心健康。第二，有丰富的充满活力的文化生活，可以提高消费者的质量，促进人的全面发展。第三，有利于资源的合理开发和利用，降低废物。第四，要以生产力发展水平为基础，正确地处理好生产增长和消费水平提高之间的关系。① 总之，合理消费水平就是指在同现有生产力水平相适应的范围内，能最大限度地满足人民物质文化生活需要的消费水平。同时，居民的消费水平不能落后于消费者的自然生理需求，更不能低于劳动力的简单再生产，也不能比前期下降；否则，社会就不能健康快速地得到发展。另外，消费水平速度不能超越生产力发展水平，不能牺牲自然生态平衡进行消费。在第 5 章中已经得出结论：山西省农村居民的边际消费倾向较高，生活水平较低，满足不了生活消费。因此，要根据山西省的省情确定合理的消费水平。

---

① 田晖. 消费经济学 ［M］. 上海：同济大学出版社，2002：60－64.

2. 构建合理化的消费结构

在第 5 章中非常详细地论述了山西省的农村居民消费结构，从中可以发现，消费结构不合理会带来一定的后果，应该建立一个合理化的消费结构，这种合理化的消费结构是一个动态的发展过程，是由不合理状态逐步向合理标准接近的过程。构建的合理消费结构应该有一个标准，具体包括以下三个方面：

第一，必须构建消费结构合理化的生理标准①。

首先从吃上来看，必须保证一个健康人每天的需要，包括蛋白质、热能、脂肪以及其他营养需要，营养标准合理，实现营养平衡。影响成分的需要量可参考一些营养学家编写的食物营养小百科。其次从穿上来看，农村居民对衣着方面的消费也有一定的标准，特别是针对处于四季分明的山西省，更要有所讲究。山西省四季分明，因此农村居民在住的方面既要满足人体对阳光、空气等的需要，又要满足人们在室内进行其他活动的需要。既要冬天保暖，夏天凉爽，而且面积也要达到基本标准。

第二，必须构建消费结构合理化的经济标准。

消费结构的经济标准是从经济的角度协调各要素的消费结构。也就是说，山西省安排好消费结构八大要素之间的比例关系，把食品、衣着、家庭用品、医疗服务、交通通信、娱乐、住屋、杂项作为一个系统去考虑，各要素之间要相互配合、相互协调，发挥该系统的最大经济效益。由于人类所需的资源总是有限的，而且人们的收入也不是无止境的。这就要求人们消费时，一定要讲究经济效益，为了实现更大的经济效益，就要对消费结构进行合理的匹配。因此，合理的消费模式必须与生产力发展水平相适应，并能促进产业结构合理化，通过引导和

---

① 田晖. 消费经济学 [M]. 上海：同济大学出版社，2002：79 - 81.

调整产业结构来实现。合理的消费模式还要适应于社会主义发展的要求，使得产品结构的调整要适应消费结构变化。从长远来看，消费结构失真是决定经济运行方向和上升率的重要因素之一，消费模式的变化对整个经济增长和产业结构的变化起着积极重要的作用。

第三，必须构建消费结构合理化的社会标准。

合理的消费结构不仅仅反映在经济上，还要反映在社会方面。合理的消费结构可以为山西省的农村带来公平合理的竞争环境，带来人们奋发向上、积极追求的风气，带来山西省农村地区整体水平和综合素质的提高，带来山西省农村居民的全面发展，促进精神文明建设。① 因此，必须构建消费结构合理化的社会标准。

3. 构建适度、生态和环保的消费方式

消费方式是指在一定环境中，消费者用来对消费资料进行消费时所采取的一种方式。我们在第 5 章和第 6 章的山西省农村居民消费问题的研究中已经进行了论述，可以看出山西省农村居民的消费方式有其不合理的地方，例如豪华的消费、愚昧的消费、不合法的消费和不适度的消费等。这些不良的消费，在社会经济发展中会造成很大的危害，即资源浪费、生态环境破坏、环境恶化加剧；青少年的身心健康受到严重损害；影响了生活质量；催生腐败等。因此，应该构建合理的消费方式。

第一，应该构建适度的消费方式②。

这和上面介绍的适度合理的消费水平不矛盾，适度消费指的是适合于山西省的省情和实力的消费，它以满足生存的基本

---

① 李培超. "绿化"生存与发展的规则：生态伦理学对中国现代化建设意义的探究 [J]. 新华文摘，2000 (1)：35.

② 徐长山. 论科学文明的消费方式 [J]. 消费经济，2006 (2)：61-63.

需要作为消费标准,摒弃"消费和拥有更多物质财富就更幸福"的价值观。① 过度消费远远超过了生存的基本需要,浪费了大量自然资源,造成资源短缺。同时,大量废弃物的产生和排放会酿成严重的环境污染。同过度消费相比较,适度消费以节俭为特征,它不反对随经济发展不断提高消费水平,只是反对挥霍和浪费。

第二,应构建绿色、和谐、自然、健康的消费方式。

绿色、和谐、自然、健康的消费是一种生态消费。生态消费是充分体现人类对环境呵护的一种全新的消费方式,有益于人类健康和生态环境的一种消费方式。其有狭义和广义之分,狭义的消费方式是指消费者在消费时自觉抵制那些破坏环境的物品,以减轻对环境危害的消费方式。广义的消费方式不仅包括购买绿色产品或享用绿色服务以及对破化环境物品行为的抵制,而且包括消费过程中处处体现的节约资源、减少污染的环保意识。② 科学文明的消费方式是生态消费,是一种注重生命、健康、环保的崭新消费方式,其最终目的是引导消费者走可持续消费的道路。

4. 培育理性的消费理念

所谓"理性消费"是指人类超越自我有限生命,追求必然性、普遍性及永恒无限的能力,是生命的灵性之光辉。③ 另外一种解释是把在购买商品时重视理性判断,经过认真考虑之后才

---

① 秦丽杰,等. 论绿色消费方式与生态环境保护 [J]. 生态经济,2001 (12):76-78.

② 张学海. 论创建健康科学的消费方式 [J]. 甘肃农业,2006 (2):95-96.

③ 冯玉珍. 理性、非理性与理性主义、非理性主义 [J]. 哲学动态,1994 (2):32-33.

决定是否购买的消费态度称为"理性消费"。① 理性是指人类对物质进行观察和研究后得到的东西，经过研究可以发展成为科学，形成一定的逻辑性，形成科学和逻辑的合理性。关于理性消费在第6章的山西省农村居民消费行为分析中已经进行了论述，主要包括生产领域和消费领域的消费，强调科学的消费知识的重要价值，是一种节约型消费，具有公正消费、重视消费伦理的导向功能和强调道德调节的效用。

9.2.2 提高居民收入，拉动农村居民消费

要提高农民消费水平和优化消费结构，关键是要提高农民的收入，即解决农民"买不起"的问题。在第2章介绍了传统的消费经济理论，根据传统经济理论的消费，低收入阶层的消费倾向较高，高收入阶层消费倾向较低，所以说山西省的农村居民的消费倾向高于城镇居民。通过第4章对山西省农村居民消费水平进行分析可知，为了促进农村经济健康、持续、快速发展，实现山西经济转型跨越发展，缔造一个新山西的目标，必须继续以增加农民收入为上线和根本，多渠道、多层次增加农民收入。在第5章中对山西省农村居民的消费结构进行分析研究可知，收入水平是影响消费结构的重要因素，收入水平的提高可提高农村居民的消费能力，也加速了消费结构的升级态势。在第6章中对山西省农村居民消费有效需求不足的原因进行分析时可知，收入和储蓄存款、手持现金、有价证券等资产是影响农村居民消费水平的重要因素，说明了增加农民收入是提高农民消费水平的关键因素，是解决农村居民消费问题的前提。

---

① 李静江，金国利. 感性消费与理性消费 [M]. 北京：中国经济出版社，1992：2.

提高农民收入可以从以下六方面入手：

1. 大力发展高效生态的现代农业

以提高农业的综合生产能力和市场竞争力为核心，大力推进农业的观念创新、结构创新、体制创新、技术创新和管理创新，走出一条经济高效、产品安全、资源节约、环境友好、技术密集、人力资源优势得到充分发挥的新型农业现代化的路子。着力形成专业化生产、区域化布局、集约化投资、产业化经营、品牌化营销、企业化管理的农业发展新格局，充分发挥农业的生产、生活、生态、文化功能，满足社会多样化需求，让农业成为能使农民持续致富的现代产业。

2. 大力发展农村非农产业

以增加农民收入为目的，以县域经济为平台，鼓励农民创业就业，大力发展民营经济，促进农村第二、第三产业和农村人口向小城镇、中心村集聚，提升特色块状经济的发展水平，为广大农民提供更多的就业门路和致富机会。要大力发展乡镇企业和个体私营企业必须做到：首先，科学调整乡镇企业的结构，避免盲目向资本、技术密集型产业转型。一些发展实践已经表明，在经济短缺条件下发展起来的乡镇企业盲目向资本、技术密集型产业转型，可能会遇到技术进步、资本可获得性、人才、管理等方面较大的挑战，在与城市工业竞争中处于劣势，从而间接导致其对农村剩余劳动力吸收量的下降，导致农民在乡镇企业务工报酬的下降，导致农民进入乡镇企业工作所需的人力资本投资增加等问题，最终降低了农民在乡镇企业工作的纯收入。因此，乡镇企业结构调整应符合区域产业政策，避免盲目向资本、技术密集型产业转型。乡镇企业要发挥靠近农村和联接城市的优势，主动参与产业的分工和协作，大力发展农副产品深加工业等新兴产业以及修理、餐饮等劳动力密集型的服务业。其次，大力推动乡镇企业的集聚化发展。乡镇企业布局分散，导致运输成本高、基础设施落后、产业关联效应不强，尤其是不能获得集聚所带来的技术进步、市场信息、资本市场、人才市场等方面的外部经济效应。因此，今后应大力推动乡镇企业的集群化发展。最后，重点支持一批农业产业化的龙头乡镇企业。对符合国家产业政策、有发展前景的农业产业化企业，应该实行延期纳税、减免税赋或贴息返还的扶持政策，通过补贴、贴息、奖励等方式引导各方面资本对农业产业化项目的投入。

对于进城务工，应简化农民跨区就业和进城的手续，妥善解决进城民工的工资待遇、劳动保障和子女教育问题。

（1）建立健全农民就业的输出服务体系。一是全面掌握和了解地区农村剩余劳动力的年龄、文化、专业技能等信息，建立农村剩余劳动力信息库。二是要大力收集用工信息。依托现有主要面向城镇就业、再就业的各级劳动力市场信息网络系统，采取政府引导和市场推动相结合的办法，扩充、完善农民跨区域就业信息服务系统，收集各地用工信息。三是要建立和发展农民工输出基地。政府应在农民工输出相对集中的城市设立基地和办事机构，负责为本地输出的农民工排忧解难，帮助其解决劳资纠纷，维护其合法权益，对其进行跟踪服务，并协助输入地政府部门对农民工进行管理。

（2）建立健全农民就业的输入服务体系。一是进一步推动户籍制度的改革，创造将农民转化为稳定的城市产业工人和市民的制度环境。应重新设定农民户口迁入城市的条件，允许有留城意愿且通过多年就业在城市稳定的农民定居，并在住房、入学、社会保障、社会管理等方面推进配套改革。从长远发展看，关键是要改革传统的户籍制度，彻底消除城乡壁垒，疏通农民变市民的渠道。二是要尽快取消农民就业的限制性规定，加快建立城乡统一的劳动力市场，逐步形成城乡劳动者平等的就业制度，使农民工也能享受到与市民相同的待遇。三是进一步规范发展城市商业性职业中介机构，避免农民进城务工遭受欺骗。四是把农民就业纳入城市社区管理系统。在现有条件下，尽可能地给他们与城市社区居民同等的地位和待遇，为他们提供服务和帮助。五是建立健全农民就业维权服务系统。要依托现有的劳动保障监察执法系统、法律援助系统、劳动争议仲裁系统，增加投入，改善必要的硬件条件，扩大其履行职责的范围。

3. 重视农村教育和农民培训

农民素质的提高不仅可以提高其进城务工的报酬，增加进城找到工作的概率，而且可以降低从农村流动到城市工作与从事农业相比增加的费用。要适应农民分工、分业、分化加速的新形势，积极推进农村免费义务教育，大力发展农村职业教育，加强技能培训，提高农民的科学文化素质、思想道德素质和生产经营技能、创业就业能力，实现农民的全面发展。使转移就业的农民成为稳定的产业工人和安居乐业的市民，使从事农业生产的专业农民成为有文化、懂技术、会经营的现代农民。提高广大农村居民的收入水平，减少收入差距仍是促进农村消费水平提升的最根本途径。

提高农民素质可从以下三方面着手：①在发展农村职业教育和成人教育的基础上，为使剩余劳动力顺利转移，加强对农民转岗提供就业培训和就业指导，并在培训费用上给予优惠。②开展"新知青下乡"活动，鼓励大学生、城市青年进村、进基层，以保障农民素质得以提高，同时推动基层干部队伍的建设。③大力倡导"优秀教师进基层"，并继续出台相关的鼓励政策和保障措施，以确保农村教师进得去，留得住，以提高农村义务教育质量。在全国农村普遍实行农村义务教育阶段学生全部免除学杂费等优惠政策的基础上，建议政府对山西省的农村中小学提供公用经费和校舍更新改造的经费保障,以确保教育质量和教师队伍的稳定。

4. 完善农村市场价格调节机制,促进农村居民收入稳步增长

目前尚未形成健全的农产品价格调控机制,市场上供求关系的微小变化就会引起农产品价格的大幅波动,导致农业生产大起大落和农村居民收入的不稳定。这种收入的不稳定一是增加了农村居民防范风险的储蓄,二是导致农村居民预期收入的下降。而这两者都会影响农村居民的即期消费,叠加起来,便成为农村居民潜在消费向现实消费转化过程中的极大障碍。因此,政府要对农产品价格进行调节,建立健全农产品价格调控机制,避免农产品价格的剧烈波动,使农村居民收入能够随着农业生产的发展稳步提高①。首先,要实行农产品保护价格政策,并根据政府的财力状况,逐步扩大保护价格的范围。其次,要建立生产风险基金、价格调节基金和农产品储备制度。做好产量预测、丰歉年估计,当估计未来可能遇灾害而减产时,那么,在丰收时政府应收购储备,歉收时政府应进行抛售,以避免农产品价格随产量的变化而大起大落,将农产品市场价格的波动控制在最小范围内,以稳定农村居民收入,扩大农村居民的消费需求。

5. 减轻农民负担

减轻农民负担是增加农村居民购买力的可靠保证,可以把减轻农民负担和精简机构、改革税费制度和征管方式结合起来。

一是杜绝税外规费征收。目前,农村已实行"费改税",但尚需逐步完善。在现行体制下,近几年内保留一定的农业税,每年下降1%,5年内全部取消农业税有其必要性,关键是要完

---

① 安茂强,牛兰春. 关于增加农民消费需求的思考[J]. 农业经济,2000(6).

善征收制度，加强监管力度。从目前农民所负担的费用来看，其他收费则游离于农业税的监管之外，没有边界。因此，政府部门必须研究制定农民负担总量控制标准，严禁乱收费、乱集资、乱罚款和各种摊派，切实做好农村居民的减负问题。另外，要考虑由于区域间和区域内不同收入层次间农户收入差异而导致的对负担的实际承受能力的差异，从而有效地减轻中低收入水平农户的负担，提高这一层次农村居民的消费能力。

二是从根本上压缩乱收费"需求"。由于基层政府机关在机构、人员方面均有很大程度的扩张，各政府行政部门事业单位机构臃肿、人浮于事的现象还比较严重，为此农村居民的负担一直居高不下。减轻农民负担，必须从根本上控制乱收费"需求"，撤并、精简机构，压缩经费，裁减超编人员，减少吃补贴的干部职数，改变这种人浮于事的状态；同时，规范政府行为，做到权力与金钱、部门利益的彻底分离；在加强机构改革的同时，要结合乡镇财政管理体制、干部政绩考核制度、农村产权制度改革等，重建农村财产和分配关系，使乡镇政府财权、事权、人权统一。

三是建立农村土地流转支持体系。土地流转支持体系的建立有利于降低农民进城务工而带来的务农损失。政府应在现有政策的基础上，本着有利于农业发展、有利于农村经济繁荣、有利于农民增收的原则，鼓励和支持进城农民转让承包土地。积极实施土地流转保障制度，促进农民从传统土地保障到养老保险的平稳过渡。

6. 开发农村旅游资源

俗话说"地下文物看陕西，地上文物看山西"，随着经济的持续高速增长，人们生活追求"个性化"、"生态化"，传统农业正成为备受旅游业关注的一个新领域。山西省农村地区有众多的生态、古迹旅游资源，开发农村旅游资源有利于带动周边农村居民收入的提高，也有利于改变农村居民的生活习惯、消费观念。当地政府和旅游行政管理部门要不断提高对开发乡村旅游市场的认识，使乡村旅游市场开发成为促进农民收入提高的新增长点。

9.2.3 培育优良的农村居民消费环境

当前的山西省农村居民消费问题，并不缺乏新的消费热点。研究表明，文娱消费、交通通信消费的发展非常迅速。而且对家庭设备用品及服务的消费动机也很强烈。但2010年的总体边际消费倾向却低于居民的储蓄倾向，而且农村居民的各类商品的需求收入弹性基本都低于城镇居民。因此，应当采取有力措施，为农村居民的消费创造良好的消费环境，增强农村居民的消费信心，引导农村居民合理、科学地进行消费。

1. 建立和健全各项社会保障制度，提高农村社会保障水平

根据2010年中央一号文件《若干意见》的指导精神，应逐步提高新型农村合作医疗筹资水平、政府补助标准和保障水平。做好新型农村合作医疗、农村医疗救助、城镇居民基本医疗保险、城镇职工基本医疗保险制度的政策衔接，加快推进新型农村合作医疗制度建设，逐步提高社会应负担的比例，彻底使农民摆脱"小病不用看，大病看不起，重病只等死"的状况；继续抓好新型农村社会养老保险试点，让山西省有条件的地方可加快试点步伐；积极引导试点地区适龄农村居民参保，确保符合规定条件的老年居民能够按时足额领取养老金；合理确定农村最低生活保障标准和补助水平，实现动态管理下的应保尽保；落实和完善被征地农民社会保障政策；健全临时救助制度；逐步提高农村五保户集中供养水平；搞好农村养老院建设，发展农村养老服务，探索应对农村人口老龄化的有效办法；加大对农村残疾人生产扶助和生活救助的力度，使得农村各项社会保

障政策优先覆盖残疾人；做好农村防灾减灾工作。

目前，农村居民压缩现期消费用于储蓄，主要目的是用于建房、婚嫁、养老、医疗以及负担子女教育费用等。要降低农民消费支出预期，增加农民收入预期，就必须发展多层次社会保障体系，继续完善与农民利益切实相关的各项改革措施，从政策上加以引导，为农民解除后顾之忧。一是继续发挥农村三级医疗预防保健与卫生防疫网络、乡村队伍和合作医疗制度在农村卫生工作中的作用；并且在建立农村合作医疗保险基础上，大力发展特种医疗保险，建立多层次医疗保障体系。二是在养老问题上，政府应大力提倡家庭养老、土地养老、储蓄养老和互助养老相结合，鼓励开展农村社会养老保险，发展补充保险、特殊保险、个人储蓄性保险以及商业人寿保险等多种形式的保险，建立多层次的社会保障体系。三是实施农村教育制度改革，实行真正的农村九年制义务教育。四是政府要采取措施对农村贫困人口进行社会救济，为其提供最低生活保障。

虽然医疗和保险等社会保障制度已经在农村逐渐启动起来，但力度不大。而城镇居民享有的住房、养老和失业等福利制度，农村居民都是不能享受的。相比之下，出于对昂贵的医疗支出、教育支出和沉重的赡养与抚养成本等的考虑，农村居民的储蓄倾向很强。这在现实生活中表现为，农村居民想消费但又不敢消费。斯蒂格利茨认为，中国应该加快完善社会保障体系以减少人们的"谨慎性储蓄"。因此，建立健全与农村经济发展水平相适应的多种形式的农村社会保障制度，尤其是加快建立并健全农村基本生活保障制度、农村社会养老保障制度和农村医疗保障制度对启动农村居民的消费意义重大。

2. 完善教育收费制度

如前所述，农村居民对文娱消费的迅速增加，既是因为农村居民越来越重视文化追求和精神文明，同时也是教育成本增加很快的一个体现。而教育成本的不断增加，加大了农村居民的负担，这就会产生对其他商品消费的"挤出效应"①。在全面实现小康并向富裕阶段迈进的过程中，这是不利于真正改善和优化农村居民消费结构的。所以，应该把教育成本控制在广大农村居民能够承受的合理范围。

建立公平合理的教育收费制度是一个复杂的系统工程。政府应加大对教育的投入，尽快真正地实施农村九年制义务教育；同时加快完善高等教育收费改革的配套措施，形成良好的高等教育助学机制和教育投融资体制，从而切实减轻农村居民在教育成本上的沉重负担。

3. 改善商品和服务的供给结构

市场经济条件下，虽然供给结构主要是由市场中的生产者决定的。但因为国家掌握着国计民生的重要经济命脉，政府是能在一定程度上通过制度和政策的层面来改善商品的供给结构的。

研究表明，交通通信、文娱用品及服务和家庭设备用品及服务三大消费领域将是农村居民的消费热点。稳定和降低这些商品的消费成本，对提升农村居民的消费水平和改善居民的消费结构意义重大。但事实上，这项措施目前存在着一定的问题。因此，政府很有必要对电、电话、移动通信等垄断行业商品或服务的定价进行行政性的干预；对粮食之类的基本生活必需品，

① 扩张性财政政策导致利率上升，从而挤出私人投资，进而对国民收入的增加产生一定程度的抵消作用，这种现象称为挤出效应。或者具体地说，就是政府和企业都在投资，在投资项目一定的条件下，政府投得多就把企业挤出去了。社会财富的总量是一定的，政府这边占用的资金过多，又会使私人部门可占用资金减少，经济学将这种情况称为财政的"挤出效应"。政府通过向公众（企业、居民）和商业银行借款来实行扩张性的财政政策，引起利率上升和借贷资金需求上的竞争，导致民间部门（或非政府部门）支出减少，从而使财政支出的扩张部分或全部被抵消。民间支出的减少主要是民间投资的减少，但也有消费支出和净出口的减少。

政府也应该通过市场方式进行有效的调节。这样，既充分发挥了市场在资源配置中的基础性作用，又能有效保证商品和服务价格的合理性。

4. 缩小城乡居民与农村居民内部的收入差距

前述研究表明，城乡居民的基本生活支出差距悬殊，在这样的背景下农村居民的最低收入组和低收入组的收入还是远远没有达到农村居民的基本生活支出水平。城乡居民收入的差距过大，对于提高全省的整体消费水平是不利的；同样，农村居民内部的收入差距过大，对于真正持久地启动农村消费市场也是不利的。

市场经济下，政府应该充分发挥市场配置资源的基础性作用，推进征地、户籍等制度改革，逐步形成城乡统一的要素市场，增强农村经济发展活力，从而调控好居民之间合理的收入差距，真正做到既提倡"效率"又兼顾"公平"。其具体可以包括：理顺分配关系、深化收入分配制度改革；加快城乡的统筹发展，构建公平、和谐的就业环境，实施就业优先的发展战略；完善法制建设、加强执法力度、整治非法收入等。

5. 整顿农村市场秩序，维护农民的消费权益

一方面，农村市场秩序混乱，假冒伪劣产品在农村比较普遍，例如"毒大米"、"毒粉丝"、"毒奶粉"事件频频发生，给农民的生产生活造成很大危害，严重影响了广大农村居民的消费利益。农村市场之所以出现假货遍布的现象，究其原因主要有以下四点：首先，农民的低价格偏好为低成本的假冒伪劣产品提供了市场。农民的收入水平相对较低，从主观上倾向购买价格低廉的商品，而价格低廉的商品又常常是假冒伪劣产品，因此这在一定程度上就间接为伪劣商品提供了市场。其次，农村市场体系不完善、市场规范不健全为假冒伪劣商品提供了投机的空间。随着城市市场体系日趋完善，市场规范更加健全，

假冒产品被挤压出局，不法商贩就只好到相关制度欠健全的农村去开辟新市场。再次，我国农村消费市场信息不对称，不少农户对消费品的品牌、质量、特色、功能、使用方法等方面的情况缺乏了解，这让造假者有空子可钻。最后，工商、质检等部门将执法重点放在城市，农村消费市场监管者缺位，无形中又给假冒伪劣产品提供了生存的土壤。另一方面，农民维权难度很大。据有关部门调查，农村消费者维权有四难：一是农村地域广，交通不便，农户居住分散，受损后投诉难；二是诉讼费用高、程序多，打官司难；三是检验站多设在城里，路途较远，检验费用高，取证鉴定难；四是索赔难。加强农村市场管理，可以促进农村消费品市场发育，为农民提供更多的购买机会，减少交易成本。

因此，应该整顿农村市场秩序，维护农民的合法权益。首先，要重视对农村消费者合法权益的保护，建立切实有效的监督保护职能机构，为开拓农村消费市场提供法律保障。这就要求各级农业部们要配合有关部门，规范交易行为，严格市场监督管理制度，大力整顿农资市场，严厉打击假冒伪劣、坑农害农、欺行霸市、随意抬高农资价格等非法行为，加大农资市场的监管力度，维护农村消费市场经济秩序，净化农村市场环境，确保农民的生产和消费权益，如建立举报投诉网络，鼓励农民进行投诉维权，以实现维权共防。其次，对广大农民进行消费教育。一方面要加强权利意识的教育，让广大农村消费者意识到自己的基本权利，增强农民违法维权意识；另一方面，加强商品知识的教育，提高农村消费者识别商品的能力。

6. 稳定物价水平

虽然在金融危机影响下，消费物价水平有所下降，但对于收入偏低的农民来说，物价水平还是相对偏高。生产资料价格上涨已经使农民产生恐惧心理，也成为提高农民消费水平、改善消费结构的主要障碍。山西省与农民联系最紧的农村信用社还没有开办个人消费信贷业务。因此，建议农村信用社尽早开办消费信贷业务；同时，放宽消费信贷审批条件，扩大消费信贷范围，简化消费信贷手续，有效支持农村居民消费，促进经济增长；全面推行农户小额信用贷款和联保贷款；适当放宽信贷条件；积极向国有银行争取支农再贷款；开展一些非营利性服务，如为农民提供信贷技术、保险等综合性服务。另外，大力发展农村消费信贷业务。根据农户购买力有限的特点，应加强农村信贷消费力度，开展农户住房建设消费信贷、车辆消费信贷、家庭耐用消费品信贷以及教育消费信贷等业务，直接启动消费。为了确保银行信贷部门的贷款回收，可建立中小企业投资和农户贷款担保机构，并设立担保基金。

7. 改善农村生态环境，为农民提供优美的环境

"十一五"期间山西省的农业生态环境保护工作及生态农业建设工作紧紧围绕着科学的发展观，在构建和谐社会，实现"两个率先"[①]，实现农业增效、农民增收以及加快生态省的建设目标，大力实施"三清工程"，采取积极有效的措施防治农业污染，加大生态农业县建设及农村可再生能源建设的力度，转变经济增长方式，改善农业和农村生产、生活条件等方面取得了很大成绩。为了加强农业生态环境建设，为农民提供优美的生产生活环境，应做到：①强化宣传引导，增强全民环保意识。进一步加强省情教育和生态农业发展观的宣传，通过地方立法、媒体宣传、舆论导向等多种途径，增强全民环保意识。转变农业生产方式，大力发展循环经济，促进农业生态系统良性循环。②增加公共财政投入，建立健全生态补偿机制。增加公共财政投入，建立农业生态环境保护技术补贴机制，并积极鼓励各地发

---

① 两个率先是指率先全面建成高水平小康社会和率先基本实现现代化。

展无公害农产品、绿色食品、有机食品生产，推行对农业生产者应用安全、生态、环保型农药、肥料的技术补贴。③加强科技攻关，构建农业生态环保技术创新体系。增加政府投入，整合农业科研、推广部门的技术力量，注重对国外先进技术的引进和消化，加大对土壤修复技术、清洁生产、秸秆等农业副产品的循环利用和人畜粪便综合利用等关键技术的联合攻关。④加强组织领导，强化责任考核机制。将农业生态环境保护作为各级政府工作的重要考核内容，建立兼顾经济发展和环境保护的考核体系，构建有效的激励、约束机制。

9.2.4 消除谨慎消费心理，倡导健康消费文化

1. 强化消费教育，引导消费者消费行为理性化

消费教育是对消费者和生产经营者传授有关消费知识和技能，培养正确的消费和生产经营观念，提高消费者和生产经营者自身素质，协调消费者与生产经营者关系，维护消费者合法权益的一种社会教育活动。消费教育是维护消费者主权的根本要求，是提高居民消费水平和消费质量的重要保证，更是提倡文明、科学消费，促进人类身心健康和全面发展的有效途径。强化消费教育应做到：第一，教育主体多元化。消费教育不仅要依靠学校、消费者协会，还应依靠政府、科研科普机构、文化传媒、行业协会、企业等的共同努力。第二，教育客体全面化。消费教育涉及社会再生产的各个环节，不仅要加强对消费者的教育，更要加大对生产商、批发商、零售商的消费教育。第三，教育内容丰富化。消费教育的内容不能局限于商品、消费常识和消费技能知识，还应涵盖市场法规、消费环境、可持续发展、服务意识等知识。对于生产经营者，尤其要加强生态环境知识、商业道德和诚实守信等消费教育。第四，教育方式多样化。应采取多种形式开展消费教育，如正规学校进行的消

费教育、经常举办消费知识讲座和培训班、建立业余消费教育学校进行消费教育等形式。

2. 加强理性消费观的宣传

思想是行动的先导，加强理性消费观的宣传是消费行为理性化的重要保证。要针对广大农村居民长期形成的消费习惯和心理，加强农村信息服务。通过定期发布面向农村居民的市场供求信息，帮助农民了解新产品，引导其拓展消费领域，提高消费质量及消费档次。同时，正确引导农村居民消费，教育农村居民破除陈旧的消费观念：一是要敢于消费。目前农村确有一部分人受传统消费意识影响，"将就"心理严重，成为高收入低消费者，货币长期闲置。二是要教育农民适度消费，不盲目攀比，防止愚昧消费。少数农民受传统封建意识和不良风气影响，大搞封建迷信，婚丧嫁娶大操大办，使有限的购买力流失于市场之外，这种状况必须改变。三是改变农民保守的思想观念，鼓励他们借贷超前消费。只有指导农民改变不良的消费习惯，使之形成健康的消费心理，才能提高消费效果。

3. 完善制度支撑，为理性消费的实现提供硬约束

消费领域中存在着各种各样的矛盾。对中国这样处于市场经济转轨期的国家而言，仅靠市场机制自发调节各方利益是不够的，必须依靠政府的消费调控，国家不但要完善相应的制度，山西省各级政府针对农村消费更要完善相应的制度。其具体的方法是要颁布相关的法律、法规，进一步完善消费税制，制定生活消费标准和计划，完善信息披露机制。

9.2.5 大力推进新农村建设，改善农村基础设施

基础设施条件对农村居民消费具有重要的影响。山西省有很大部分农村地区的基础设施在数量、质量和规模上，都还不能满足消费市场的发展，成为制约农村居民消费的一个重要因

素。山西省各级政府在投资上要加大对农村政策倾斜的力度，主要从两个方面改善农村基础设施建设：一是加强农村的农田水利、道路交通等生产性基础设施，这既能增强农业的综合生产能力，增加农民收入，又能较好地解决依靠民间筹资等方式给农民消费带来的"挤出效应"，促进居民对交通耐用品等方面的消费。二是继续加强农村地区的自来水、电网、有线电视和信息通信等生活基础设施建设，这对提高山西省农村居民相关产品的消费水平和改善消费结构有很直接的现实意义。

9.2.6 开发面向农村的商品供给模式

企业应面向农村消费市场，开发适销对路的产品，加强售后服务，改善商品和服务的供给结构。

1. 企业应加强对农村消费者真实需求的了解

受收入水平、基础设施、消费习惯等因素的制约，农村居民具有不同于城镇居民的消费需求。农民的消费需求商品存在这样三个特征：一是质量可靠，经久耐用；二是功能实用，操作方便；三是价格低廉。因此，工商企业要进军农村消费市场必须做好调查研究工作。首先要做好农村市场生产状况的调查和预测。市场上各类主要消费品的生产能力、生产技术状况、布局、结构、花色品种，特别是主要消费品的生命周期。其次要做好市场需要的调查和预测。主要是对市场上消费者当前与潜在的需要的调查研究以及对消费者行为的调查研究。要根据农村居民的消费偏好、消费习惯、消费结构变化来分析消费者对商品的品种、质量、款式等的需求以及发展变化趋势并作出科学的预测，以此来指导企业的生产。最后要做好农村市场行情调查和预测。主要是对农村市场的主要消费品价格涨落和供求状况的调查和预测。各种消费品的供求状况有一个同消费者的购买力水平和消费水平相适应的问题，前面也做过几类主要消费品的价格弹性分析，某类消费品价格的涨落会影响到其他消费品的消费，因此，只有做好市场行情调查，才能更好地满足消费者对不同商品的需求程度。在加强农村市场调查研究的同时，还要做好农村消费市场的细分和需求的分类研究工作，了解不同区域、不同收入、不同时间的人群对商品的不同需求，实行有针对性的产品研究方案和营销方案。

2. 企业要针对农村市场需求调整产品结构

市场经济条件下，虽然供给结构主要是由市场中的生产者决定的。但因为国家掌握着国计民生的重要经济命脉，政府是能在一定程度上通过制度和政策的层面来改善商品的供给结构的。

研究表明，交通通信、文娱用品及服务和家庭设备用品及服务三大消费领域或将是农村居民的消费热点。稳定和降低这些商品的消费成本，对提升农村居民的消费水平和改善居民的消费结构意义重大。但事实上，目前这却存在着一定的问题。比如移动通信服务刚推出时成本较高，消费价格因此比较昂贵，科技进步使得移动通信的服务成本已经明显降低，但移动通信消费价格降低的程度却远远不如相应的成本下降的程度；再者，当前"城乡用电同网同价"的消费制度，在城乡居民收入差距明显的前提下，其实是不利于家用电器等日用工业品顺利进入农民家庭的。研究还表明，食品消费的价格对其他各大类消费需求都有很大的影响。如果食品价格大幅上升，将会很大程度地抑制农村的整体消费市场。

因此，政府很有必要对电、电话、移动通信等垄断行业商品或服务的定价进行行政性的干预；对粮食之类的基本生活必需品，政府也应该通过市场方式进行有效的调节。这样，既充分发挥了市场在资源配置中的基础性作用，又能有效保证商品和服务价格的合理性。

3. 企业要加强产品售后服务，提高服务质量

企业要加强售后服务，向消费者提供安装、调试、维修、包退、包换等售后服务，特别要解决好农村对家电产品经常出现的购买难、维修更难的问题。同时，工商企业要创造条件扩大维修网络，大力加强对农村家电维修人员的培训，将维修技术服务力量进一步延伸到农村，尤其是应延伸到县城和乡镇，解决农村居民购买家电等耐用消费品的后顾之忧。

9.2.7　重点扶持贫困地区

目前，消除农村贫困的整体战略是：以开发式扶贫为主，对丧失劳动能力的贫困人口给予必要的救助，有条件的地方积极探索建立社会保障体系，开发、救济救助和社会保障三者相辅相成、互为补充，其中开发式扶贫是根本。山西省的贫困问题集中体现在山区，而山区的贫困人员又主要集中在农村。因此，解决农村的贫困问题是当务之急，当前应加大农村基础设施的投入，建立和完善农业科技和农村服务体系，针对具体情况加大扶贫力度，加快特殊类型贫困地区综合治理和灾区贫困村恢复重建步伐，动员更多的社会力量积极参与扶贫事业，只有基本消除贫困，才能保证居民的基本消费水平。

总之，农村消费市场的启动对国民经济的良性循环具有十分重要的经济意义。由于启动农村市场是一项复杂、艰巨、长远的任务，需要在提高农村居民收入、推进农村金融制度改革、完善农村保障制度、加快城镇化进程、创新公共产品的供给制度、积极培育农村市场等方面采取综合措施，方能收到良好的效果。

参考文献

［1］马克思，恩格斯. 马克思恩格斯选集［M］. 中共中央马克思恩格斯列宁斯大林著作编译局，译. 北京：人民出版社，1972.

［2］尹世杰. 消费经济学［M］. 长沙：湖南人民出版社，1999.

［3］马克思. 资本论：第一卷［M］. 北京：人民出版社，1972.

［4］列宁. 列宁全集：第四卷［M］. 北京：人民出版社，1984.

［5］宋承先. 现代西方经济学（宏观）［M］. 上海：复旦大学出版社，1995.

［6］刘义圣. 宏观消费函数模型及其现实政策含义［J］. 数量经济技术经济研究，1999（12）.

［7］高鸿业. 西方经济学［M］. 2版. 北京：中国人民大学出版社，2001.

［8］唐未兵. 我国居民消费过度敏感性的原因及其矫治［J］. 消费经济，2002（2）.

［9］尹世杰. 加强对消费经济的研究［N］. 光明日报，1979-04-28.

［10］尹世杰．社会主义消费经济学［M］．上海：上海人民出版社，1983．

［11］臧旭恒．中国消费函数分析［M］．上海：上海三联书店，上海人民出版社，1994．

［12］龚志民．消费经济学前沿［M］．北京：经济科学出版社，2002．

［13］黄亚钧，袁志刚．宏观经济学［M］．北京：高等教育出版社，2002．

［14］黄亚钧，郁义鸿．微观经济学［M］．北京：高等教育出版社，2002．

［15］杨圣明．中国消费结构研究［M］．太原：山西经济出版社，1992．

［16］山西统计局．山西五十年［M］．太原：山西统计出版社，2003．

［17］厉以宁．中国宏观经济的实证分析［M］．北京：北京大学出版社，1992．

［18］项本武，俞伟悦．我国农村消费结构的变迁实证［J］．统计观察，2004（10）：81－820．

［19］胡锦涛．解决农业农村农民问题极端重要．新华网，2002－03－08．

［20］范剑平．中国城乡居民消费结构的变化趋势［M］．北京：人民出版社，2001：73－103．

［21］朱向东．中国农村居民消费与市场［M］．北京：中国统计出版社，2000．

［22］成思危．中国农村消费市场的分析与开拓［M］．北京：民主建设出版社，2001．

［23］山西统计局．山西统计年鉴［M］．太原：山西经济出版社，历年．

［24］中共中央关于推进农村改革发展若干重大问题的决定［N］.人民日报，2008－10－20.

［25］刘灵芝.湖北城乡居民消费的比较研究［D］.武汉：华中农业大学，2005（8）.

［26］王宁.消费社会学［M］.北京：社会科学文献出版社，2001.

［27］郭亚军.中国农村居民消费及其影响因素分析［M］.北京：中国农业出版社，2008.

［28］国家统计局农村社会经济调查总队.中国农村住户调查年鉴［M］.北京：中国统计出版社，2000.

［29］中国社会科学院语言研究所词典编辑室.现代汉语词典［M］.北京：商务印书馆，1978：830.

［30］潘建伟.居民消费行为比较研究［M］.北京：中国经济出版社，2009.

［31］姬雄华，冯飞.1949年以来我国消费实践与理论的发展［J］.经济论坛，2004（5）.

［32］姚树荣.中国消费经济理论研究综述［J］.经济纵横，2001（9）：60－63.

［33］范剑平.居民消费与中国经济发展［M］.北京：中国计划出版社，2000.

［34］方域，张少龙.支撑经济增长：中国消费、储蓄、投资研究［M］.北京：华文出版社，2001.

［35］杨万江，张祖民.浙江农村居民生活经济分析［M］.北京：北京大学出版社，1992.

［36］宋则.入世过渡期增进城乡居民消费需求的十项要点［J］.经济与管理研究，2001（5）：7－13.

［37］张靖.山西城乡居民消费问题研究［D］.太原：山西财经大学，2010.

［38］杨义群．收入内部构成部分估算的优化方法及其实证分析［J］．数量经济技术经济研究，1995（9）．

［39］耿晔强．山西农村居民消费结构研究［D］．太原：山西大学，2005．

［40］孙建文．山西农户消费结构分析［D］．晋中：山西农业大学，2003．

［41］齐福全，陈孟平．京津沪农村居民消费需求变动的实证分析［J］．中国农村经济，2005（3）：14－15．

［42］史清华．农户消费行为及购买力问题研究［M］．山西：山西人民出版社，2000．

［43］中国社会科学院农村发展研究所课题组．我国现阶段农民消费行为研究［J］．中国农村经济，2003（9）：4．

［44］范剑平，刘国艳．我国农村消费结构和需求热点变动趋势研究［J］．农业经济问题，2001．

［45］李永华，等．实现乡村有效需求是扩大内需的重点［J］．农村经济，2003（3）：68－69．

［46］胡雪萍．优化农村消费环境与扩大农民消费需求［J］．农业经济问题，2003（7）：2427．

［47］安茂强，牛兰春．关于增加农民消费需求的思考［J］．农业经济，2000（6）．

［48］柳思维．关于重视提高农村居民消费质量问题的思考［J］．消费经济，2003（3）：21－25．

［49］郭香俊．经济转轨时期中国城乡居民预防性储蓄行为定量研究［D］．大连：东北财经大学，2009．

［50］郭志仪，毛慧晓．制度变迁、不确定性与城镇居民消费——基于预防性储蓄理论的分析［J］．经济经纬，2009（5）：9－13．

［51］郭永建，王津港．中国城镇居民边际消费倾向结构突

变的统计检验 [J]. 统计与决策, 2010 (5)：78－80.

[52] 郭英彤, 张屹山. 预防动机对居民储蓄的影响——应用平行数据模型的实证分析 [J]. 数量经济技术经济研究, 2004 (6)：128－134.

[53] 国家统计局课题组. 如何实现经济增长向消费拉动为主的转变 [J]. 统计研究, 2007 (3)：3－12.

[54] 关艳丽. 经济增长中的居民收入分配——理论与实证分析 [D]. 厦门：厦门大学, 2009.

[55] 杭斌, 申春兰. 经济转型期中国城镇居民消费敏感性的变参数分析 [J]. 数量经济技术经济研究, 2004 (9)：24－28.

[56] 杭斌. 经济转型期中国城乡居民消费行为的实证研究 [M]. 北京：中国统计出版社, 2006.

[57] 杭斌. 基于持久收入和财富目标的跨时消费选择——中国城市居民消费行为的实证研究 [J]. 统计研究, 2007 (2)：38－43.

[58] 韩海燕. 中国城镇居民收入结构、不稳定性与消费问题研究 [D]. 西安：西北大学, 2010.

[59] 韩松, 杨春雷. 我国城镇居民非预期收入对消费影响的实证分析 [J]. 经济理论与经济管理, 2009 (6)：24－29.

[60] 韩丽娜. 经济转轨期中国农村居民消费行为分析 [D]. 长春：吉林大学, 2008.

[61] 金晓彤, 杨晓东. 中国城镇居民消费行为变异的四个假说及其理论分析 [J]. 管理世界, 2004 (11)：5－14.

[62] 纪淑萍. 我国消费与经济增长关系的实证分析 [D]. 厦门：厦门大学, 2007.

[63] 孔东民. 前景理论、流动性约束与消费行为的不对

称——以我国城镇居民为例［J］. 数量经济技术经济研究，2005（4）：134 – 142.

［64］李武. 基于凯恩斯消费函数的我国城乡居民消费差异实证分析［J］. 统计研究，2007（6）：67 – 69，113.

［65］李晓西. 中国地区间居民收入分配差距研究［M］. 北京：人民出版社，2010.

［66］李凌，王翔. 中国城镇居民消费增长与波动的福利成本比较［J］. 数量经济技术经济研究，2010（6）：111 – 125.

［67］李少付. 经济增长方式转变之居民消费函数探析［J］. 统计与决策，2009（21）：24 – 26.

［68］李军. 收入差距对消费需求影响的定量分析［J］. 数量经济技术经济研究，2003（9）：5 – 11.

［69］李晓菊. 中国城镇居民收入差距与消费需求的定量研究［D］. 广州：暨南大学，2007.

［70］刘金全，邵欣炜，崔畅. 预防性储蓄动机的实证检验［J］. 数量经济技术经济研究，2003（1）：108 – 110.

［71］刘江会，唐东波. 财产性收入差距、市场化程度与经济增长的关系［J］. 数量经济与技术经济研究，2010（4）：20 – 33.

［72］刘英. 收入分配对我国城镇居民消费结构影响的实证分析［J］. 科技导报，2007（3）：64 – 69.

［73］骆祚炎. 支出增长预期对居民消费和储蓄的影响分析——兼评预防性储蓄理论的不足［D］. 太原：山西财经大学，2007.

［74］梁纪尧，董长瑞. 关于前期消费、暂时收入与消费关系的实证研究——中国消费函数研究［J］. 山东经济，2006（1）：13 – 20.

[75] 林松. 我国城镇居民消费结构的数量研究 [D]. 厦门：厦门大学，2006.

[76] 毛慧晓. 制度变迁中的城镇居民消费行为研究——基于不确定性、流动性约束和收入差距的分析 [D]. 兰州：兰州大学，2010.

[77] 孟祥财，叶阿忠. 对我国居民消费及其影响因素的动态分析——基于 VAR 模型的实证研究 [J]. 统计教育，2009 (7)：3-14.

[78] 满讲义，佟仁城. 流动性约束对我国城镇居民消费影响的实证分析 [J]. 数学的实践与认识，2009，39 (17)：16-20.

[79] 马健. 我国城镇居民消费的过度敏感性与不确定性、流动性约束——兼论房价增长与消费波动 [D]. 石家庄：河北经贸大学，2008.

[80] 潘彬，徐选华. 资金流动性与居民消费的实证研究——经济繁荣的不对称性分析 [J]. 中国社会科学，2009 (4)：43-53.

[81] 蒲明，陈建东，胡斌. 我国城镇居民收入差距的实证研究 [J]. 经济研究参考，2010 (71)：49-52.

[82] 钱伯华. 在市场化进程中提高国际竞争力 [J]. 学习时报，2003 (1).

[83] 申朴，刘康兵. 中国城镇居民消费行为过度敏感性的经验分析：兼论不确定性、流动性约束与利率 [J]. 世界经济，2003 (1)：61-66.

[84] 申永东. 对扩大消费拉动经济增长的思考 [D]. 长春：吉林大学，2004.

[85] 施建淮，朱海婷. 中国城市居民预防性储蓄及预防性

动机强度：1999—2003 [J]．经济研究，2004（10）：66 - 74.

[86] 施雯．中国居民消费需求和消费倾向的变化研究[D]．武汉：华中科技大学，2004.

[87] 宋铮．中国居民储蓄行为研究 [J]．金融研究，1999（6）：46 - 50.

[88] 周振华．我国市场化的现实基础重构、进程特点及程度衡量 [J]．上海经济研究，1998（9）：4 - 11.

[89] 孙焕，李中东，许启发．中国城镇居民消费趋同研究：基于面板数据的实证分析[J]．消费经济，2010(5)：12 - 16.

[90] 田青，高铁梅．转轨时期我国城镇不同收入群体消费行为影响因素分析——兼谈居民消费过度敏感性和不确定性[J]．南开经济研究，2009（5）：124 - 134.

[91] 田青．我国城镇居民收入与消费关系的协整检验[J]．消费经济，2008（3）：7 - 10.

[92] 唐绍祥，汪浩瀚，徐建军．流动性约束下我国居民消费行为的二元结构与地区差异 [J]．数量经济技术经济研究，2010（3）：81 - 95.

[93] 陶长琪，齐亚伟．转轨时期中国城乡居民预防性储蓄比较研究——中国城乡居民消费的理论框架及实证研究 [J]．消费经济，2007，23（5）：51 - 56.

[94] 汪红驹，张蕙莲．不确定性和流动性约束对我国居民消费行为的影响 [J]．经济科学，2002（6）：21 - 28.

[95] 汪浩瀚．不确定性理论：现代宏观经济分析的基石[J]．财经研究，2002（12）：30 - 36.

[96] 汪浩瀚．微观基础、不确定与中国居民跨期消费研究[M]．北京：经济科学出版社，2006.

[97] 汪浩瀚．转型期中国居民的消费行为的不确定性分析

[D]. 北京：首都经济贸易大学，2006.

[98] 汪浩瀚，唐绍祥. 不确定性条件下中国城乡居民消费的流动性约束分析 [J]. 经济体制改革，2009 (5)：54-57.

[99] 汪彩玲. 房地产价格指数与居民消费价格指数关系的实证检验 [J]. 统计与决策，2010 (20)：122-124.

[100] 王海港. 中国居民的收入分配和收入流动性研究 [M]. 广州：中山大学出版社，2007.

[101] 王芳，王景东. 我国城镇消费结构的因子分析 [J]. 商业研究，2004 (21)：9-11.

[102] 王芳. 城镇居民消费过度敏感性的统计分析 [J]. 数量经济技术经济研究，2007 (3)：102-107.

[103] 万广华，张茵，牛建高. 流动性约束、不确定性与中国居民消费 [J]. 经济研究，2001 (11)：37-38.

[104] 王书华，孔祥毅. 不确定预期下居民消费敏感性与超额货币增长——兼论扩大内需的金融制度约束 [D]. 太原：山西财经大学，2009.

[105] 王亚芬，肖晓飞，高铁梅. 我国城镇居民收入分配差距的实证研究 [J]. 财经问题研究，2007 (3)：65-71.

[106] 王南丰，鲁玲. 我国城镇居民收入差距变动分析 [D]. 西安：西安财经学院，2009.

[107] 王青. 收入差距对居民消费需求影响的实证分析 [J]. 社会科学辑刊，2005 (3)：194-196.

[108] 吴龙龙. 消费信贷的消费挤出效应解析 [J]. 消费经济，2010 (1)：57-61.

[109] 吴晓明，吴栋. 我国城镇居民平均消费倾向与收入分配状况关系的实证研究 [J]. 数量经济技术经济研究，2007 (5)：22-32.

　　［110］夏怡凡．SPSS 统计分析精要与实例详解［M］．北京：电子工业出版社，2010．

　　［111］许永兵．我国城镇居民消费行为变异的实证研究［D］．石家庄：河北经贸大学，2009．

　　［112］熊学华．中国消费率和投资率的合理性判断：1978—2005［D］．广州：广东金融学院，2008．

　　［113］余永定，李军．中国居民消费函数的理论与验证［J］．中国社会科学，2000（1）：123－132．

　　［114］杨力，王非，何维炜．流动性约束对农民消费需求影响的计量分析［J］．宁夏大学学报，2008（5）．

　　［115］杨天宇，侯纪松．收入再分配对我国居民总消费需求的扩张效应［J］．经济学家，2009（9）：39－45．

　　［116］袁志刚，宋铮．城镇居民消费行为变异与我国经济增长［J］．经济研究，1999（11）：20－28．

　　［117］袁志刚，朱国林．消费理论中的收入分配与总消费［J］．中国社会科学，2002（2）：69－76．

　　［118］殷玲．中国城乡居民消费行为差异分析［J］．生产力研究，2007（13）：8－16．

　　［119］俞肖云，肖炎舜．我国收入分配现状、问题、成因与对策［J］．经济学动态，2009（8）：68－71．

　　［120］岳田浩．我国城镇居民消费结构与消费需求变迁的实证分析［D］．长春：吉林大学，2007．

　　［121］尧华英．中国城镇居民平均消费倾向对收入分配的影响的实证研究［J］．现代经济信息，2009（2）：118－119．

　　［122］臧旭恒，裴春霞．流动性约束理论与转轨时期的中国居民储蓄［J］．经济学动态，2002（2）：14－18．

　　［123］臧旭恒，裴春霞．预防性储蓄、流动性约束与中国

居民消费计量分析［J］. 经济学动态, 2004 (12): 28-31.

　　［124］臧旭恒, 张继海. 收入分配对中国城镇居民消费需求影响的实证分析［J］. 经济理论与经济管理, 2005 (6): 5-10.

　　［125］臧旭恒, 裴春霞. 转轨时期中国城乡居民消费行为比较研究［J］. 数量经济技术经济究, 2007 (1): 65-72.

　　［126］邹洋. 城乡投资和居民消费的收入效应分析［D］. 太原: 山西财经大学, 2010.

　　［127］赵霞, 刘彦平. 居民消费、流动性约束和居民个人消费信贷的实证研究［J］. 财贸经济, 2006 (11): 32-36.

　　［128］赵晓英, 曾令华, 徐国梁. 经济转轨时期不确定性对我国城镇居民消费行为的影响［J］. 消费经济, 2007 (4): 62-65.

　　［129］张伟, 王田. 不确定性与消费行为［A］. 中国企业运筹学, 2009.

　　［130］张东生. 中国居民收入分配年度报告 (2007)［M］. 北京: 中国财政经济出版社, 2008.

　　［131］樊丽淑. 中国经济转型期地区间农民收入差异研究［M］. 北京: 中国农业出版社, 2006: 161-181.

　　［132］张涛. 中国城镇居民储蓄状况调查与研究［M］. 北京: 中国金融出版社, 2010.

　　［133］张国华. 中国城镇居民消费结构的聚类分析［D］. 重庆: 重庆工商大学, 2008.

　　［134］朱信凯. 消费的短视行为及实证检验: 对中国农户的分析［J］. 财经研究, 2002 (2): 46-51.

　　［135］朱汉雄, 冯晓莉. 我国城乡居民收入差距对消费需求影响的分析［D］. 武汉: 武汉理工大学, 2009.

[136] 罗楚亮. 预防性动机与消费风险分散——农村居民消费行为的经验分析 [J]. 中国农村经济, 2006 (4): 12 - 19.

[137] 赵霞. 农村居民消费、流动性约束和消费信贷的实证研究 [J]. 中国农业经济评论, 2006 (4): 49 - 57.

[138] 杭斌. 山西城镇居民消费与收入关系的协整研究 [D]. 太原: 山西财经大学, 2001.

[139] 郭香俊, 车亮, 杭斌. 经济转轨期山西农村居民消费行为定量分析 [J]. 山西财经大学学报, 2003 (1).

[140] 山西省统计局. 机遇与挑战——从中部崛起看山西发展 [M]. 太原: 山西经济出版社, 2008.

[141] 山西调查总队. 山西小康建设成果显现, 建设步伐加快[EB/OL]. www.233.com/tjs/hangye/20081031/101308726. html.

[142] 张潞琴, 赵俊康. 山西社会保障水平特征分析 [J]. 经济问题, 2007 (2).

[143] 山西农业普查办公室. 山西农业普查课题研究专辑 (农业・农村・农民) [M]. 北京: 中国统计出版社, 2000.

[144] 樊燕艺. 关于山区农民增收问题的几点探索 [D]. 太原: 中共山西省委党校, 2006.

[145] 王艳. 山西农村居民消费行为分析及对策研究 [D]. 太原: 中共山西省委党校, 2007.

[146] 汪欢欢. 河北省农村居民消费问题研究 [D]. 石家庄: 河北大学, 2011 (5).

[147] Adrian R. Fleissig. The Consumer Consumption Conundrum and Explanation [J]. Journal of Money, Credit, and Banking, 1997, Vol. 29, No. 2.

[148] Andrew B. Abel. Precautionary Saving and Accidental Bequest [J]. The American Economic Review, 1985, Vol. 75, No. 4.

后　记

　　我的第一本专著终于完成了，它是我参加工作以来所有研究成果的一个结晶。我在东北财经大学读研究生期间，在导师的指导下完成了《山西农村居民消费问题研究》的硕士论文，在答辩时得到了专家的肯定。在后来几年的工作中，我尝试将研究领域专注于山西省城乡居民的消费研究，发表论文十篇，还有两项院级课题研究，并承担了晋城市统计局、晋城市发改委对于推进晋城市城镇化发展的研究课题。这本专著是对过去研究的一个总结，但关于消费领域的探讨还远没有结束。"十二五"时期居民消费问题的研究将是我下一步的研究方向。

　　本书得以完成，必须要感谢所有关心、指导和帮助过我的人。

　　君子讷于言而敏于行，本书在撰写、修改过程中，得到了晋城市统计局等部门的相关负责人的大力帮助，从而得以获取研究资料。本书初稿完成后，又与统计局农调队联系，获取了大量珍贵的数据资料。没有这些基础资料，本书的完成将是困难重重的。

　　感谢我的爱人为我分担了繁重的家务，使我能潜心学习和研究。感谢我的孩子在我写作期间给予的关心和鼓励，他的快乐成长，伴随着我的书稿的研究递进，给了我无尽的幸福和动力。

　　在本书写作过程中，笔者查阅和参考了国内外各种有关文献资料，除对本书写作有较大影响的文献资料已在参考文献中列出外，还有许多有价值的资料尚未列出，在此也一并致谢。

　　在未来的研究中我将孜孜以求、更加努力！

李　静

2012 年元月于晋城